现代经济学教程

主　编　张宗庆
副主编　吴利华　岳书敬

东南大学出版社
·南京·

内 容 提 要

经济学家们把最近半个世纪以来发展起来、在当今世界上被认可为主流的经济学称为现代经济学。现代经济学是研究市场经济中人类行为的科学。如弗里德曼所说,市场经济是经济繁荣的必要条件,这已被世界经济的发展所证明。目前,我国的经济发展已进入新常态,要让创造财富的源泉充分涌流,就必须通过改革,把现有的体制改造成为一个有利于创业和创新的体制。这个体制就是能够使市场起决定性作用,统一开放、竞争有序的市场体系。这本《现代经济学教程》是一本阐述市场经济运行机理的简明读本,它有助于帮助人们理解市场经济的运行规律,在经济活动中作出明智的决策。本书适合非经济类大学生以及从事经济活动的社会人士学习阅读。

图书在版编目(CIP)数据

现代经济学教程/张宗庆主编. —南京:东南大学出版社,2016.12
 ISBN 978-7-5641-6775-2

Ⅰ. ①现… Ⅱ. ①张… Ⅲ. ①现代经济学—教材 Ⅳ. ①F091.3

中国版本图书馆 CIP 数据核字(2016)第 236645 号

现代经济学教程

出版发行:	东南大学出版社
社　　址:	南京市四牌楼 2 号　邮编:210096
出 版 人:	江建中
网　　址:	http://www.seupress.com
经　　销:	全国各地新华书店
印　　刷:	兴化印刷有限责任公司
开　　本:	700mm×1000mm　1/16
印　　张:	17.5
字　　数:	315 千字
版　　次:	2016 年 12 月第 1 版
印　　次:	2016 年 12 月第 1 次印刷
书　　号:	ISBN 978-7-5641-6775-2
定　　价:	38.00 元

本社图书若有印装质量问题,请直接与营销部联系。电话(传真):025-83791830

序　言

经济学是一门选择的科学,因为经济是稀缺的,我们不可能满足我们的所有要求,我们只能选择性地满足我们的部分需求。这就是说,稀缺的资源满足我们的何种需求,取决于我们的选择。

作为一个理性的人,我们是依据理性的原则进行选择,作出决策的。所谓理性人,在经济领域就是经济人。经济人作出选择是根据成本收益的原则。也就是说,世界上没有免费的午餐,做任何事情都是有成本的。我们只能在不同的选择中权衡。我们希望我们所做的决策,成本最小,收益最大。这有可能吗?经济学提供了一套工具,帮助我们达成这一心愿。

也许你并没有学习过经济学,但你的行为肯定符合经济学原理。学习现代经济学,只是帮助你更自觉地作出正确的抉择。

现代经济学不仅有助于个人生活,其对公共决策的制定也很有价值。公共决策的过程是一个政治过程。公共决策的好坏,不仅取决于立法者与政府官员对相关问题的认识,而且取决于民众的认识水平。有什么样的民众就有什么样的政府。经济学的素养有助于我们认识公共决策的后果,从而避免那些事与愿违的公共决策,"就利益而言,经济学的思维方式也有助于人们看清隐藏在公共利益背后的私利动机,从而减少公共政策被利益集团俘虏的可能性"。①

我们面临的经济是混合经济,是市场经济主导的混合经济。在市场中,从事什么工作,期望的薪酬是多少;日常生活中,购买什么,购买多少,需要我们作出个人决策。而在公共领域,就业水平、物价指数、经济增长、产业结构等等,虽与我们没有直接关系,但也多少影响我们的工作、生活。现代经济学虽然没办

---

① 张维迎:《为什么没有免费午餐》;引自保罗·海恩等著《经济学的思维方式》,世界图书出版公司,2012年3月第一版。

法告诉你每个具体问题的解决方案,但它有助于你建立认识问题的思维框架,找到解决问题的方法与路径。

本书是经济学同仁集体努力的结果。全书共九章,撰写者分别为:第一章张欣,第二章吴利华,第三章冯清杰,第四章张宗庆,第五章秦双全,第六章陈健,第七章傅兆君,第八章岳书敬,第九章施卫东。

张欣老师在本书写作前期做了大量的准备工作,浦正宁老师为精选本书的案例分析题花费了大量的时间与精力,在此一并感谢。同时感谢东南大学出版社顾金亮老师为本书所作的大量细致的编辑工作。

张宗庆

2015 年 2 月

目 录

第一章 需求曲线和供给曲线概述以及有关的基本概念 ……………… 1
　第一节　需求曲线 …………………………………………………… 1
　第二节　供给曲线 …………………………………………………… 4
　第三节　供求曲线的共同作用 ……………………………………… 7
　第四节　经济模型、静态分析、比较静态分析和动态分析 ………… 12
　第五节　需求弹性和供给弹性 ……………………………………… 13

第二章　消费者行为理论 …………………………………………… 31
　第一节　消费者偏好——效用理论 ………………………………… 32
　第二节　无差异曲线 ………………………………………………… 38
　第三节　预算线与消费者均衡 ……………………………………… 42

第三章　厂 商 理 论 ………………………………………………… 51
　第一节　企业制度与企业成长 ……………………………………… 51
　第二节　生产理论 …………………………………………………… 57
　第三节　成本理论 …………………………………………………… 69

第四章　市 场 理 论 ………………………………………………… 83
　第一节　资源配置与资源配置方式 ………………………………… 84
　第二节　市场调节与市场机制 ……………………………………… 88
　第三节　市场结构与有效竞争 ……………………………………… 91
　第四节　市场的一般均衡 …………………………………………… 104

第五章　产业经济学概论 …………………………………………… 114
　第一节　产业和产业经济 …………………………………………… 114
　第二节　产业结构 …………………………………………………… 116

第三节　产业关联概论 …………………………………… 132
　　第四节　产业组织概论 …………………………………… 144

第六章　总供给和总需求理论 ………………………………… 160
　　第一节　总需求函数 ……………………………………… 160
　　第二节　总供给函数 ……………………………………… 164
　　第三节　总需求—总供给模型 …………………………… 168

第七章　发展经济学理论 ……………………………………… 179
　　第一节　经济增长和经济发展 …………………………… 180
　　第二节　以人为本的经济发展 …………………………… 185
　　第三节　二元结构的现代化 ……………………………… 188
　　第四节　经济发展的基本条件 …………………………… 196

第八章　经济增长理论 ………………………………………… 204
　　第一节　经济增长概述 …………………………………… 205
　　第二节　经济增长相关模型、理论 ……………………… 208
　　第三节　经济增长的影响因素 …………………………… 219
　　第四节　促进经济增长的政策 …………………………… 226
　　第五节　经济波动与经济周期 …………………………… 229

第九章　宏观经济政策 ………………………………………… 237
　　第一节　货币政策及其政策效果 ………………………… 237
　　第二节　财政政策及其政策效果 ………………………… 251
　　第三节　税收政策 ………………………………………… 264

第一章 需求曲线和供给曲线概述以及有关的基本概念

本章教学目的和要求

价格分析是经济学分析的核心之一,在微观经济学中,任何商品的价格都是由商品的需求和供给这两个因素共同决定的。正因为如此,对需求曲线和供给曲线的初步论述,通常被当作为西方经济学分析的出发点。

本章教学要点

1. 需求与需求曲线、供给与供给曲线
2. 均衡理论
3. 供给弹性与需求弹性

关键词

需求 供给 均衡 弹性

第一节 需求曲线

在市场经济中,价格是经济参与者相互之间联系和传递经济信息的机制,并且,价格机制也使经济资源得到有效率的配置。比如当某种稀缺的昂贵原料被用来生产一种热销的产品时,这种产品在市场上的价格必然表现得很高。于是,作为生产者就会节省对这种原料的使用,甚至会有积极性去寻找某种新技术,以减少或替代对原先稀缺原料的使用。同时,消费者也会因为产品的高价而自愿减少对产品的需求量。既然在市场经济中价格的作用如此重要,那么,价格是如何形成的呢?

消费者和厂商的经济行为的相互联系表现为产品市场和生产要素市场供求关系的相互作用,而正是这种供求关系的相互作用形成了市场中的均衡价格。任何商品的价格都是由需求和供给两方面的因素共同决定的。因此,作为经济学分析的起点,本节和下一节将分别介绍需求和需求曲线以及供给和供给曲线。

一、需求函数

一种商品的需求是指消费者在一定时期内在各种可能的价格水平下愿意并能够购买的该商品的数量。根据定义,如果消费者对某种商品只有购买的欲望而没有购买的能力,就不能算作需求。需求必须是指消费者既有购买欲望又有购买能力的有效需求。一种商品的需求数量是由许多因素共同决定的。其中主要的因素有:该商品的价格、消费者的收入水平、相关商品的价格、消费者的偏好和消费者对该商品的价格预期等。它们各自对商品的需求数量的影响如下:

关于商品的自身价格。一般说来,一种商品的价格越高,该商品的需求量就会越小。相反,价格越低,需求量就会越大。

关于消费者的收入水平。对于大多数商品来说,当消费者的收入水平提高时,就会增加对商品的需求量。相反,当消费者的收入水平下降时,就会减少对商品的需求量。

关于相关商品的价格。当一种商品本身的价格保持不变,而与它相关的其他商品的价格发生变化时,这种商品本身的需求量也会发生变化。例如,在其他条件不变的前提下,当馒头的价格不变而花卷的价格上升时,人们往往就会增加对馒头的购买,从而使得馒头的需求量上升。

关于消费者的偏好。当消费者对某种商品的偏好程度增强时,该商品的需求量就会增加。相反,偏好程度减弱,需求量就会减少。

关于消费者对商品的价格预期。当消费者预期某种商品的价格在将来下一期会上升时,就会增加对该商品的现期需求量;当消费者预期某商品的价格在将来下一期会下降时,就会减少对该商品的现期需求量。

所谓需求函数是表示一种商品的需求数量和影响该需求数量的各种因素之间的相互关系。也就是说,在以上的分析中,影响需求数量的各个因素是自变量,需求数量是因变量。一种商品的需求数量是所有影响这种商品需求数量的因素的函数。但是,如果我们对影响一种商品需求量的所有因素同时进行分析,这就会使问题变得复杂起来。在处理这种复杂的多变量的问题时,通常可以将问题简化,即一次把注意力集中在一个影响因素上,而同时假定其他影响因素保持不变。在这里,由于一种商品的价格是决定需求量的最基本的因素,所以,我们假定其他因素保持不变,仅仅分析一种商品的价格对该商品需求量的影响,即把一种商品的需求量仅仅看成是这种商品的价格的函数,于是,需求函数就可以用下式表示：

$$Q^d = f(P) \tag{1.1}$$

式中，P 为商品的价格；Q^d 为商品的需求量。

二、需求表和需求曲线

需求函数 $Q^d = f(P)$ 表示一种商品的需求量和该商品的价格之间存在着一一对应的关系。这种函数关系可以分别用商品的需求表和需求曲线来加以表示。

商品的需求表是表示某种商品的各种价格水平和与各种价格水平相对应的该商品的需求数量之间关系的数字序列表。表1-1是某商品的需求表。

表1-1 某商品的需求表

价格—需求量组合	A	B	C	D	E	F	G
价格（元）	1	2	3	4	5	6	7
需求量（单位数）	700	600	500	400	300	200	100

从表1-1可以清楚地看到商品价格与需求量之间的函数关系。譬如，当商品价格为1元时，商品的需求量为700单位；当价格上升为2元，需求量下降为600单位；当价格进一步上升为3元时，需求量下降为更少的500单位；如此等等。

商品的需求曲线是根据需求表中商品不同的价格—需求量的组合在平面坐标图上所绘制的一条曲线。图1-1是根据表1-1绘制的一条需求曲线。

在图1-1中，横轴 OQ 表示商品的数量，纵轴 OP 表示商品的价格。应该指出的是，与数学上的习惯相反，在微观经济学分析需求曲线和供给曲线时，通常以纵轴表示自变量，以横轴表示因变量。

图中的需求曲线是这样得到的：

根据表1-1中每一个商品的价格—需求量的组合，在平面坐标图中描绘相应的各商品的需求曲线点 A、B、C、D、E、F、G，然后顺次连接这些点，便得到需求曲线 $Q^d = f(P)$。它表示在不同价格水平下消费者愿意而且能够购买的商品数量。所以，需求曲线是以几何图形来表示商品的价格和需求量之间的函数关系的。

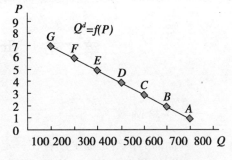

图1-1 某商品的需求曲线

微观经济学在论述需求函数时，一般都假定商品的价格和相应的需求量的变化具有无限分割性，即具有连续性。正是由于这一假定，在图1-1中才可以将商品的各个价格—需求量的组合点 A、B、C……连接起来，从而构成一条光滑的连续的需求曲线。

图1-1中的需求曲线是一条直线，实际上，需求曲线可能是直线型的，也可能是曲线型的。当需求函数为线性函数时，相应的需求曲线是一条直线，直线上各点的斜率是相等的。当需求函数为非线性函数时，相应的需求曲线是一条曲线，曲线上各点的斜率是不相等的。在微观经济分析中，为了简化分析过程，在不影响结论的前提下，大多使用线性需求函数。线性需求函数的通常形式为：

$$Q^d = \alpha - \beta P \tag{1.2}$$

式中 α、β 为常数，且 α、$\beta>0$。该函数所对应的需求曲线为一条直线。建立在需求函数基础上的需求表和需求曲线都反映了商品的价格变动和需求量变动二者之间的关系。从表1-1可见，商品的需求量随着商品价格的上升而减少。相应地，在图1-1中的需求曲线具有一个明显的特征，它是向右下方倾斜的，即它的斜率为负值。它们都表示商品的需求量和价格之间呈反方向变动的关系。

至于需求曲线为什么一般是向右下方倾斜的，或者说，商品的价格和需求量之间呈反方向变动的具体原因是什么，这将在效用论这一章中得到深入的分析和说明。本节只是描述了关于商品的价格和需求量这两个变量相互关系的现象，而并没有解释关于这种现象的原因。

第二节　供　给　曲　线

一、供给函数

一种商品的供给是指生产者在一定时期内在各种可能的价格下愿意并且能够提供出售的该种商品的数量。根据上述定义，如果生产者对某种商品只有提供出售的愿望，而没有提供出售的能力，则不能形成有效供给，也不能算作供给。

一种商品的供给数量取决于多种因素的影响，其中主要的因素有：该商品的价格、生产的成本、生产的技术水平、相关商品的价格和生产者对未来的预

期。它们各自对商品的供给量的影响如下:

关于商品的自身价格。一般说来,一种商品的价格越高,生产者提供的产量就越大。相反,商品的价格越低,生产者提供的产量就越小。

关于生产的成本。在商品自身价格不变的条件下,生产成本上升会减少利润,从而使得商品的供给量减少。相反,生产成本下降会增加利润,从而使得商品的供给量增加。

关于生产的技术水平。在一般的情况下,生产技术水平的提高可以降低生产成本,增加生产者的利润,生产者会提供更多的产量。

关于相关商品的价格。在一种商品的价格不变,而其他相关商品的价格发生变化时,该商品的供给量会发生变化。例如,对某个生产小麦和玉米的农户来说,在玉米价格不变和小麦价格上升时,该农户就可能增加小麦的耕种面积而减少玉米的耕种面积。

关于生产者对未来的预期。如果生产者对未来的预期看好,如预期商品的价格会上涨,生产者往往会扩大生产,增加产量供给。如果生产者对未来的预期是悲观的,如预期商品的价格会下降,生产者往往会缩减生产,减少产量供给。

一种商品的供给量是所有影响这种商品供给量的因素的函数。如果假定其他因素均不发生变化,仅考虑一种商品的价格变化对其供给量的影响,即把一种商品的供给量只看成是这种商品价格的函数,则供给函数就可以表示为:

$$Q^S = f(P) \tag{1.3}$$

式中,P 为商品的价格;Q^S 为商品的供给量。

二、供给表和供给曲线

供给函数 $Q^S = f(P)$ 表示一种商品的供给量和该商品价格之间存在着一一对应的关系。这种函数关系可以分别用供给表和供给曲线来表示。

商品的供给表是表示某种商品的各种价格和与各种价格相对应的该商品的供给数量之间关系的数字序列表。表1-2是某商品的供给表。

表1-2 某商品的供给表

价格—供给量组合	A	B	C	D	E
价格(元)	2	3	4	5	6
供给量(单位数)	0	200	400	600	800

表 1-2 清楚地表示了商品的价格和供给量之间的函数关系。例如,当价格为 6 元时,商品的供给量为 800 单位;当价格下降为 4 元时,商品的供给量减少 400 单位;当价格进一步下降为 2 元时,商品的供给量减少为零。

商品的供给曲线是根据供给表中的商品的价格—供给量组合在平面坐标图上所绘制的一条曲线。图 1-2 便是根据表 1-2 所绘制的一条供给曲线。

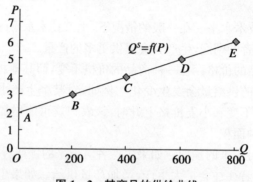

图 1-2 某商品的供给曲线

图 1-2 中的 OQ 表示商品数量,横轴;OP 表示商品价格,纵轴。在平面坐标图上,把根据供给表中商品的价格—供给量组合所得到的相应的坐标点 A、B、C、D、E 连接起来的线,就是该商品的供给曲线 $Q^s = f(P)$ 它表示在不同的价格水平下生产者愿意而且能够提供出售的商品数量。供给曲线是以几何图形表示商品的价格和供给量之间的函数关系。和需求曲线一样,供给曲线也是一条光滑的和连续的曲线,它是建立在商品的价格和相应的供给量的变化具有无限分割性即连续性的假设上的。

如同需求曲线一样,供给曲线可以是直线型,也可以是曲线型。如果供给函数是线性函数,则相应的供给曲线为直线型,如图 1-2 中的供给曲线。如果供给函数是非线性函数,则相应的供给曲线就是曲线型。直线型的供给曲线上的每点的斜率是相等的,曲线型的供给曲线上的每点的斜率则不相等。在微观经济分析中,使用较多的是线性供给函数。它的通常形式为:

$$Q^s = -\delta + \gamma P \tag{1.4}$$

式中,δ、γ 为常数,且 δ、$\gamma > 0$。与该函数相对应的供给曲线为一条直线。以供给函数为基础的供给表和供给曲线都反映了商品的价格变动和供给量变动二者之间的规律。从表 1-2 可见,商品的供给量随着商品价格的上升而增加。相应地,在图 1-2 中的供给曲线表现出向右上方倾斜的特征,即供给曲线的斜率为正值。它们都表示商品的供给量和价格呈同方向变动的规律。

本节描述了关于商品的价格和供给量这两个变量之间相互关系的现象,至于商品的价格和供给量之间呈同方向变动的具体原因,或者说,为什么供给曲线一般是向右上方倾斜的,这将在完全竞争市场这一章中得到深入的分析和说明。

第三节 供求曲线的共同作用

我们已经知道,需求曲线说明了消费者对某种商品在每一价格下的需求量是多少,供给曲线说明了生产者对某种商品在每一价格下的供给量是多少。但是,它们都没说明这种商品本身的价格究竟是如何决定的。那么,商品的价格是如何决定的呢？微观经济学中的商品价格是指商品的均衡价格。商品的均衡价格是在商品的市场需求和市场供给这两种相反力量的相互作用下形成的。下面,将需求曲线和供给曲线结合在一起分析均衡价格的形成及其变动。

一、均衡的含义

在经济学中,均衡是一个被广泛运用的重要的概念。均衡的最一般的意义是指经济事物中有关的变量在一定条件的相互作用下所达到的一种相对静止的状态。经济事物之所以能够处于这样一种静止状态,是由于在这样的状态中有关该经济事物的各参与者的力量能够相互制约和相互抵消,也由于在这样的状态中有关该经济事物的各方面的经济行为者的愿望都能得到满足。正因为如此,西方经济学家认为,经济学的研究往往在于寻找在一定条件下经济事物的变化最终趋于相对静止之点的均衡状态。

在微观经济分析中,市场均衡可以分为局部均衡和一般均衡。局部均衡是就单个市场或部分市场的供求与价格之间的关系和均衡状态进行分析。一般均衡是就一个经济社会中的所有市场的供求与价格之间的关系和均衡状态进行分析。一般均衡假定各种商品的供求和价格都是相互影响的,一个市场的均衡只有在其他所有市场都达到均衡的情况下才能实现。

二、均衡价格的决定

在经济学中,一种商品的均衡价格是指该种商品的市场需求量和市场供给量相等时的价格。在均衡价格水平下的相等的供求数量被称为均衡数量。从几何意义上说,一种商品市场的均衡出现在该商品的市场需求曲线和市场供给曲线相交的交点上,该交点被称为均衡点。均衡点上的价格和相等的供求量分别被称为均衡价格和均衡数量。市场上需求量和供给量相等的状态,也被称为市场出清的状态。

现在把前面图1-1中的需求曲线和图1-2中的供给曲线结合在一起,用图1-3说明一种商品的市场均衡价格的决定。

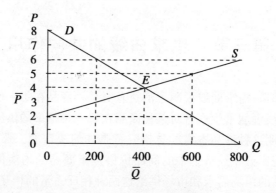

图1-3 均衡价格的决定

在图1-3中,假定D曲线为市场的需求曲线,S曲线为市场的供给曲线。需求曲线D和供给曲线S相交于E点,E点为均衡点。在均衡点,均衡价格$P=4$元,均衡数量$Q=400$。显然,在均衡价格4元的水平,消费者的购买量和生产者的销售量是相等的,都为400单位。也可以反过来说,在均衡数量400的水平,消费者愿意支付的最高价格和生产者愿意接受的最低价格是相等的,都为4元。因此,这样一种状态便是一种使买卖双方都感到满意并愿意持续下去的均衡状态。

均衡价格的决定也可以用与图1-3相对应的表1-3来说明。由表1-3清楚可见,商品的均衡价格为4元,商品的均衡数量为400单位。

表1-3 某商品均衡价格的决定

价格(元)	6	5	4	3	2
需求量(单位数)	200	300	400	500	600
供给量(单位数)	800	600	400	300	0

商品的均衡价格是如何形成的呢?

商品的均衡价格表现为商品市场上需求和供给这两种相反的力量共同作用的结果,它是在市场的供求力量的自发调节下形成的。当市场价格偏离均衡价格时,市场上会出现需求量和供给量不相等的非均衡的状态。一般说来,在市场机制的作用下,这种供求不相等的非均衡状态会逐步消失,实际的市场价格会自动地回复到均衡价格水平。

仍用图1-3或相应的表1-3来说明均衡价格的形成。当市场的实际价格高于均衡价格为6元时,商品的需求量为200单位,供给量为800单位。这种供给量大于需求量的商品过剩或超额供给的市场状况,一方面会使需求者压低价格来购买商品,另一方面,又会使供给者减少商品的供给量。这样,该商品的价格必然下降,一直下降到均衡价格4元的水平。与此同时,随着价格由6元下降为4元,商品的需求量逐步地由200单位增加为400单位,商品的供给量逐步地由800单位减少为400单位,从而实现供求量相等的均衡数量400单位。相反地,当市场的实际价格低于均衡价格为3元时,商品的需求量为500单位,供给量为200单位。面对这种需求量大于供给量的商品短缺或超额需求的市场状况,一方面,迫使需求者提高价格来得到他所要购买的商品量,另一方面,又使供给者增加商品的供给量。这样,该商品的价格必然上升,一直上升到均衡价格4元的水平。在价格由3元上升为4元的过程中,商品的需求量逐步地由500单位减少为400单位,商品的供给量逐步地由200单位增加为400单位,最后达到供求量相等的均衡数量400单位。由此可见,当市场上的实际价格偏离均衡价格时,市场上总存在着变化的力量,最终达到市场的均衡或市场出清。

三、均衡价格的变动

一种商品的均衡价格是由该商品市场的需求曲线和供给曲线的交点所决定的。因此,需求曲线或供给曲线的位置的移动都会使均衡价格水平发生变动。下面将先介绍有关需求曲线和供给曲线位置移动的内容,然后再说明这两种移动对均衡价格以及均衡数量的影响。

1. 需求曲线的移动

要了解需求曲线的移动,必须区分需求量的变动和需求的变动这两个概念。在西方经济学文献中,需求量的变动和需求的变动都是需求数量的变动,它们的区别在于引起这两种变动的因素是不相同的,而且,这两种变动在几何图形中的表示也是不相同的。

关于需求量的变动。需求量的变动是指在其他条件不变时,由某商品的价格变动所引起的该商品的需求数量的变动。在几何图形中,需求量的变动表现为商品的价格—需求数量组合点沿着一条既定的需求曲线的运动。例如,在图1-1中,当商品的价格发生变化由2元逐步上升为5元,它所引起的商品需求数量由600单位逐步地减少为300单位时,商品的价格—需求数量组合由B点沿着既定的需求曲线$Q^d = f(P)$,经过C、D点,运动到E点。

需要指出的是,这种变动虽然表示需求数量的变化,但是并不表示整个需求状态的变化。因为,这些变动的点都在同一条需求曲线上。

关于需求的变动。需求的变动是指在某商品价格不变的条件下,由于其他因素变动所引起的该商品的需求数量的变动。这里的其他因素变动是指消费者收入水平变动、相关商品的价格变动、消费者偏好的变化和消费者对商品的价格预期的变动等。

2. 供给曲线的移动

要了解供给曲线的移动,必须区分供给量的变动和供给的变动这两个概念。类似于以上关于需求量的变动和需求的变动的区分,供给量的变动和供给的变动都是供给数量的变动,它们的区别在于引起这两种变动的因素是不相同的,而且,这两种变动在几何图形中的表示也是不相同的。

供给量的变动是指在其他条件不变时,由某商品的价格变动所引起的该商品供给数量的变动。在几何图形中,这种变动表现为商品的价格—供给数量组合点供给的变动是指在某商品价格不变的条件下,由于其他因素变动所引起的该商品的供给数量的变动。这里的其他因素变动可以指生产成本的变动、生产技术水平的变动、相关商品价格的变动和生产者对未来的预期的变化等。在几何图形中,供给的变动表现为供给曲线的位置发生移动。

前面的图 1-2 表示的是供给量的变动:随着价格上升所引起的供给数量的逐步增加,A 点沿着同一条供给曲线逐步运动到 E 点。

3. 需求的变动和供给的变动对均衡价格和均衡数量的影响

先分析需求变动的影响。

在供给不变的情况下,需求增加会使需求曲线向右平移,从而使得均衡价格和均衡数量都增加;需求减少会使需求曲线向左平移,从而使得均衡价格和均衡数量都减少。如图 1-4 所示。

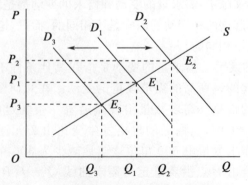

图 1-4 需求的变动和均衡价格的变动

在图 1-4 中，既定的供给曲线 S 和最初的需求曲线 D_1 相交于 E_1 点。在均衡点 E_1，均衡价格为 P_1，均衡数量为 Q_1。需求增加使需求曲线向右平移至 D_2 曲线的位置，D_2 曲线与 S 曲线相交于 E_2 点。在均衡点 E_2，均衡价格上升为 P_2，均衡数量增加为 Q_2。相反，需求减少使需求曲线向左平移至 D_3 曲线的位置，D_3 曲线与 S 曲线相交于 E_3 点。在均衡点 E_3，均衡价格下降为 P_3，均衡数量减少为 Q_3。

再分析供给变动的影响。

在需求不变的情况下，供给增加会使供给曲线向右平移，从而使得均衡价格下降，均衡数量增加；供给减少会使供给曲线向左平移，从而使得均衡价格上升，均衡数量减少。如图 1-5 所示。

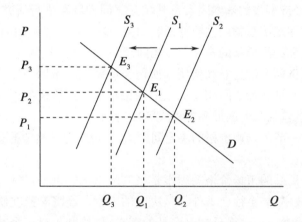

图 1-5 供给的变动和均衡价格的变动

在图 1-5 中，既定的需求曲线 D 和最初的供给曲线 S_1 相交于 E_1 点。在均衡点 E_1 的均衡价格和均衡数量分别为 P_2 和 Q_1。供给增加使供给曲线向右平移至 S_2 曲线的位置，并与 D 曲线相交于 E_2 点。在均衡点 E_2，均衡价格下降为 P_1，均衡数量增加为 Q_2。相反，供给减少使供给曲线向左平移至 S_3 曲线的位置，且与 D 曲线相交于 E_3 点。在均衡点 E_3，均衡价格上升为 P_3，均衡数量减少为 Q_3。

综上所述，可以得到供求定理：在其他条件不变的情况下，需求变动分别引起均衡价格和均衡数量的同方向的变动；供给变动引起均衡价格的反方向的变动，引起均衡数量同方向的变动。

第四节 经济模型、静态分析、比较静态分析和动态分析

一、经济模型

经济理论是在对现实的经济事物的主要特征和内在联系进行概括和抽象的基础上,对现实的经济事物进行的系统描述。经济学家认为,由于现实的经济事物是错综复杂的,所以,在研究每一个经济事物时,往往要舍弃一些非基本的因素,只就经济事物的基本因素及其相互之间的联系进行研究,从而使得经济理论能够说明经济事物的主要特征和相关的基本因素之间的因果关系。

经济理论和经济模型的含义大致相同。一个经济理论的建立和运用,可以看成是一个经济模型的建立和使用。所谓经济模型是指用来描述所研究的经济事物的有关经济变量之间相互关系的理论结构。经济模型可以用文字语言或数学的形式(包括几何图形和方程式等)来表示。

下面以上一节的均衡价格的决定问题为例,说明经济模型的意义和它的不同的表示形式。

决定一种商品的市场价格的因素是极其复杂的。例如,气候、消费者的爱好、生产者的效率,甚至社会事件都是决定的因素。经济学家在研究这一问题时,在众多的因素中精简得只剩下商品的需求、供给和价格三个基本因素。在此基础上,建立起商品的均衡价格是由商品的市场需求量和市场供给量相等时的价格水平所决定的这样一个经济模型。均衡价格决定模型可以用这样的文字语言的形式来表示,也可以用以下的数学形式来表示。

上一节中的图 1-3 就是以数学的几何图形来表示的均衡价格决定模型。该图形准确地说明了均衡价格是由市场需求曲线 D 和市场供给曲线 S 相交点的价格水平所决定的。除了几何图形以外,在数学方面,还可以用方程式来表示均衡价格决定模型。该模型可以被表示为三个联立的方程:

$$Q^d = \alpha - \beta P \qquad (1.5)$$

$$Q^s = -\delta + \gamma P \qquad (1.6)$$

$$Q^d = Q^s \qquad (1.7)$$

式中 $\alpha、\beta、\delta、\gamma$ 均为常数,且均大于零。

二、内生变量、外生变量和参数

经济数学模型一般是用由一组变量所构成的方程式或方程组来表示的,变量是经济模型的基本要素。变量可以被区分为内生变量、外生变量和参数。在经济模型中,内生变量指该模型所要决定的变量。外生变量指由模型以外的因素所决定的已知变量,它是模型据以建立的外部条件。内生变量可以在模型体系内得到说明,外生变量决定内生变量,而外生变量本身不能在模型体系内得到说明。参数指数值通常不变的变量,也可以理解为可变的常数。参数通常是由模型以外的因素决定的,参数也往往被看成是外生变量。

三、静态分析、比较静态分析和动态分析

经济模型可以被区分为静态模型和动态模型。从分析方法上讲,与静相联系的有静态分析方法和比较静态分析方法,与动态模型相联系的是动态分析方法。

仍以上面的均衡价格决定模型为例。在该模型中,当需求函数和供给的外生变量 α、β、δ 和 γ 被赋予确定数值以后,便可求出相应的均衡价 $\bar{P}$、均衡数量 $\bar{Q}$ 的数值。这种根据既定的外生变量值来求得内生变量值的分析方法为静态分析。

在上述的均衡价格决定模型中,当外生变量 α、β、δ 和 γ 被确定为不同的数值时,由此得出的内生变量 $\bar{P}$ 和 $\bar{Q}$ 的数值是不相同的。很显然,在一个经济模型中,当外生变量的数值发生变化时,相应的内生变量的数值也会发生变化,这种对外生变量变化对内生变量的影响方式的研究,以及对不同数值的外生变量下的内生变量的不同数值的分析比较,被称为比较静态分析。

第五节 需求弹性和供给弹性

一、弹性的一般含义

我们已经知道,当一种商品的价格发生变化时,这种商品的需求量会发生变化。除此之外,当消费者的收入水平或者相关商品的价格等其他因素发生变化时,这种商品的需求也会发生变化。同样地,当一种商品的价格发生变化,或者这种商品的生产成本等其他因素发生变化时,这种商品的供给量会发生变化。由此,我们会很自然地想知道,譬如,当一种商品的价格下降1%时,这种

商品的需求量和供给量究竟分别会上升和下降多少呢？当消费者的收入水平上升1%时,商品的需求量究竟增加了多少呢？等等。弹性概念就是专门为解决这一类问题而被引入到经济学当中的。

弹性概念在经济学中得到广泛的应用。一般说来,只要两个经济变量之间存在着函数关系,我们就可用弹性来表示因变量对自变量变化的反应的敏感程度。具体地说,它是这样一个数字:它告诉我们,当一个经济变量发生1%的变动时,由它引起的另一个经济变量变动的百分比。例如,弹性可以表示当一种商品的价格上升1%时,相应的需求量和供给量的变化的百分比具体是多少。

在经济学中,弹性的一般公式为:

$$\text{弹性系数} = \frac{\text{因变量的变动比例}}{\text{自变量的变动比例}}$$

设两个经济变量之间的函数关系为 $Y = f(X)$,则弹性的一般公式还可以表示为:

$$e = \frac{\frac{\Delta Y}{Y}}{\frac{\Delta X}{X}} = \frac{\Delta Y}{\Delta X} \cdot \frac{X}{Y} \tag{1.8}$$

式中,e 为弹性系数;ΔX、ΔY 分别为变量 X、Y 的变动量。该式表示:当自变量 X 变化百分之一时,因变量 Y 变化百分之几。

若经济变量的变化量趋于无穷小,即:当(1.8)式中的 $\Delta X \to 0$,且 $\Delta Y \to 0$ 时,则弹性公式为:

$$e = \lim_{\Delta X \to 0} \frac{\frac{\Delta Y}{Y}}{\frac{\Delta X}{X}} = \frac{\frac{dY}{Y}}{\frac{dX}{X}} = \frac{dY}{dX} \cdot \frac{X}{Y} \tag{1.9}$$

通常将(1.8)式称为弧弹性公式,将(1.9)式称为点弹性公式。

需要指出的是,由弹性的定义公式可以清楚地看到,弹性是两个变量各变化比例的一个比值,所以,弹性是一个具体的数字,它与自变量和因变量的单位无关。

本节将以需求的价格弹性为重点,考察与需求和供给有关的几个弹性概念。

二、需求的价格弹性的含义

需求方面的弹性主要包括需求的价格弹性、需求的交叉价格弹性和需求人弹性。其中,需求的价格弹性又被简称为需求弹性。下面将详细考察需求价格弹性。

需求的价格弹性表示在一定时期内一种商品的需求量变动对于该商品的价格变动的反应程度。或者说,表示在一定时期内当一种商品的价格变化百分之一时所引起的该商品的需求量变化的百分比。其公式为:

$$需求的价格弹性系数 = -\frac{需求量变动率}{价格变动率}$$

需求的价格弹性可以分为弧弹性和点弹性。

需求的价格弧弹性表示某商品需求曲线上两点之间的需求量的变动对于价格的变动的反应程度。简单地说,它表示需求曲线上两点之间的弹性。假定需求函数为 $Q=f(P)$,ΔQ 和 ΔP 分别表示需求量的变动量和价格的变动量,以 e_d 表示需求的价格弹性系数,则需求的价格弧弹性的公式为:

$$e_d = -\frac{\frac{\Delta Q}{Q}}{\frac{\Delta P}{P}} = -\frac{\Delta Q}{Q} \cdot \frac{P}{\Delta P} \tag{1.10}$$

这里需要指出的是,在通常情况下,由于商品的需求量和价格是成反方向变动的,$\frac{\Delta Q}{\Delta P}$ 为负值,所以,为了便于比较,就在公式(1.10)中加了一个负号,以使需求的价格弹性系数 e_d 取正值。

当需求曲线上两点之间的变化量趋于无穷小时,需求的价格弹性要用点弹性来表示。也就是说,它表示需求曲线上某一点上的需求量变动对于价格变动的反应程度。在公式(1.10)的基础上,需求的价格点弹性的公式为:

$$e = \lim_{\Delta x \to 0} \frac{\frac{\Delta Q}{Q}}{\frac{\Delta P}{P}} = \frac{\frac{dQ}{Q}}{\frac{dP}{P}} = \frac{dQ}{dP} \cdot \frac{P}{Q} \tag{1.11}$$

比较(1.10)式和(1.11)式可见,需求的价格弧弹性和点弹性的本质是相同的。它们的区别仅在于:前者表示价格变动量较大时的需求曲线上两点之间的弹性,而后者表示价格变动量无穷小时的需求曲线上某一点的弹性。

三、需求的价格弹性:弧弹性

需求的价格弧弹性的五种类型。

我们已经知道,需求的价格弹性是告诉我们,当商品的价格变动1%时,需求量的变动究竟有多大的百分比。于是,我们完全可以设想:在商品的价格变化1%的前提下,需求量的变化率可能大于1%,这时有 $e_d>1$;需求量的变化率也可能小于1%,这时有$e_d<1$;需求量的变化率也可能恰好等于1%,这时有$e_d=1$。进一步讲,由于$e_d>1$表示需求量的变动率大于价格的变动率,即需求量对于价格变动的反应是比较敏感的,所以,$e_d>1$被称为富有弹性。由于$e_d<1$表示需求量的变动率小于价格的变动率,即需求量对于价格变动的反应欠敏感,所以,$e_d<1$被称为缺乏弹性。$e_d=1$是一种巧合的情况,它表示需求量和价格的变动率刚好相等。$e_d=1$被称为单一弹性或单位弹性。以上这三种类型的需求的价格弧弹性分别如图1-6中的(a)、(b)和(c)所示。

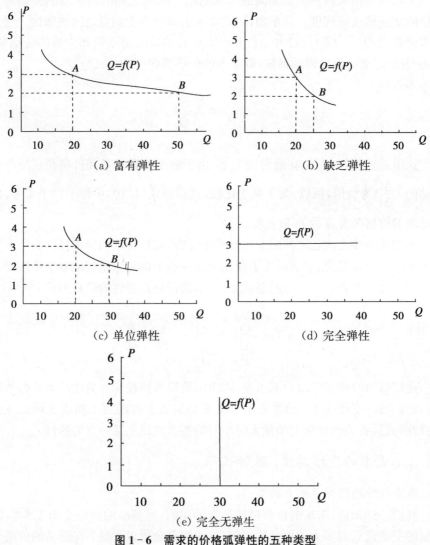

图1-6 需求的价格弧弹性的五种类型

比较图(a)和图(b)可以看出,就需求的价格弧弹性而言,富有弹性的需求曲线相对比较平坦,缺乏弹性的需求曲线相对比较陡峭。但是,特别需要引起注意的是,尽管在经济学中,把富有弹性的需求绘制成一条相对平坦的曲线和把缺乏弹性的需求描绘成一条相对陡峭的曲线,已成为一种习惯,这种绘制方法通常也是可行的。但是,在有些场合,这种绘制方法便会成为一种不好的甚至是错误的方法。譬如,当图(a)中横轴上每 0.5 cm 的刻度由 10、20、30、40、50 改为 11、12、13、14、15 以后,那么,平坦的需求曲线就是缺乏弹性的了。所以在使用这种绘制方法时必须十分小心。关于这一点,在以后分析需求曲线的斜率和需求的价格点弹性的关系时,会得到进一步的说明。

再看图(d)和图(e)。图(d)中需求曲线为一条水平线。水平的需求曲线表示在既定的价格水平(如图(d)中的 $P=3$)需求量是无限的。从需求的价格弹性的角度看,对于水平的需求曲线来说,只要价格有一个微小的上升,就会使无穷大的需求量一下子减少为零。也就是说,相对于无穷小的价格变化率,需求量的变化率是无穷大的,即有 $e_d=\infty$,这种情况被称为完全弹性。图(e)中的需求曲线是一条垂直线。垂直的需求曲线表示相对于任何价格水平需求量都是固定不变的(如图中总是有 $Q=30$)。从需求的价格弹性的角度看,对于垂直的需求曲线来说,无论价格如何变化,需求量的变化量总是为零,即有 $e_d=0$,这种情况被称为完全无弹性。

四、需求的价格弹性:点弹性

需求的价格点弹性的几何意义。

先考虑线性需求曲线的点弹性。用图 1-7 来说明。

在图中,线性需求曲线分别与纵坐标和横坐标相交于 A、B 两点,令 C 点为该需求曲线上的任意一点。从几何意义看,根据点弹性的定义,C 点的需求的价格弹性可以表示为:

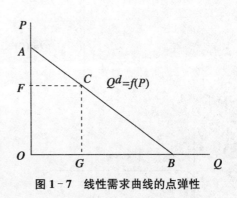

图 1-7 线性需求曲线的点弹性

$$e_d = -\frac{dQ}{dP} \cdot \frac{P}{Q} = \frac{GB}{CG} \cdot \frac{CG}{OG} = \frac{GB}{OG} = \frac{CB}{AC} = \frac{FO}{AF} \tag{1.12}$$

由此可得出这样一个结论:线性需求曲线上的任何一点的弹性,都可以通过由该点出发向价格轴或数量轴引垂线的方法来求得。

显然,线性需求曲线上的点弹性有一个明显的特征:在线性需求曲线上的点的位置越高,相应的点弹性系数值就越大;相反,位置越低,相应的点弹性系数值就越小。这一特征在图1-8(a)中得到了充分的体现。在图(a)中,随着需求曲线上的点的位置由最低的 A 点逐步上升到最高的正点的过程,相应的点弹性由 $e_d=0$,逐步增加到 $e_d=\infty$。具体地分析,在该线性需求曲线的中点 C,有 $e_d=1$,因为 $CA=EC$。在中点以下部分的任意一点,如 B 点,有 $e_d<1$,因为 $BA<EB$。在中点以上部分的任意一点,如 D 点,有 $e_d>1$,因为 $DA>ED$。在线性需求曲线的两个端点,即需求曲线与数量轴和价格轴的交点 A 点和 E 点,分别有 $e_d=0$ 和 $e_d=\infty$。

可见,向右下方倾斜的线性需求曲线上每一点的弹性都是不相等的。这一结论对于除了将要说明的两种特殊形状的线性需求曲线以外的所有线性需求曲线都是适用的。

在图(b)和图(c)中各有一条特殊形状的线性需求曲线。图(b)中一条水平的需求曲线上的每一点的点弹性均为无穷大,即 $e_d=\infty$。图(c)中的一条垂直的需求曲线上每一点的点弹性均为零,即 $e_d=0$。可见,对于线性需求曲线上每一点的点弹性都不相等的结论来说,水平的和垂直的需求曲线是两种例外。

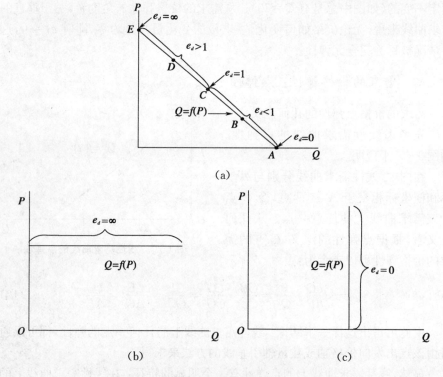

图1-8 线性需求曲线的点弹性的三种类型

要注意的是,在考察需求的价格弹性问题时,需求曲线的斜率和需求的价格弹性是两个紧密联系却又不相同的概念,必须严格加以区分。

首先,经济学使用弹性而不是曲线的斜率来衡量因变量对自变量反应的敏感程度,由于弹性没有度量单位,所以,弹性之间的比较很方便。不同的是,斜率是具有度量单位的,如每一分钱价格的变动所造成的面粉需求量的改变和每一元钱价格的变动所造成的面粉需求量的改变存在着很大的差别。此外,物品的衡量往往必须使用不同的度量单位。例如,面粉用斤、吨、袋等。为了比较不同物品反应的敏感程度,度量单位的消除是必要的。其次,由前面对需求的价格点弹性的分析可以清楚地看到,需求曲线在某一点的斜率为 $\frac{dP}{dQ}$。而根据需求的价格点弹性的计算公式,需求的价格点弹性不仅取决于需求曲线在该点的斜率的倒数值 $\frac{dQ}{dP}$,还取决于相应的价格—需求量的比值 $\frac{P}{Q}$。所以,这两个概念虽有联系,但区别也是很明显的。这种区别在图 1-8(a)中得到了充分体现:图中线性需求曲线上每点的斜率都是相等的,但每点的点弹性值却都是不相等的。

由此可见,直接把需求曲线的斜率和需求的价格弹性等同起来是错误的。严格区分这两个概念,不仅对于线性需求曲线的点弹性,而且对于任何形状的需求曲线的弧弹性和点弹性来说,都是有必要的。

五、需求的价格弹性和厂商的销售收入

在实际的经济生活中会发生这样一些现象:有的厂商提高自己的产品价格,能使自己的销售收入得到提高,而有的厂商提高自己的产品价格,却反而使自己的销售收入减少了。这意味着,以降价促销来增加销售收入的做法,对有的产品适用,对有的产品却不适用。如何解释这些现象呢?这便涉及商品的需求的价格弹性的大小和厂商的销售收入两者之间的相互关系。

我们知道,厂商的销售收入等于商品的价格乘以商品的销售量。在此假定厂商的商品销售量等于市场上对其商品的需求量。这样,厂商的销售收入就又可以表示为商品的价格乘以商品的需求量,即厂商销售收入$=P\times Q$,其中,P 表示商品的价格,Q 表示商品的销售量即需求量。

前面已经讲过,商品的需求的价格弹性表示商品需求量的变化率对于商品价格的变化率的反应程度。这意味着,当一种商品的价格 P 发生变化时,这种商品需求量 Q 的变化情况,进而提供这种商品的厂商的销售收入 $P\times Q$ 的变化情况,将必然取决于该商品的需求的价格弹性大小。所以,在商品的需求价格

弹性和提供该商品的厂商的销售收入之间存在着密切的关系。这种关系可归纳为以下三种情况。

第一种情况：对于$e_d>1$的富有弹性的商品，降低价格会增加厂商的销售收入，相反，提高价格会减少厂商的销售收入，即厂商的销售收入与商品的价格成反方向的变动。这是因为，当$e_d>1$时，厂商降价所引起的需求量的增加率大于价格的下降率。这意味着价格下降所造成的销售收入的减少量必定小于需求量增加所带来的销售收入的增加量。所以，降价最终带来的销售收入$P\times Q$值是增加的。相反，在厂商提价时，最终带来的销售收入$P\times Q$值是减少的。这种情况如图1-9(a)所示。

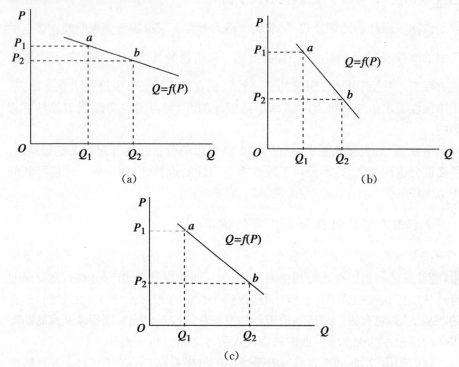

图1-9 需求弹性与销售收入

第二种情况：对于$e_d<1$的缺乏弹性的商品，降低价格会使厂商的销售收入减少，相反，提高价格会使厂商的销售收入增加，即销售收入与商品的价格成同方向的变动。其原因在于：$e_d<1$时，厂商降价所引起的需求量的增加率小于价格的下降率。这意味着需求量增加所带来的销售收入的增加量并不能全部抵消价格下降所造成的销售收入的减少量。所以，降价最终使销售收入$P\times Q$值减少。相反，在厂商提价时，最终带来的销售收入$P\times Q$值是增加的。用

图(b)说明这种情况。

第三种情况：对于 $e_d=1$ 的单位弹性的商品，降低价格或提高价格对厂商的销售收入都没有影响。这是因为，当 $e_d=1$ 时，厂商变动价格所引起的需求量的变动率和价格的变动率是相等的。这样一来，由价格变动所造成的销售收入的增加量或减少量刚好等于由需求量变动所带来的销售收入的减少量或增加量，所以，无论厂商是降价还是提价，销售收入 $P\times Q$ 值是固定不变的。如图(c)所示。

以上三种情况都是以需求的弧弹性为例进行分析的。事实上，经数学证明，对这三种情况分析所得到的结论，对需求的点弹性也是适用的。

与以上三种情况相对应，在经济学中，也可以根据商品的价格变化所引起的厂商的销售收入的变化，来判断商品的需求的价格弹性的大小。如果某商品价格变化引起厂商销售收入反方向的变化，则该商品是富有弹性的。如果某商品价格变化引起厂商销售收入同方向的变化，则该商品是缺乏弹性的。如果厂商的销售收入不随商品价格的变化而变化，则该商品是单位弹性的。

将 $e_d=\infty$ 和 $e_d=0$ 的两种特殊情况考虑在内，商品的需求的价格弹性和厂商的销售收入之间的综合关系如表 1-4 表示。

表 1-4 需求的价格弹性和销售收入

$e_d>1$	$e_d=1$	$e_d<1$	$e_d=0$	$e_d=\infty$
增加	不变	减少	同比例于价格的下降而减少	既定价格下，收益可以无限增加，因此，厂商不会降价
减少	不变	增加	同比例于价格的上升而增加	收益会减少为零

最后，再指出一点，因为厂商的销售收入就等于消费者的购买支出，所以，以上关于需求的价格弹性和厂商的销售收入之间关系的分析和结论，对于需求的价格弹性和消费者的购买支出之间的关系同样也是适用的。

六、影响需求的价格弹性的因素

影响需求的价格弹性的因素是很多的，其中主要有以下几个。

第一，商品的可替代性。一般说来，一种商品的可替代品越多，相近程度越高，则该商品的需求的价格弹性往往就越大；相反，该商品的需求的价格弹性往往就越小。例如，在苹果市场，当国光苹果的价格上升时，消费者就会减少对国光苹果的需求量，增加对相近的替代品如香蕉苹果的购买。这样，国光苹果的需求弹性就比较大。又如，对于食盐来说，没有很好的可替代品，所以，食盐价格的变化所引起的需求量的变化几乎等于零,它的需求的价格弹性是极其小的。

对一种商品所下的定义越明确越狭窄,这种商品的相近的替代品往往就越多,需求的价格弹性也就越大。譬如,某种特定商标的豆沙甜馅面包的需求要比一般的甜馅面包的需求更有弹性,甜馅面包的需求又比一般的面包的需求更有弹性,而面包的需求的价格弹性比一般的面粉制品的需求的价格弹性又要大得多。

第二,商品用途的广泛性。一般说来,一种商品的用途越是广泛,它的需求的价格弹性就可能越大;相反,用途越是狭窄,它的需求的价格弹性就可能越小。这是因为,如果一种商品具有多种用途,当它的价格较高时,消费者只购买较少的数量用于最重要的用途上。当它的价格逐步下降时,消费者的购买量就会逐渐增加,将商品越来越多地用于其他的各种用途上。

第三,商品对消费者生活的重要程度。一般说来,生活必需品的需求的价格弹性较小,非必需品的需求的价格弹性较大。例如,馒头的需求的价格弹性是较小的,电影票的需求的价格弹性是较大的。

第四,商品的消费支出在消费者预算总支出中所占的比重。消费者在某商品上的消费支出在预算总支出中所占的比重越大,该商品的需求的价格弹性可能越大;反之,则越小。例如,火柴、盐、铅笔、肥皂等商品的需求的价格弹性就是比较小的。因为,消费者每日在这些商品上的支出是很小的,消费者往往不太重视这类商品价格的变化。

第五,所考察的消费者调节需求量的时间。一般说来,所考察的调节时间越长,则需求的价格弹性就可能越大。因为,当消费者决定减少或停止对价格上升的某种商品的购买之前,他一般需要花费时间去寻找和了解该商品的可替代品。例如,当石油价格上升时,消费者在短期内不会较大幅度地减少需求量。但设想在长期内,消费者可能找到替代品,于是,石油价格上升会导致石油的需求量较大幅度地下降。

需要指出,一种商品需求的价格弹性的大小是各种影响因素综合作用的结果。所以,在分析一种商品的需求的价格弹性的大小时,要根据具体情况进行全面的综合分析。

七、弹性概念的扩大

根据本节一开始给出的弹性概念的一般公式可知,在任何两个具有函数关系的经济变量之间都可以建立弹性,以研究这两个经济变量变动的相互影响。在经济学中有许多弹性,这些弹性的建立方法和需求弹性是相似的。下面主要考察供给方面和需求方面的另外两个弹性：供给的价格弹性和需求的交叉弹性。

1. 供给的价格弹性

在经济学中,供给弹性包括供给的价格弹性、供给的交叉价格弹性和供给的预期价格弹性等。我们在段中考察的是供给的价格弹性,它通常被简称为供给弹性。

供给的价格弹性表示在一定时期内一种商品的供给量的变动对于该商品的价格的变动的反应程度。或者说,表示在一定时期内当一种商品的价格变化百分之一时所引起的该商品的供给量变化的百分比。它是商品的供给量变动率与价格变动率之比。

与需求的价格弹性一样,供给的价格弹性也分为弧弹性和点弹性。

供给的价格弧弹性表示某商品供给曲线上两点之间的弹性。供给的价格点弹性表示某商品供给曲线上某一点的弹性。假定供给函数为 $Q=f(P)$,以 e_s 表示供给的价格弹性系数,则供给的价格弧弹性的公式为：

$$e_s = \frac{\frac{\Delta Q}{Q}}{\frac{\Delta P}{P}} = \frac{\Delta Q}{\Delta P} \cdot \frac{P}{Q} \tag{1.13}$$

供给的价格点弹性的公式为：

$$e_s = \frac{\frac{dQ}{Q}}{\frac{dP}{P}} = \frac{dQ}{dP} \cdot \frac{P}{Q} \tag{1.14}$$

在通常情况下,商品的供给量和商品的价格是呈同方向变动的,供给量的变化量和价格的变化量的符号是相同的。

供给的价格弹性根据 e_s 值的大小也分为五个类型。$e_s>1$ 表示富有弹性；$e_s<1$ 表示缺乏弹性；$e_s=1$ 表示单一弹性或单位弹性；$e_s=\infty$ 表示完全弹性；$e_s=0$ 表示完全无弹性。

供给的价格弹性的计算方法和需求的价格弹性是类似的。给定具体的供给函数,则可以根据要求,由(1.13)式求出供给的价格弧弹性,或由中点公式求出供给的价格弧弹性。供给的价格弧弹性的中点公式为：

$$e_s = \frac{\Delta Q}{\Delta P} \cdot \frac{\frac{P_1+P_2}{2}}{\frac{Q_1+Q_2}{2}} \tag{1.15}$$

供给的价格点弹性可以直接用(1.14)式求出。

供给的价格点弹性也可以用几何方法来求得。

同样地,可以根据曲线型供给曲线上所求点的切线与坐标横轴的交点是位于坐标原点的左边,还是位于坐标原点的右边,或者恰好就是坐标原点,来分别判断该点的供给是富有弹性的,还是缺乏弹性的,或者是单位弹性的。

在影响供给的价格弹性的众因素中,时间因素是一个很重要的因素。当商品的价格发生变化时,厂商对产量的调整需要一定的时间。在很短的时间内,厂商若要根据商品的涨价及时地增加产量,或者根据商品的降价及时地缩减产量,都存在不同程度的困难,相应地,供给弹性是比较小的。但是,在长期内,生产规模的扩大与缩小,甚至转产,都是可以实现的,供给量可以对价格变动作出较充分的反应,供给的价格弹性也就比较大了。

除此之外,在其他条件不变时,生产成本随产量变化而变化的情况和产品的生产周期的长短,也是影响供给的价格弹性的另外两个重要因素。就生产成本来说,如果产量增加只引起边际成本的轻微的提高,则意味着厂商的供给曲线比较平坦,供给的价格弹性可能是比较大的。相反,如果产量增加引起边际成本的较大的提高,则意味着厂商的供给曲线比较陡峭,供给的价格弹性可能是比较小的。就产品的生产周期来说,在一定的时期内,对于生产周期较短的产品,厂商可以根据市场价格的变化较及时地调整产量,供给的价格弹性相应就比较大。相反,生产周期较长的产品的供给的价格弹性就往往较小。

2. 需求的交叉价格弹性

如前所述,一种商品的需求量受多种因素的影响,相关商品的价格就是其中的一个因素。假定其他的因素都不发生变化,仅仅研究一种商品的价格变化和它的相关商品的需求量变化之间的关系,则需要运用需求的交叉价格弹性的概念。需求的交叉价格弹性也简称为需求的交叉弹性。

需求的交叉价格弹性表示在一定时期内一种商品的需求量的变动对于它的相关商品的价格的变动的反应程度。或者说,表示在一定时期内当一种商品的价格变化百分之一时所引起的另一种商品的需求量变化的百分比。它是该商品的需求量的变动率和它的相关商品的价格的变动率的比值。

假定商品 X 的需求量 Q_X 是它的相关商品 Y 的价格 P_Y 的函数,即 $Q_X = f(P_Y)$,则商品 X 的需求的交叉价格弧弹性公式为:

$$e_{XY} = \frac{\frac{\Delta Q_X}{Q_X}}{\frac{\Delta P_Y}{P_Y}} = \frac{\Delta Q_X}{\Delta P_Y} \cdot \frac{P_Y}{Q_X} \quad (1.16)$$

式中，ΔQ_X 为商品 X 的需求量的变化量；ΔP_Y 为相关商品 Y 的价格的变化量；e_{XY} 为当 Y 商品的价格发生变化时的 X 商品的需求的交叉价格弹性系数。

当 X 商品的需求量的变化量 ΔQ_X 和相关商品价格的变化量 ΔP_Y 均为无穷小时，则商品 X 的需求的交叉价格点弹性公式为：

$$e_{XY} = \lim_{\Delta P_Y \to 0} \frac{\frac{\Delta Q_X}{Q_X}}{\frac{\Delta P_Y}{P_Y}} = \frac{dQ_X}{dP_Y} \cdot \frac{P_Y}{Q_X} \tag{1.17}$$

需求的交叉价格弹性系数的符号取决于所考察的两种商品的相关关系。

商品之间的相关关系可以分为两种，一种为替代关系，另一种为互补关系。一般可以简单地说，如果两种商品之间可以互相代替以满足消费者的某一种欲望，则称这两种商品之间存在着替代关系，这两种商品互为替代品。如苹果和梨就是互为替代品。如果两种商品必须同时使用才能满足消费者的某一种欲望，则称这两种商品之间存在着互补关系，这两种商品互为互补品。如磁带和录音机就是互为互补品。

若两种商品之间存在着替代关系，则一种商品的价格与它的替代品的需求量之间成同方向的变动，相应的需求的交叉价格弹性系数为正值。这是因为，例如，当苹果的价格上升时，人们自然会在减少苹果的购买量的同时，增加对苹果的替代品如梨的购买量。若两种商品之间存在着互补关系，则一种商品的价格与它的互补品的需求量之间成反方向的变动，相应的需求的交叉价格弹性系数为负值。这是因为，例如，当录音机的价格上升时，人们会减少对录音机的需求量，这样，作为录音机的互补品的磁带的需求量也会因此而下降。若两种商品之间不存在相关关系，则意味着其中任何一种商品的需求量都不会对另一种商品的价格变动作出反应，相应的需求的交叉价格弹性系数为零。

同样的道理，反过来，可以根据两种商品之间的需求的交叉价格弹性系数的符号，来判断两种商品之间的相关关系。若两种商品的需求的交叉价格弹性系数为正值，则这两种商品之间为替代关系。若为负值，则这两种商品之间为互补关系。若为零，则这两种商品之间无相关关系。

3. 其他弹性

前面所考察的需求的价格弹性、供给的价格弹性和需求的交叉价格弹性都是就商品的供求数量与商品的价格相互之间的关系进行研究。实际上，弹性关系并不仅限于商品的供求数量和价格之间，弹性概念被广泛地运用于各种相关的经济变量之间。

例如，需求的收入弹性就是建立在消费者的收入量和商品的需求量之间关系上的一个弹性概念，它也是一个在经济学中被广泛运用的弹性概念。需求的收入弹性表示在一定时期内消费者对某种商品的需求量的变动对于消费者收入量变动的反应程度。或者说，表示在一定时期内当消费者的收入变化百分之一时所引起的商品需求量变化的百分比。它是商品的需求量的变动率和消费者的收入量的变动率的比值。

假定某商品的需求量 Q 是消费者收入水平 M 的函数，即 $Q=f(M)$，则该商品的需求的收入弹性公式为：

$$e_M = \frac{\frac{\Delta Q}{Q}}{\frac{\Delta M}{M}} = \frac{\Delta Q}{\Delta M} \cdot \frac{M}{Q} \tag{1.18}$$

或

$$e_M = \lim_{\Delta M \to 0} \frac{\frac{\Delta Q}{Q}}{\frac{\Delta M}{M}} = \frac{\mathrm{d}Q}{\mathrm{d}M} \cdot \frac{M}{Q} \tag{1.19}$$

以上(1.18)式和(1.19)式分别为需求的收入弧弹性和点弹性公式。

根据商品的需求的收入弹性系数值，可以给商品分类。首先，商品可以分为两类，分别是正常品和劣等品。其中，正常品是指需求量与收入成同方向变化的商品；劣等品是指需求量与收入成反方向变化的商品。然后，还可以将正常品再进一步区分为必需品和奢侈品两类。以上的这种商品分类方法，可以用需求的收入弹性来表示。具体地说，$e_M>0$ 的商品为正常品，因为，$e_M>0$ 意味着该商品的需求量与收入水平成同方向变化。$e_M<0$ 的商品为劣等品，因为，$e_M<0$ 意味着该商品需求量与收入水平成反方向变化。在正常品中，$e_M<1$ 的商品为必需品，$e_M>1$ 的商品为奢侈品。当消费者的收入水平上升时，尽管消费者对必需品和奢侈品的需求量都会有所增加，但对必需品的需求量的增加是有限的，或者说，是缺乏弹性的；而对奢侈品的需求量的增加是较大的，或者说，是富有弹性的。

在需求的收入弹性的基础上，如果具体地研究消费者用于购买食物的支出量对于消费者收入量变动的反应程度，就可以得到食物支出的收入弹性。经济学中的恩格尔定律指出：在一个家庭或在一个国家中，食物支出在收入中所占的比例随着收入的增加而减少。用弹性概念来表述恩格尔定律可以是：对于一个家庭或一个国家来说，富裕程度越高，则食物支出的收入弹性就越小；反之，则越大。许多国家经济发展过程的资料表明恩格尔定律是成立的。

除了上述在经济学文献中经常出现的弹性概念外，根据所研究的具体经济问题的不同需要,经济学家也经常建立一些新的弹性关系。例如,一些经济学家研究一个国家的电力消耗量和国民生产总值 GNP 之间的弹性关系,这对于如何根据对一国经济增长的预测来合理安排本国的电力工业的发展是有实际意义。

练习与思考

一、名词解释

需求,供给,需求函数,供给函数,市场均衡价格,弹性,点弹性,弧弹性

二、分析讨论题(简答题)

1. 对于某种产品 X 而言,如果发生下列事件,其供给会有什么影响?
1) 生产 X 的技术有重大革新;
2) 在产品 X 的行业内,企业数目减少;
3) 生产 X 的人工和原材料价格上涨;
4) 预计产品 X 的价格会下降。

2. 从提高生产者收入的角度来考虑,对于农业产品,高档家电消费类产品应该采取提价还是降价的办法?为什么?

3. 试讨论以下说法的正确性,并给出你认为的理由:有些经济学家认为,降低价格一定会使供给量下降。但是似乎这一规律也会有例外。例如,在 20 世纪 90 年代初,中国十位数字的计算器每台需要卖到 150 元,但是 5 年之后,同样类型的商品仅需要 50 元,而其销售量却增长了 3 倍。由此可见,降低一类商品的价格未必会使得其供给量发生下降。

三、案例分析题

2001 年夏,苏州乐园门票从六十元降到十元。一时间,趋之者众,十天该园日均接待游客量创下历史之最,累计实现营业收入四百万元以上。

10 元门票引来 25 万人

盛夏的苏州乐园,十分过瘾地火了一把。"火",是自 7 月 20 日傍晚 5 时点起来的。这是该园举办"2001 年仲夏狂欢夜"的首日,门票从 60 元降至 10 元。是夜,到此一乐的游客竟达 7 万之多,大大出乎主办者"顶多 3 万人"的预测,这个数字,更是平时该园日均游客数的 15 至 20 倍,创下开园 4 年以来的历史之最。到 7 月 29 日,为期 10 天的"狂欢夜"活动落下了帷幕。园方坐下来一算,喜不自禁:这 10 天累计接待游客 25 万余人,实现营业收入 400 万元以上,净利润 250 万余元……这些指标,均明显超过白天正常营业时间所得。

正常情况下,苏州乐园的门票每人每张 60 元,每天的游客总数在 3 000—

4 000人之间，营业时间从上午9时到下午5时。而"狂欢夜"是在"业余"时间进行，即从每天下午5时到晚上10时，门票却降到10元。就是说，"狂欢夜"这10天，这家乐园在不影响白天正常营业的情况下，每天延长了5小时的营业时间，营业额和利润就翻了一番以上。

"狂欢夜"与该园举办的"第四届啤酒节"是同时进行的。42个相关厂家到乐园助兴。其实，厂家是乘机宣传和推销自己的产品。据园方介绍，以往搞啤酒节，乐园是要收取厂家一定的"机会"费用的，但是，这次却基本不收或少收些许，而厂家须向游客免费提供一些"小恩小惠"——企业的广告宣传品等。减免了货币的支付，厂家岂有不乐的？园方也承认，众厂家的参与，带来大笔场地费，降低了乐园搞"狂欢夜"活动的风险，不过，它并非这次活动最后成功的决定性因素。

"火"一把的关键，是原先60元一张的门票陡降到10元钱。非但如此，每位到乐园过"狂欢夜"的游客凭门票，还可以领到与10元门票同等价值的啤酒、饮料和广告衫等。需要说明的是，白天购60元门票入园后，园内的多数活动项目就不再收费；而购10元门票入园后，高科技项目和水上娱乐项目等仍要适当收取一点费用。这样算下来，园方至少可以保证自己不赔钱，何况还有那么多厂家的支撑。消费者算算，也比60元一张门票值，因为，有些游客只是参与部分娱乐项目的消费，甚至只是乘晚间出来纳个凉、吹吹风，尤其是三口之家，更是觉得这样划算，总共花30元就能享受凉爽的空气、新鲜的啤酒、精彩的演出、美丽的焰火、免费的礼品，太实惠了！厂家更精——做了广告，推销了产品，还培育了潜在的消费群体。总之，大家都赚了。

好事能否成为常态

苏州乐园这次大大降低门票价格以后，社会效益和经济效益不降反升，特别是前者，上升的幅度极大。可惜，10天一晃就过去了，闻讯而来的许多游客感到很遗憾：园方干吗见好就收呢？

园方市场促销部的人员表示，这样的好事，他们也希望能够持续下去，进而成为一种常态，但还是缺乏信心。如果长期实行低票价入园，可能会带来一时繁华，可企业的可持续发展会受到影响，因为，潜在的消费被提前实现。另外，这次活动成功了，不等于说以后类似的活动就一定也会成功。还有，乐园的娱乐项目，几乎都是参与性的，游客太多，势必影响游乐的质量，进而影响到乐园的声誉。

但是，没有人气就没有市场。眼下一些主题公园经营不景气，一个很重要的原因，就是动辄好几十元甚至过百元的门票把普通消费群体吓走了。从这个角度讲,如何不断地吸引更多的消费者到主题公园来,是个值得研究的课题。降低门槛以后,来的人肯定多了,这应该不成问题。会不会把门挤破?未必。低价位门票成为常态后,游人也会根据自己的需要和乐园方面的有关信息,来调整游乐的时间。至于潜在消费提前实现的问题,也未必。据园方介绍,到这里来的,有40%的回头客。那么,如果实行10元门票制,怎么就肯定说没有更多的回头客呢?乐园活动的形式可以经常变化,游乐的项目可以经常出新,促销的地域范围也可以扩大……能不能换着花样持续制造新卖点,有效地吸引新老游客,体现着一个娱乐企业经营能力的高低。此前,苏州乐园曾对三口之家推出390元/张的家庭年卡,结果一下销了1万多张,50元/张的学生双月卡也很抢手,说明合理的让利,会得到市场回报。

专家指出,苏州乐园是一个以高科技为主、以参与性为特征的现代化乐园,投资5亿多元,运行成本也比较高。这样的景点尚且有降低门槛的成功实践,那些众多以简单的观赏为主、投资和运行成本都十分有限而门票价格又居高不下的主题公园,恐怕有更大的降价空间。别忘了,降下入园门槛的高度,受益的是消费者,也是娱乐企业自身。

无独有偶,在北京,北京故宫等世界遗产景点将调高票价也遭专家质疑。北京现有世界文化遗产6处,分别是故宫、长城、天坛、周口店北京人遗址、颐和园和十三陵。据介绍,这些大都是闻名世界的旅游景点,但与外地的一些文化遗产地和北京其他热门旅游景点比,票价总体偏低。如八达岭长城目前的淡季票价为40元,旺季票价也仅是45元。门票价格不高,既不利于提高景点旅游接待水平,也不能有效利用价格杠杆控制超负荷的客流量,对文物保护十分不利。以故宫为例,黄金周期间日接待客流量曾达到12.5万人次,远远超过了接待的极限。

公园管理方赞成调高

天坛公园文化科科长蒋世斌介绍说,近几年来天坛公园的门票有小幅上调,现在定价15元,这在一定程度上控制了游人量,有利于文物的保护和公园的管理,但是目前仍未能达到预期中的水平。他表示,适当上调门票价格很有必要。对于票价上调,八达岭特区新闻中心的张先生也持赞成态度。

专家认为调高票价无益

对于本次世遗景点票价调整,北京大学环境学院教授、著名的区域旅游规划专家吴必虎表示,调高票价不一定有益。他认为,价高不一定能限制客流量。因为长城故宫是外地人来京游览的首选,人家坐飞机火车已经花了几百上千元了,门票就是涨到100元他们还是会去。如从需要经费来维护这方面讲,也不必要提高票价,因为这几大景点基本不缺经费,国家文物保护部门会拨款。再有,提高票价就能提高旅游接待水平的说法也不科学。因为世界文化遗产单位的门票收入将重点用于文化遗产的继续维护和保护,而非旅游接待水平。

他还建议,北京应该像世界其他发达国家那样,实行免费观看制度,为迎接奥运国际游客做一个好的尝试。

思考题:

(1) 从这个案例中,为什么苏州乐园通过降价就获取了巨大的经济效益?

(2) 为什么后来苏州乐园不降价了?假若继续降价苏州乐园还能盈利吗?

(3) 你对目前许多公园的高票价现状持什么意见?为什么这些票价降不下来?

第二章 消费者行为理论

本章教学目的和要求

　　本章的目的是通过分析需求曲线背后的消费者行为，推导出需求曲线。为此，学生必须掌握效用的概念，理解消费者的追求目标是效用最大化，能够比较分析基数效用论和序数效用论之间的异同点，并且依据两种理论可以推导出消费者均衡的条件，进而推导出需求曲线。

　　通过本章教学掌握消费者偏好、效用、总效用、边际效用、基数效应、消费者剩余、无差异曲线、商品的边际替代率、预算线、收入—消费曲线、恩格尔曲线、价格—消费曲线基本概念；理解基数效用论与消费者均衡和序数效用论与消费者均衡的关系；掌握边际效用递减、消费者均衡的基本原理；掌握价格变化和收入变化对消费者选择的影响；学会运用效用与消费者均衡的经济学原理进行分析、解决实际问题。

本章教学要点

　　本章的要点是边际效用的含义、总效用与边际效用的关系、边际效用递减规律、无差异曲线的含义和特征、消费者均衡、价格变动对均衡点的影响、收入变动对均衡点的影响。

关键词

　　边际效用递减规律　　无差异曲线　　边际替代率　　消费者均衡　　恩格尔曲线

　　在市场经济条件下，企业如果要获最大利润，需要去预计和满足消费者的需求。需求理论是微观经济学理论中的一个重要内容。需求来自消费者，是在一定的时期，一定的价格水平下，消费者愿意并且能够购买的商品数量，是由消费者行为决定的。要深入研究消费者行为，首先要研究消费者购买一定的商品和满意度和效用。

　　所谓消费者行为，是指人们为了满足自己的欲望而利用物品效用的一种经济行为，即人们在市场上做出的购买决策和购买活动。消费者行为理论，实际上是对下述问题提出理论答案,即消费者在日常生活中决定购买的众多消费品的种类和不同消费品的不同数量,是由哪些因素和根据什么原则来决定的,以及消费者达到均衡状态的条件。

消费者行为理论在作进一步研究之前,有两点假定:(1)消费者的行为是有序的,连贯一致的,对商品和服务的偏好是可以传递的。例如有三种可供选择的商品组合X,Y和Z,如果他对X的偏好胜于Y,对Y的偏好胜于Z,可以预见他对X的偏好必定胜于Z。虽然在现实中,存在着诸如冲动性购买的消费行为,如果消费者行为反复无常,则无从研究消费者行为理论。(2)消费者以追求最大可能满足为其行为标准,并且能够按照目标进行有效的选择,即使现实中存在因信息不完全造成购买决策的错误。

消费者行为理论用于分析消费者个人在有限资源条件下如何进行理性的消费选择。资源的稀缺性决定了消费者的选择。消费者尝试在可选择的项目中挑选最好的项目。消费者行为理论包括两部分:第一部分是消费者偏好,即消费者认为是最好的事项,用效用和无差异曲线的概念描述偏好;第二部分是消费者的支付能力用预算线加以描述。无差异曲线和预算线共同构成了无差异曲线分析。

第一节 消费者偏好——效用理论

一、欲望

欲望是一种缺乏的感觉与求得满足的愿望,也就是说,欲望是不足之感与求足之愿的统一,两者缺一都不能称为欲望。欲望是人们的需要,也是人们的一种心理感觉。欲望是消费者进行消费的出发点,满足欲望是消费的目标。

在现代社会里,人们的物质欲望具有多样性和不满足性。各种各样的人需要多种多样的商品,以满足生理上、心理上和文化上的需要。消费者的年龄、受教育程度、社会地位、收入水平、生活方式各不同,欲望可谓形形色色。一些欲望刚刚部分地被得到满足,一些新的欲望又产生。举例来说,人们的吃、住、穿的基本需要一旦得到某些满足,人们就开始想得到更为精巧的物质享受和便利设施。

美国社会心理学家亚伯拉罕·哈罗德·马斯洛(Abraham Harold Maslow)认为:人都潜藏着这五种不同层次的需要,但在不同的时期表现出来的各种需要的迫切程度是不同的。人最迫切的需要才是激励人行动的主要原因和动力。人的需要逐渐从外部得来的满足向内在得到的满足转化。马斯洛理论把需要分成生理需求、安全需求、归属与友爱的需求、尊重需求和自我实现需求五类,依次由较低层次到较高层次排列,各层次需要的基本含义如下:

(1) 生理需求。这是人类维持自身生存的最基本要求,包括饥、渴、衣、住、行方面的要求。如果这些需要得不到满足,人类的生存就成了问题。在这个意义上说,生理需要是推动人们行动的最强大的动力。

(2) 安全需求。这是人类要求保障自身安全、摆脱事业和丧失财产威胁、避免职业病的侵袭、接触严酷的监督等方面的需要。

(3) 社交需求。这一层次的需要包括两个方面的内容。一是友爱的需要,即人人都需要伙伴之间、同事之间的关系融洽或保持友谊和忠诚;人人都希望得到爱情,希望爱别人,也渴望接受别人的爱。二是归属的需要,即人都有一种归属于一个群体的感情,希望成为群体中的一员,并相互关心和照顾。

(4) 尊重需求。人人都希望自己有稳定的社会地位,要求个人的能力和成就得到社会的承认。尊重的需要又可分为内部尊重和外部尊重。内部尊重是指一个人希望在各种不同情境中有实力、能胜任、充满信心、能独立自主。外部尊重是指一个人希望有地位、有威信,受到别人的尊重、信赖和高度评价。马斯洛认为,尊重需要得到满足,能使人对自己充满欣喜,对社会满腔热情,体验到自己活着的用处和价值。尊重的需求很少能够得到完全的满足,但基本上的满足就可产生推动力。

(5) 自我实现需求。是指个人所有需求或理想全部实现的需求,是个人人格获得充分发展的理想境界,也就是个人的潜能得到了充分发挥。自我实现是最高层次的需求,是一种创造的需求。它是人性本质的终极目的,追求自我实现是人的最高动机。满足这种需求就要求完成与自己能力相称的工作,最充分地发挥自己潜在能力,完成所期望的任务。

需求层次理论有两个基本出发点:一是人人都有需要,某层需要获得满足后,另一层需要才出现;二是在多种需要未获满足前,首先满足迫切需要,该需要满足后,后面的需要才显示出其激励作用。一般来说,某一层次的需要相对满足了,就会向高一层次发展,追求更高一层次的需要就成为驱使行为的动力。相应的,获得基本满足的需要就不再是一股激励力量。

五种需要像阶梯一样从低到高,按层次逐级递升,但这样次序不是完全固定的,可以变化,也有种种例外情况。五种需要可以分为两级,其中生理上的需要、安全上的需要和感情上的需要都属于低一级的需要,这些需要通过外部条件就可以满足;而尊重的需要和自我实现的需要是高级需要,它们是通过内部因素才能满足的,而且一个人对尊重和自我实现的需要是无止境的。同一时期,一个人可能有几种需要,但每一时期总有一种需要占支配地位,对行为起决定作用。任何一种需要都不会因为更高层次需要的发展而消失。各层次的需要相互依赖和重叠,高层次的需要发展后,低层次的需要仍然存在,只是对行为影响的程度大大减小。

马斯洛和其他的行为心理学家都认为,一个国家多数人的需要层次结构,是同这个国家的经济发展水平、科技发展水平、文化和人民受教育的程度直接相关的。在不发达国家,生理需要和安全需要占主导的人数比例较大,而高级需要占主导的人数比例较小;在发达国家,则刚好相反。

二、效用

1. 效用的定义

效用(utility)是指消费者在消费商品时所得到的满足程度。消费者消费某种物品获得的满足程度高,效用就大;反之,满足程度低效用就小。如果消费者从消费某种物品中感受到痛苦,则是负效用。

效用是消费者对商品满足其欲望的能力的主观评价。某种物品效用的大小没有客观标准,完全取决于消费者在消费某种物品时的主观感受。例如,一支香烟对吸烟者来说可以有很大的效用,而对不吸烟者来说,则可能毫无效用,甚至有负效用。因此,效用本身没有客观标准。对不同的人而言,同样的物品所带来的效用是不同的。

效用是一种心理感觉,所以消费者行为理论也就更偏向于心理分析。同时,效用也可以表示偏好,因为效用是消费者消费某种物品时感觉到的满足程度。而这种满足程度的大小取决于消费者的偏好。消费者对某种物品或物品组合的偏好越高,从消费这种物品或物品组合中得到的效用也越大。

消费者行为理论要研究在假定欲望为既定的前提下研究效用最大化问题。那么,如何来研究效用呢?一些经济学家认为效用可以用具体数字来表示;另一些经济学家则认为效用作为一种心理现象,是不能用具体数字来表示的,因此就产生了两种不同的消费者行为理论:基数效用论与序数效用论。

基数效用论认为,一种产品对一个人的效用,可以用基数测量,如 1,2,…。并且每个人都能说出这种产品对自己的效用,单位是尤特尔(util,即 utility 的缩写)。若对某人来说,橘子的效用为 4 utils,苹果的效用为 2 utils,则一个橘子的效用为苹果的两倍。

序数效用论认为,一种产品对一个人的效用无法测量,因而不能用基数加以表示,但可以按照消费者的偏好(喜好)排出顺序,以序数第一,第二,……表示产品效用的高低。也就是说,效用不是数量概念,而是次序概念。若对某人来说,橘子与苹果相比,他更喜欢橘子,则橘子第一,苹果第二。

2. 效用函数

总效用是指消费者在一定时期内从一定数量的商品(或商品组合)消费中所得到的效用量的总和。

用 TU 表示总效用,某一种商品的消费量为 Q,则总效用函数为

$$TU = f(Q) \tag{2.1}$$

上式表示,总效用 TU 是消费量 Q 的函数,总效用量随着消费者所消费的商品量的变化而变化。效用函数的图像称为效用曲线。如果效用函数用表格法给出,则其为效用表。表 2-1 是假想的某消费者消费包子的效用表。

表 2-1 某消费者消费包子的总效用和边际效用

包子的消费量	总效用	边际效用
0	0	
1	30	30
2	50	20
3	60	10
4	60	0
5	50	−10

3. 边际效用

边际效用是指消费者在一定时期内追加一单位某种产品消费所增加的效用,也就是总效用的增量。边际效用边际的含义是增量,指自变量增加所引起的因变量的增加量。在边际效用中,自变量是某物品的消费量,而因变量则是满足程度或效用。以 MU 表示边际效用,则

$$MU = \Delta TU / \Delta Q \tag{2.2}$$

如果消费量可以无限分割,总效用函数为连续函数时,则可利用微分方程,求得总效用的精确变化率——产品 X 的边际效用,是 Q 的总效用对 Q 消费量的一阶导数:

$$MU = \frac{dTU}{dQ} \tag{2.3}$$

表 2-1 为某消费者消费包子的总效用和边际效用,图 2-1 是相应的总效用曲线。

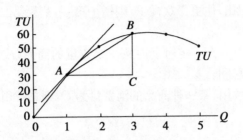

图 2-1　某消费者的消费包子的总效用曲线

dTU/dQ 的几何意义是效用曲线上某点处的切线斜率(见图 2-1)。ΔTU/ΔQ 的几何意义是效用曲线上点 A 与另外某一点 B 间割线 AB 的斜率(见图 2-1)。其经济意义是：假定其他商品的消费数量不变,再增加或最后增加的 1 单位商品所导致的效用增量。

从表 2-1 可以看出,边际效用是递减的。这种情况普遍存在于一切物品的消费中,被称为边际效用递减规律。边际效用递减规律的内容为：假定消费者对其他商品的消费保持不变,则消费者从连续消费某一特定商品中所得到的满足程度将随着这种商品消费量的增加而递减。

边际效用递减规律又称戈森第一定律。德国经济学家戈森(Gossen)在 1854 年提出了两条有关欲望的规律：一是欲望强度递减规律,它说明在一定时期内,一个人对某种商品的欲望强度会随着商品数量的增加而不断降低或减少；二是享受递减规律,这是指随着人们欲望的满足,从商品使用所得到的享受是不断减少的。边际效用递减规律就是从戈森定律引申而得来的。效用是对欲望的满足。随着商品数量的增加,人们的欲望强度递减,从商品中所得到的享受或满足程度就会递减,商品的边际效用也就会递减。第一个包子第一口效用最大,以后每个包子每一口的效用都会依次递减,第四个包子最后一口效用最小,当吃掉第五个包子时,对消费者产生了很大的负效用。

边际效用递减规律是西方经济学家在研究消费者行为时用来解释需求规律的一种理论观点。作为经济学的一个规律,它断言消费者消费的某种物品的数量变化与相应的消费者主观心理感受到的满足程度这两者之间具有某种稳定的(而不是偶然的)数量关系。它是在考察总结人们日常生活时得出的一个理论命题。当然,它的有效性要以假定人们消费行为的决策是符合理性为其必要前提。

对于边际效用递减规律,有两种可能的解释。一种是生理的或心理的原因：消费一种物品的数量越多,生理上得到的满足或心理上对重复刺激的反应就递减了。另一种解释是设想每种物品都有几种用途,再假定消费者把用途按重要性分成几个等级,当他只有一个单位的物品时,作为有理性的人之理性行为,他一定会将该物品用于满足其最重要的需要,而不会用于次要的用途上;当他可以支配使用的物品有两个单位时,其中之一会用在次要的用途上;有3个单位时,将其中之一用在第三级用途上,如此等等。所以一定数量某种消费品的最后一个单位给消费提供的效用,一定小于前一单位提供的效用。

(1) 消费者均衡

消费者均衡是研究消费者在既定收入条件下实现效用最大化的均衡条件。是指在既定收入和各种商品价格的限制下选购一定数量的各种商品,以达到最满意的程度,称为消费者均衡。消费者均衡是消费者行为理论的核心。

消费者均衡即消费者决定如何将货币分配于各种消费品上,也就是指决定买进哪些消费品,每种消费品的数量各多少,以使得花费一定量货币所获得的总效用达到极大值。

在消费者均衡条件分析时,假定:消费者的嗜好与偏好是给定的,也就是说,消费者对各种消费品的效用和边际效用是已知和既定的;消费者决定买进两种消费品 X 和 Y,X 的价格 P_X 和 Y 的价格 P_Y 是已知和既定的;消费者的收入 M 是既定的,还假定他的收入全部用来购买这两种商品。

消费者均衡也就是收入限制条件下求解效用函数的极大值问题。

效用函数和预算约束分别为:

$$\begin{cases} TU = f(X,Y) \\ P_X X + P_Y Y = M \end{cases} \tag{2.4}$$

建立拉格朗日函数:

$$Z = U(X,Y) + \lambda(M - P_X X - P_Y Y) \tag{2.5}$$

偏导数等于零:

$$\begin{cases} Z_X = \dfrac{\partial Z}{\partial X} = U_X - \lambda P_X = 0 \\ Z_Y = \dfrac{\partial Z}{\partial Y} = U_Y - \lambda P_Y = 0 \\ Z_\lambda = \dfrac{\partial Z}{\partial \lambda} = M - P_X X - P_Y Y = 0 \end{cases} \tag{2.6}$$

解联立方程得:

$$\dfrac{MU_X}{P_X} = \dfrac{MU_Y}{P_Y} = \lambda \tag{2.7}$$

消费者均衡的条件：消费者花费每一单位货币,比如说每一元货币所购买的各种商品的边际效用都相等,这也叫作边际效用均等规则。因此,上式中 λ 表示单位货币的边际效用。

(2) 消费者剩余

消费者剩余是指消费者愿意支付的价格与其实际所支付的价格之间的差额。消费者剩余的产生是由于不同消费者对同一种商品的不同数量评价不同,因此他们对这种商品的不同数量所愿意做出的最大支付也就不同。在厂商不能对消费者索取差别性价格的条件下,决定市场价格的是边际购买者(或边际购买量),他正是对这一产品评价最低的消费者。这样,那些非边际购买者(或边际购买量)就可以获得额外的"津贴",这就产生了消费者剩余。可以用表2-2来说明消费者剩余。

表 2-2 消费者剩余

消费者愿付的价格(元)	某物品数量	市场价格(元)	消费者剩余(元)
5	1	1	4
4	2	1	3
3	3	1	2
2	4	1	1
1	5	1	0

消费5个单位,消费者剩余=4+3+2+1=10。

第二节 无差异曲线

虽然基数效用分析提供了剖析消费者行为的有用见解,但由于不能以满意的方式对效用进行计量,致使经济学家们寻找另一种不用数量测定满足程度的方法,进行个人需求分析,即序数效用分析,将消费者兴趣和偏好,以各种商品的效用次序排列表示出来,这种在方法上看起来微小的变化,已成为多方面用途的分析工具。

一、无差异曲线的定义

无差异曲线表示消费者在一定的偏好、一定的技术条件和一定的资源条件下,选择商品时对不同组合商品的满足程度是没有差别的。无差异曲线只表示消费者偏好和效用水平,不表示效用数量或数值。无差异曲线符合这样一个要求:如果听任消费者对曲线上的点作选择,那么,所有的点对他都是同样可取的,因为任一点所代表的组合给他所带来的满足都是无差异的。

无差异曲线是用来表示给消费者带来同等程度的满足水平或效用水平的两种商品各种不同组合的轨迹。图2-2是无差异曲线,它表明曲线上任意一点组合对消费者产生的总效用即满足程度都一样。例如消费者对15件衣服和5件食物即 A 点组合感到的满足程度与对 C 点的组合,即 6 件衣服和10件食物所感到的满足感一样,没有差别。因为同一条无差异曲线上的每一个点所代表的商品组合所提供的总效用是相等的,所以无差异曲线也叫做等效用线。

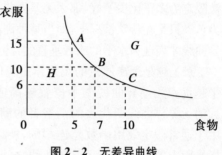

图 2-2 无差异曲线

图中 G 点高于无差异曲线,它表示 G 点商品的组合所产生的效用大于曲线上任何一点组合所产生的效用。H 点则低于无差异曲线,它表示 H 点的组合所产生的效用小于曲线上任何一点组合所产生的效用。

二、无差异曲线的基本性质

(1) 由于通常假定效用函数是连续的,所以,在同一坐标平面上的任何两条无差异曲线之间,可以有无数条无差异曲线。所有这些无差异曲线之间的相互关系是:离原点越远的无差异曲线代表的效用水平越高,离原点越近的无差异曲线代表的效用水平越低。

(2) 在同一坐标平面图上的任何两条无差异曲线不会相交。图 2-3 中有两条无差异曲线 I 和 II,它们相交于点 A。点 B 和点 C 分别是这两条无差异曲线上异于 A 的点。因为点 A 和点 B 在无差异曲线 I 上,所以 B=A。同理有 A=C。根据消费者偏好的传递性,就有 B=C。既然这两点是无差异的,它们应在同一条无差异曲线上。这就揭露了两条无差异曲线相交于点 A 的反证假设。

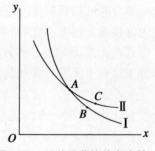

图 2-3 无差异曲线的有序性

(3) 无差异曲线是凸向原点的。这就是说,无差异曲线不仅向右下方倾斜,即无差异曲线的斜率为负值。而且,无差异曲线是以凸向原点的形状向右下方倾斜的,即无差异曲线的斜率的绝对值是递减的,这取决于商品的边际替代率递减规律。

（4）无差异曲线是一条向右下方倾斜的线，斜率是负的。表明为实现同样的满足程度，增加一种商品的消费，必须减少另一种商品的消费。假定每个商品都被限定为多了比少了好，那么无差异曲线一定向右下方倾斜，就是说，其斜率一定为负。只是在特殊情况下，即当某种商品为中性物品或令人讨厌的物品时，无差异曲线才表现为水平的或者垂直的，甚至是向右上方倾斜，即斜率为正。

（5）越是远离原点的无差异曲线代表的效用水平越优。无差异曲线图中位置越高或距离原点越远的无差异曲线所代表的消费者的满足程度越高。由于通常假定效用函数是连续的，所以在同一个坐标平面上的任何两条无差异曲线之间，可以有无数条无差异曲线。同一条曲线代表相同的效用，不同的曲线代表不同的效用。设Ⅰ和Ⅱ是两条不同的无差异曲线，而Ⅱ较Ⅰ更远离原点（见图2-4），Ⅱ较Ⅰ代表更优的效用水平。

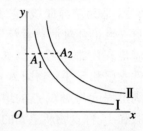

图2-4 无差异曲线的一致性

三、边际替代率

1. 边际替代率的概念

从无差异曲线的递减性来看，要保持满足程度不变（即无差异），两种商品间应具有一定的替代性。减少一些y商品的消费而增加一些x商品的消费就可以保持原来的满足水平。

边际替代率(marginal rate of substitution)是消费者在保持相同的满足程度或维持效用不变的情况下，增加一单位某种商品的消费数量时所需要放弃另一种商品的消费数量。它衡量的是，从无差异曲线上的一点转移到另一点时，为保持满足程度不变，两种商品之间的替代比例。边际替代率是一个点概念，即其在无差异曲线上的各点取值不同。在无差异曲线上任一点的边际替代率等于该点上无差异曲线的斜率的绝对值。

设消费者购买了图2-5中点A所示的商品组合，U是过这一点的无差异曲线。用点B所示的商品组合来交换原商品组合，消费者的满足水平并不改变。这就是说，要保持无差异，Δx单位的x商品可替代Δy单位的y商品，或1单位的x商品可替代$\frac{\Delta x}{\Delta y}$的$y$商品。

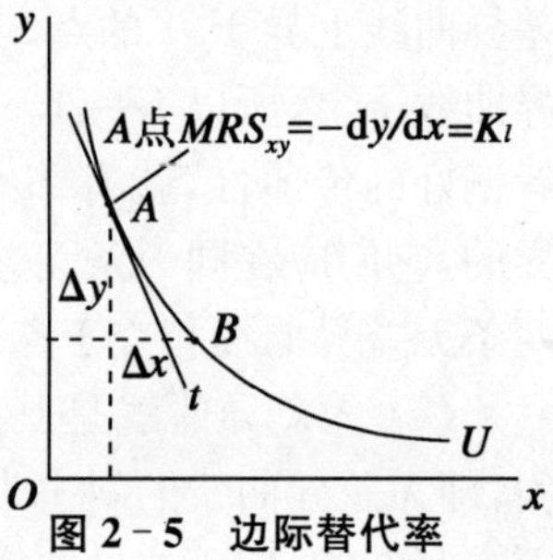

图2-5 边际替代率

A点$MRS_{xy}=-dy/dx=K_t$

根据无差异曲线的递减性,增量比 $\frac{\Delta x}{\Delta y}<0$。于是我们考虑用 $-\frac{\Delta y}{\Delta x}$ 来度量 1 单位的 x 商品可替代的 y 商品数。然而这个数的大小与点 B 的位置有关,点 B 与点 A 的距离越近这种度量就越有意义,距离太远就会使度量失去意义。于是,我们利用极限来实施这一度量。称极限 $\lim_{\Delta x \to 0} -\frac{\Delta y}{\Delta x}$ 为商品 x 对商品 y 的边际替代率,记作 MRS_{xy}。因为这个极限就是导数的相反数,所以 $MRS_{xy} = -\frac{dy}{dx} \approx -\frac{\Delta y}{\Delta x}$。

边际替代率取值为负,是因为要保证效用水平的不变,在增加一种商品 x 消费数量的同时,必须减少对另一种商品 y 的消费数量。随着对 x 消费数量的不断增加,由于该商品所能带来的边际效用不断减少,增加一单位的 x 商品所能替代的 y 商品的数量不断减少,即消费者为了得到一个单位的 x 所愿意放弃的商品 y 的数量不断减少。这就是边际替代率递减规律。

根据导数的几何意义,边际替代率就是无差异曲线在某一点处的切线斜率的相反数,如图 2-5 中点 A 处的边际替代率 MRS_{xy},它就是切线 l 的斜率 K_l 的相反数。根据以上分析,边际替代率的近似意义可用以下四种说法来表述:

(1) 在保持无差异的前提下,1 单位的 x 商品可替代的 y 商品数。

(2) 在保持无差异的前提下,再增加 1 单位 x 商品的消费所必须放弃的 y 商品的数量。

(3) 在保持无差异的前提下,再减少 1 单位 x 商品的消费所必须补充的 y 商品的数量。

(4) 关于"1 单位 x 值几单位 y"的消费者主观评价。

在基数效用下,设效用函数为 $U=f(x,y)$,则无差异曲线的方程为:

$$\begin{cases} U = f(x,y) \\ U = U_0 \end{cases} \tag{2.8}$$

或
$$f(x,y) = U_0$$

上式两端取微分得:

$$\frac{\partial f(x,y)}{\partial x}dx + \frac{\partial f(x,y)}{\partial y}dy = 0 \Rightarrow MU_x dx + MU_y dy = 0$$

$$\Rightarrow \frac{MU_x}{MU_y} = -\frac{dy}{dx} \Rightarrow MRS_{xy} = \frac{MU_x}{MU_y}$$

2. 边际替代率递减规律

边际替代率递减规律,是指在维持效用水平或满足程度不变的前提下,随着一种商品消费数量的连续增加,消费者为得到每一单位的这种商品所需要放弃的另一种商品的消费数量是递减的。之所以会普遍发生商品的边际替代率递减的现象,其原因在于:随着一种商品的消费数量的逐步增加,消费者想要获得更多的这种商品的愿望就会递减,从而他为了多获得一单位的这种商品而愿意放弃的另一种商品的数量就会越来越少。

边际替代率是关于"1 单位 x 值几单位 y"的消费者主观评价,这个数越大表明消费者对 x 商品的评价越高而对 y 商品的评价越低。在保持无差异的前提下,随着 x 商品消费的增加,y 商品的消费相应减少,在这一过程中消费者对 x 商品的评价应当是不断下降的,即边际替代率是不断减少的。这就是边际替代率递减规律:MRS_{xy} 随 x 的增加而递减,其与边际效用递减规律的原因相同,边际替代率递减规律也是生理原因、心理原因和商品的多用性共同作用的结果。

从几何意义上讲,由于商品的边际替代率就是无差异曲线的斜率的绝对值,所以,边际替代率递减规律决定了无差异曲线斜率的绝对值是递减的,即无差异曲线是凸向原点的。

第三节 预算线与消费者均衡

预算线表示在消费者的收入和商品的价格给定的条件下,消费者的全部收入所能购买到的两种商品的各种组合。预算线有时称预算约束(budget constraint)或者消费可能线、价格线。

一、预算线的概念

以 I 表示消费者的既定收入,以 P_x 和 P_y 分别表示商品 x 和 y 的价格,以 Q_x 和 Q_y 分别表示两种商品的数量,预算方程式为:

$$\bar{P}_x Q_x + \bar{P}_y Q_y = I$$

预算方程的图 2-6 称为预算线。

预算线上每个点都是预算方程的解,都是消费者花光其预算 I 所能买到的商品组合。因此,预算线将整个平面分为两个区域:一个是两条坐标轴和预算线所围的封闭三角形区域,称为消费可能区域;一个是消费可能区域的补集,称为消费不可能区域。消费可能区域中的每个点(Q_x,Q_y)都表示消费者有能力买到的商品组合$(P_xQ_x+P_yQ_y\leqslant I)$,其中预算线上的点花光了预算$I(P_xQ_x+P_yQ_y=I)$,而其他点则未花光这一笔预算$(P_xQ_x+P_yQ_y<I)$。消费不可能区域中的每个点所表示的商品组合都是消费者用预算I买不来的商品组合,因为这样的点(Q_x,Q_y)使得$P_xQ_x+P_yQ_y>I$。

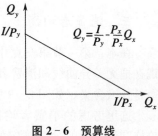

图 2-6 预算线

二、预算线的变动

预算线的基本变动只有两种:平移和旋转。导致预算线平移的常见情形是两种商品的价格P_x和P_y不变(从而预算线斜率不变)而消费者的预算I变动。当消费者的预算I提高时,消费可能区域扩大,预算线向外平移;当消费者的预算I降低时,消费可能区域缩小,预算线向内平移。图 2-7 为消费者收入变动预算线的变动情况。

预算线旋转的情形是预算线绕其与坐标轴交点的旋转。如果P_x变动而P_y和I不变,那么预算线在Q_y轴上的截距不变而它在Q_x轴上的截距和斜率都改变了,于是预算线将绕其与Q_y轴的交点旋转,至于旋转的方向,可视其在Q_x轴上截距的变化而定,更方便的判定方法是考察消费可能区域的变化。如果P_x变大,则消费者变

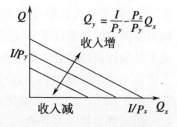

图 2-7 收入变动与预算线变动

得相对更穷,从而消费可能区域缩小,预算线绕其与Q_y轴的交点顺时针旋转。其他情况可以由此推出。图 2-8(a)为P_x变动而P_y和I不变时预算线的变动情况,图 2-8(b)为P_y变动而P_x和I不变时预算线的变动情况。除了这两种基本的变动以外,其他的变动都可看成这两种变动的叠加。

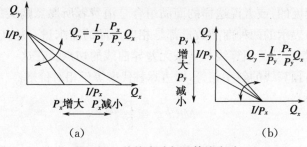

图 2-8 价格变动与预算线变动

三、消费者均衡

在本章第一节第三点中已用基数效用分析法介绍过消费者均衡的情况。现在把无差异曲线和消费者预算线放在一起分析消费者均衡,来描述消费者均衡是什么含义。如图 2-9 所示。

这里考虑的消费者均衡是指在商品价格和消费者的预算既定的前提下,消费者买到最优的商品组合这一状态。序数效用论的最优商品组合是指满足既定预算的一个商品组合,其他满足既定预算的商品组合都不能优于它。

图 2-9 中线段 AB 是消费者的预算线。要达到无差异曲线 I 的满足水平,选择点 a 或点 b 即可,甚至选择点 c 还能节省一些预算。但这些点不是最优商品组

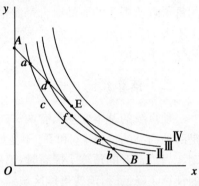

图 2-9 消费者均衡

合,因为位于更远离原点的无差异曲线 II 上的点 d、点 e 甚至点 f 都是在预算约束范围内的且都优于点 a、点 b 和点 c。与此同理,无差异曲线 II 上的所有点也不是最优商品组合。无差异曲线 IV 虽然代表很高的满足水平,但因它整个位于消费不可能区域,其上的点也不可能是最优商品组合。无差异曲线 III 与预算线相切于点 E,该点就是最优商品组合。因为比无差异曲线 III 更远离原点的无差异曲线都会像无差异曲线 IV 一样整个位于消费不可能区域,从而那些点都是消费者的预算所不能企及的。

消费者均衡点表示最优的商品组合,它要满足以下两个条件:① 位于预算线上;② 位于尽可能远离原点的无差异曲线上。第一个条件表示这样的商品组合是消费者花光其收入可以购买的,或者说这样的商品组合是消费者有能力购买的。第二个条件表示这样的商品组合是在条件①的限制下给消费者带来最高满足程度的,或者说这样的商品组合是消费者所愿意购买的。换言之,消费者均衡点表示的两种商品数量都是相应商品的需求量。从几何意义上来说,消费者均衡点就是预算线与某条无差异曲线的切点。在这一点处,无差异曲线的斜率与预算线的斜率相等,即边际替代率等于相对价格:

$$MRS_{xy} = \frac{P_x}{P_y} \tag{2.9}$$

上式可理解为:对于"1 个 x 值几个 y"这一问题,消费者的评价要与市场

评价一致。如果消费者的评价过高,即 $MRS_{xy}>P_x/P_y$,则消费者虽然可用 MRS_{xy} 个 y 换取 1 个 x 而保持满足程度不变,然而到市场换取 1 个 x 却只需 P_x/P_y(小于 MRS_{xy})个 y。根据消费者偏好非饱和性假设,这样的交换可提高效用水平而不改变所花的钱,于是当 $MRS_{xy}>P_x/P_y$ 时,原商品组合的购买是不合理的,消费者应增加 x 的购买而减少 y 的购买。同理可说明关于"1 个 x 值几个 y"这一问题,如果消费者的评价过低,即 $MRS_{xy}<P_x/P_y$ 时,原商品组合的购买也是不合理的,消费者应减少 x 的购买而增加 y 的购买,即满足式 2.9 的商品组合能提供同等花费下的最高效用水平。

在基数效用论者看来,MRS_{xy} 就是 MU_x/MU_y,上式不过就是效用最大化条件 $MU_x/MU_y=P_x/P_y$ 的翻版罢了。通常每一条无差异曲线上都存在满足该式的点,于是,序数效用论的消费者均衡条件为:

$$\begin{cases} MRS_{xy} = \dfrac{P_x}{P_y} \\ P_x x + P_y y = M \end{cases} \quad (2.10)$$

四、价格变动对均衡点的影响

1. 价格—消费线

将商品 x 的价格和数量分别记作 P 和 Q,商品 y 的价格和数量分别记作 P_y 和 Q_y,消费者的预算记作 M,$(P,P_y,M)=(P_1,P_y,M)$,P 一经确定就得到图 2-10(a)中的预算线 AB_1,它与布满整个平面的无差异曲线族中的一条 U_1 相切于此时的消费者均衡点 E_1。若 x 商品的价格由 P_1 下降为 P_2,即 (P,P_y,M) 由 (P_1,P_y,M) 变动到 (P_2,P_y,M),预算线则由 AB_1 旋转至 AB_2。新的预算线与另一条无差异曲线 U_2 相切于新的消费者均衡点 E_2。让商品 x 的价格继续变动,可得到各种价格下的消费者均衡点,它们构成的曲线称为商品 x 的价格—消费线。价格—消费线是一种商品价格变动下的消费者均衡点的轨迹。

2. 需求曲线

图 2-10(a)中,点 E_1 的横坐标 Q_1 就是商品 x 对应于价格 P_1 的需求量,于是我们在图 2-10(b)中得到商品 x 的需求曲线上的一点 E。同理,点 E_2 的横坐标 Q_2 就是商品 x 对应于价格 P_2 的需求量,我们又可得到商品 x 的需求曲线上的另一点 F。按照同样的方法我们可以得到点 G 等其他点。连接这些点就得到商品 x 的需求曲线 D。

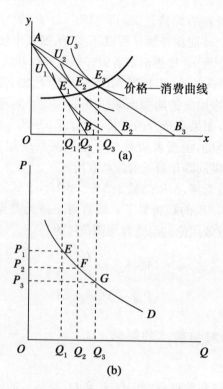

图 2-10 价格—消费线与需求曲线

五、消费者预算变动对均衡点的影响

1. 收入—消费线

将消费者预算 M 看作消费者的收入,某两种商品的价格为 P_x、P_y,消费者收入 M:$(P_x, P_y, M) = (P_x, P_y, M_1)$,$M$ 一经确定就得到图 2-11(a)中的预算线 A_1B_1,它与布满整个平面的无差异曲线族中的一条 U_1 相切于此时的消费者均衡点 E_1。若消费者收入由 M_1 提高为 M_2,即 (P_x, P_y, M) 由 (P_x, P_y, M_1) 变动到 (P_x, P_y, M_2),预算线则由 A_1B_1 平移至 A_2B_2。新的预算线与另一条无差异曲线 U_2 相切于新的消费者均衡点 E_2。让消费者收入继续变动,即可得到各种消费者收入下的消费者均衡点,它们构成的曲线被称为收入—消费线。收入—消费线是消费者收入变动下的消费者均衡点的轨迹。

2. 恩格尔曲线

图 2-11(a)中,点 E_1 的横坐标 Q_1 就是商品 x 对应于消费者收入 M_1 的需求量,于是我们在图 2-11(b)中得到商品 x 的恩格尔曲线上的一点 E。同理,点 E_2 的横坐标 Q_2 就是商品 x 对应于消费者收入 M_2 的需求量,我们又可得到

商品 x 的恩格尔曲线上的另一点 F。按照同样的方法我们可以得到点 G 等其他点。连接这些点就得到商品 x 的恩格尔曲线。图 2-11 推导的是正常商品的恩格尔曲线,低档商品(无差异曲线形状与正常商品的有较大的不同)的恩格尔曲线可以通过同样的方法推导而得。

3. 恩格尔定律与恩格尔系数

19 世纪中叶,德国统计学家和经济学家恩格尔对比利时不同收入的家庭消费情况进行调查,研究收入增加对消费需求支出构成的影响,提出了带有规律性的原理,由此被命名为恩格尔定律。其主要内容是指一个家庭收入越少,用于购买食物的支出在家庭收入中所占的比重就越大。对一个国家而言,一个国家越穷,每个国民的平均支出中,用来购买食物的费用所占比例就越大。

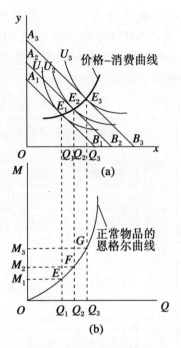

图 2-11 收入—消费线与恩格尔曲线

恩格尔定律是根据经验数据提出的,它是在假定其他一切变量都是常数的前提下才适用的,因此在考察食物支出在收入中所占比例的变动问题时,还应当考虑城市化程度、食品加工、饮食业和食物本身结构变化等因素都会影响家庭的食物支出增加。

恩格尔系数是根据恩格尔定律得出的比例数,是表示生活水平高低的一个指标。其计算公式如下:

$$恩格尔系数 = 食物支出金额 \div 总支出金额 \times 100\%$$

除食物支出外,衣着、住房、日用必需品等的支出也同样在不断增长的家庭收入或总支出中,所占比重上升一段时期后,呈递减趋势。

在总支出金额不变的条件下,恩格尔系数越大,说明用于食物支出的金额越多;恩格尔系数越小,说明用于食用支出的金额越少,二者成正比。反过来,当食物支出金额不变的条件下,总支出金额与恩格尔系数成反比。因此,恩格尔系数是衡量一个家庭或一个国家富裕程度的主要标准之一。

一般来说,在其他条件相同的情况下,恩格尔系数较高,作为家庭来说则表明收入较低,作为国家来说则表明该国较穷。反之,恩格尔系数较低,作为家庭来说则表明收入较高,作为国家来说则表明该国较富裕。

表 2-3 为 1978 年到 2010 年我国城乡居民家庭人均收入及恩格尔系数。从表中可以看出 1978 年到 2010 年我国城乡居民家庭人均收入快速提高,城镇居民家庭和农村居民家庭恩格尔系数也随之下降。我国城镇居民家庭和农村居民家庭收入水平始终有较大差距。

表 2-3 我国城乡居民家庭人均收入及恩格尔系数

| 年份 | 城镇居民家庭人均可支配收入 | | 农村居民家庭人均纯收入 | | 城镇居民家庭 | 农村居民家庭 |
| | 绝对数 | 指数 | 绝对数 | 指数 | 恩格尔系数 | 恩格尔系数 |
	(元)	(1978=100)	(元)	(1978=100)	(%)	(%)
1978	343.4	100.0	133.6	100.0	57.5	67.7
1980	477.6	127.0	191.3	139.0	56.9	61.8
1985	739.1	160.4	397.6	268.9	53.3	57.8
1990	1 510.2	198.1	686.3	311.2	54.2	58.8
1991	1 700.6	212.4	708.6	317.4	53.8	57.6
1992	2 026.6	232.9	784.0	336.2	53.0	57.6
1993	2 577.4	255.1	921.6	346.9	50.3	58.1
1994	3 496.2	276.8	1 221.0	364.3	50.0	58.9
1995	4 283.0	290.3	1 577.7	383.6	50.1	58.6
1996	4 838.9	301.6	1 926.1	418.1	48.8	56.3
1997	5 160.3	311.9	2 090.1	437.3	46.6	55.1
1998	5 425.1	329.9	2 162.0	456.1	44.7	53.4
1999	5 854.0	360.6	2 210.3	473.5	42.1	52.6
2000	6 280.0	383.7	2 253.4	483.4	39.4	49.1
2001	6 859.6	416.3	2 366.4	503.7	38.2	47.7
2002	7 702.8	472.1	2 475.6	527.9	37.7	46.2
2003	8 472.2	514.6	2 622.2	550.7	37.1	45.6
2004	9 421.6	554.2	2936.4	588.0	37.7	47.2
2005	10 493.0	607.4	3 254.9	624.5	36.7	45.5
2006	11 759.5	670.7	3 587.0	670.7	35.8	43.0
2007	13 785.8	752.5	4 140.4	734.4	36.3	43.1
2008	15 780.8	815.7	4 760.6	793.2	37.9	43.7
2009	17 174.7	895.4	5 153.2	860.6	36.5	41.0
2010	19 109.4	965.2	5 919.0	954.4	35.7	41.1

结　语

　　消费者行为学是研究消费者在获取、使用、消费和处置产品和服务过程中所发生的心理活动特征和行为规律，研究消费者需求背后的理论，揭示隐藏在需求曲线背后的涵义。在市场经济中企业要根据消费者的需求进行生产，消费者行为理论告诉我们消费者购买物品是为了效用最大化，而且物品的效用越大，消费者愿意支付的价格越高。但效用是一种心理感觉，取决于消费者的偏好。不同的消费者收入与社会地位不同，偏好也不同。企业开发新产品时要定位于特定的消费群体，根据其偏好开发产品，也就是市场营销中的产品市场细分与市场定位。消费者行为理论还告诉我们，一种产品的边际效用是递减的，如果一种产品仅仅是数量增加，它给消费者的边际效用就在递减，消费者愿意支付的价格就降低，因此企业需要不断创新，不断开发新产品。

练习与思考

一、名词解释

效用，边际效用，消费者均衡，消费者剩余，无差异曲线，边际替代率，恩格尔曲线

二、分析讨论题（简答题）

1. 试说明为何一段时间内消费的商品减少，其边际效用会增加。
2. 请想象一下，是否存在边际效用递增的商品？
3. 如果一辆需要四个轮子才能开动的车子目前有三个轮子，那当安装第四个轮子的时候，这个轮子的边际效用似乎超过了第三个轮子的边际效用，这是否违反了边际效用递减规律？

三、案例分析题

是穷人幸福还是富人幸福？

　　对于什么是幸福，美国的经济学家萨谬尔森用"幸福方程式"来概括。这个"幸福方程式"就是：幸福＝效用/欲望，从这个方程式中我们看到欲望与幸福成反比，也就是说人的欲望越大越不幸福。但我们知道人的欲望是无限的，那么多大的效用不也等于零吗？因此我们在分析消费者行为理论的时候我们假定人的欲望是一定的。那么我们在离开分析效用理论时，再来思考萨谬尔森提出的"幸福方程式"，真是觉得他对幸福与欲望关系的阐述太精辟了，难怪他是诺贝尔奖的获得者。

在社会生活中对于幸福不同的人有不同的理解,政治家把实现自己的理想和抱负作为最大的幸福;企业家把赚到更多的钱当作最大的幸福;我们教书匠把学生喜欢听自己的课作为最大的幸福;老百姓往往把平平淡淡衣食无忧作为最大的幸福。幸福是一种感觉,自己认为幸福就是幸福。但大多数人一般把拥有的财富多少看作是衡量幸福的标准,一个人的欲望水平与实际水平之间的差距越大,他就越痛苦。反之,就越幸福。从"幸福方程式"使我想起了"阿Q精神"。鲁迅笔下的阿Q形象,是用来唤醒中国老百姓的那种逆来顺受的劣根性。而我要说的是人生如果一点"阿Q精神"都没有,会感到不幸福,因此"阿Q精神"在一定条件下是人生获取幸福的手段。在市场经济发展到今天,贫富差距越来越大,如果穷人欲望过高,那只会给自己增加痛苦。倒不如用"知足常乐",用"阿Q精神"来降低自己的欲望,使自己虽穷却也觉得幸福自在。富人比穷人更看重财富,他会追求更富,如果达不到他也会感到不幸福。是穷人幸福还是富人幸福完全是主观感觉。

思考题:
(1) 什么是欲望?什么是效用?
(2) 为什么欲望越大越不幸福?

第三章 厂商理论

本章教学目的和要求

从本章开始转入对厂商理论的探讨。了解企业的含义及形式;掌握并正确理解短期成本与长期成本的构成与变动规律;通过学习不同的生产函数,掌握生产者短期和长期中实现成本最小、最大产量的要素组合使方法;了解边际收益递减的含义与原理。

本章教学要点

1. 厂商理论的内容
2. 生产函数的建立
3. 生产要素在生产中的最优生产组合
4. 收益、成本和利润最大化原则

关键词

厂商　生产函数　成本　利润最大化

在微观经济学中,除消费者外,另外的一个重要主体就是"企业"。"企业"也叫"厂商",其行为的基本特征是追求自身利益最大化。企业制度经历了从业主制到合伙制再到公司制三个发展阶段。本章在了解厂商理论的基础上,着重对企业的生产和成本展开分析。首先阐述一下厂商理论。

第一节　企业制度与企业成长

一、厂商理论(Theory of the Firm)产生与发展

厂商理论是研究影响资源配置和分配的厂商行为的理论,它是微观经济学的组成部分。在西方经济学中,生产者亦称厂商或企业,它是指能够作出统一生产决策的单个经济单位。在介绍生产者行为之前,先介绍一下厂商(企业)这

个概念。它主要指个体工商户、合伙公司、股份公司等,而生产相同产品的同类厂商则组成一个行业。

厂商理论研究不同市场条件下的厂商均衡条件与价格、产量的决定。不同市场条件包括市场的结构、市场组成的特点和市场的竞争程度。所谓市场,是买者和卖者进行交易的场所,市场的概念既是抽象的又是具体的。

研究厂商理论并作出贡献的有:意大利经济学家斯拉法,英国经济学家琼·罗宾逊夫人,美国经济学家张伯伦。斯拉法于1926年出版《竞争条件下的收益规律》一书,对厂商理论的建立起着重要的作用,是该理论产生的标志。罗宾逊夫人1933年出版的《不完全竞争经济学》、张伯伦1933年出版的《垄断竞争理论》,可以看作是厂商理论最主要的著作。在经济学说史中,作为厂商理论的代表作一般以张伯伦的著作为标志。自此以后,在西方经济学中出现了厂商均衡理论,并以此作为对均衡价格理论的发展,使其得到完善。

二、厂商理论的内容

在微观经济学中,对厂商理论的研究包括4个方面:

1. 成本理论

厂商为进行生产,购买生产要素而支付的代价是厂商的成本。成本按投入是否全部可变而分为长期成本和短期成本,或按是否随产量变化分为不变成本和可变成本,并再细分为总成本、总平均成本、边际成本、总不变成本、总可变成本、平均不变成本、平均可变成本等。这些成本都可以表现为相应的成本曲线。

2. 市场或厂商的分类

厂商为市场生产产品,不同种类的市场决定了厂商的性质和类型。按竞争程度,从厂商数目、产品差别程度、进入市场的难易程度以及厂商对产量和价格的控制程度,市场或厂商一般分为4类:完全竞争、垄断竞争、垄断和寡头垄断。这一部分的内容,我们将会在本书第四章的市场理论中更进一步地进行讨论。

3. 厂商均衡

以利润最大化为目标,分别分析前面4类厂商在短期和长期中如何决定价格和产量。分析4类厂商的平均收益曲线、边际收益曲线同需求曲线的关系,从而区别4类厂商均衡的各自特点。并得出结论:完全竞争厂商或市场是经济效率最高的,成本最小、价格最低,各种资源或生产要素的利用达到最优的状态。

4. 非利润最大化的厂商理论

研究厂商不以利润最大化为目标时的厂商理论。例如,H.西蒙提出令人满意原则,认为厂商的目标在不确定和不完全竞争条件下,应该追求利润达到令人满意的水平,而不是最大化。

厂商理论中的一个基本问题是:为什么会有厂商的存在?即厂商内部的个体活动为什么不能由市场来协调?这个问题是由科斯提出来的,他认为厂商是一个区域(一个经济的子集合),其中的资源配置是通过指令而不是通过市场进行,因为一些按工作配置工人的过程,根据指令而不是通过价格协调方式,能更低成本地完成。"指令"一词暗示着需要某些监督、强制或内部激励机制。

三、厂商的组织形式

厂商主要可以采取三种组织形式:个人独资企业、合伙制企业和公司制企业。

1. 个人独资企业

个人独资企业或个人业主制企业指单个人独资经营的厂商组织,这类企业数量众多。从小超市、小餐馆、小服装店到理发店、水果摊等都可以归入此类。个人业主集经营、会计、管理等于一身,有些业主可能还要亲自搬运、送货和售后服务等。个人业主制企业的动机明确,决策灵活自由,企业规模小,易于管理。但个人独资企业由于资金有限,其资金主要来自自己的积累,向亲朋好友借债;商业银行因其风险太大,抵押资产太少,一般不愿受理此类企业的贷款申请,生产发展受到限制,一旦遇到风吹草动,很容易破产。破产原因多样:经营无方,位置不佳,人气不足,债主催债,市场变化,房屋拆迁等,尽管有大量此类企业破产,但对经济的影响并不太大,因为新生的个人独资企业数量总是比破产企业的数量要多得多。

2. 合伙制企业

合伙制企业是指依法设立的,由各合伙人订立合伙协议,共同出资、合伙经营、共享收益、共担风险,并对合伙制企业债务承担无限连带责任的营利性组织。在市场中能够生存下来的个人独资企业会进一步发展为合伙制企业。少数个人独资企业能够生存下来,大多得益于对市场趋势判断准确,经营有方,产品受到市场的欢迎,盈利增加,为扩大企业规模,所获利润又作为新增资金投入到个人独资企业的生产经营当中,变成企业的流动资产和固定资产。相对于已经破产的个人独资企业而言,这类个人独资企业在某个行业已有相当的影响,在社会上的知名度较高,一方面个人独资企业需要更多资金扩大企业的生产经营规模,另一方面,部分拥有资金的个人也乐于与其合伙,或出资金,或出资产,分享企业增长带来的利息和分红。

1) 合伙制企业有下列特征

(1) 生命有限。合伙制企业比较容易设立和解散。合伙人签订了合伙协议,就宣告合伙制企业的成立。新合伙人的加入,旧合伙人的退伙、死亡、自愿清算、破产清算等均可造成原合伙制企业的解散以及新合伙制企业的成立。

(2) 责任无限。合伙制企业作为一个整体对债权人承担无限责任。按照合伙人对合伙制企业的责任,合伙制企业可分为普通合伙和有限合伙。普通合伙的合伙人均为普通合伙人,对合伙制企业的债务承担无限连带责任。例如,甲、乙、丙三人成立的合伙企业破产时,当甲、乙已无个人资产抵偿企业所欠债务时,虽然丙已依约还清应分摊的债务,但仍有义务用其个人财产为甲、乙两人付清所欠的应分摊的合伙债务,当然此时丙对甲、乙拥有财产追索权。有限责任合伙制企业由一个或几个普通合伙人和一个或几个责任有限的合伙人组成,即合伙人中至少有一个人要对企业的经营活动负无限责任,而其他合伙人只能以其出资额为限对债务承担偿债责任,因而这类合伙人一般不直接参与企业经营管理活动。

(3) 相互代理。合伙制企业的经营活动,由合伙人共同决定,合伙人有执行和监督的权利。合伙人可以推举负责人。合伙负责人和其他人员的经营活动,由全体合伙人承担民事责任。换言之,每个合伙人代表合伙制企业所发生的经济行为对所有合伙人均有约束力。因此,合伙人之间较易发生纠纷。

(4) 财产共有。合伙人投入的财产,由合伙人统一管理和使用,不经其他合伙人同意,任何一位合伙人不得将合伙财产移为他用。只提供劳务,不提供资本的合伙人仅分享一部分利润,而无权分享合伙财产。

(5) 利益共享。合伙制企业在生产经营活动中所取得、积累的财产,归合伙人共有。如有亏损则亦由合伙人共同承担。损益分配的比例,应在合伙协议中明确规定;未经规定的可按合伙人出资比例分摊,或平均分摊。以劳务抵作资本的合伙人,除另有规定者外,一般不分摊损失。

2) 合伙制企业的优势与劣势

合伙制企业的优势表现为:

(1) 与个人独资企业相比较,合伙制企业可以从众多的合伙人处筹集资本,合伙人共同偿还债务,减少了银行贷款的风险,使企业的筹资能力有所提高;合伙制企业能够让更多投资者发挥优势互补的作用,比如技术、知识产权、土地和资本的合作,并且投资者更多,事关自己切身利益,大家共同出力谋划,集思广益,可以提升企业综合竞争力。

(2) 与一般公司相比较,由于合伙制企业中至少有一个负无限责任,使债权人的利益受到更大保护,从理论上来讲,在这种无限责任的压力下,更能提升企业信誉；合伙制企业盈利更多，因为合伙制企业交的是个税而不是企业所得税，这也是其高风险成本的收益。

合伙制企业的劣势表现为：① 由于合伙制企业的无限连带责任，对合伙人不是十分了解的人一般不敢入伙；就算以有限责任人的身份入伙，由于有限责任人不能参与事务管理，这就产生有限责任人对无限责任人的担心，怕他不全心全意地工作，而无限责任人在分红时，觉得所有经营都是自己在做，有限责任人就凭一点资本投入就坐收盈利，又会感到委屈。因此，合伙制企业是很难做大做强的；② 虽说连带责任在理论上来讲有利于保护债权人，但在现实生活中操作起来往往不然。如果一个合伙人有能力还清整个企业的债务，而其他合伙人连还清自己那份的能力都没有时，按连带责任来讲，这个有能力的合伙人应该还清企业所欠所有债务。但是，他如果这样做了，再去找其他合伙人要回自己垫付的债款就麻烦了，因此，他不会这样独立承当所有债款的，还有可能连自己的那一份都等大家一起还。合伙制企业的规模和资金还是有限的，不利于生产的进一步发展。

3. 公司制企业

公司制企业是依据公司法建立的具有法人资格的厂商组织。它是一种重要的现代企业组织形式。公司制企业可通过发行股票和债券的形式筹集资金，所以，公司制企业的资金雄厚，有利于实现规模生产，也有利于进一步强化分工和专业化。而且公司的组织形式相对稳定，有利于生产的长期发展，但公司组织由于规模庞大，给公司的内部管理带来一定困难。

我们还可以根据企业所承担的法律责任大小，将公司制企业分为以下几类。

有限责任制(有限责任公司，股份有限公司)，无限责任制(业主制企业，合伙制企业)，两合制(股份两合公司，非股份两合公司)。

从法律角度而言，这些企业形式还有非常细微的区别，这些区别决定了它们在运行机制方面的不同。

四、企业制度与企业成长

1. 企业的本质

企业的本质是什么？即企业为什么存在？一些西方经济学家认为，企业作为市场经济中的主体，是生产的一种组织形式，它在一定程度上是对市场的一种替代。我们可以假设两种情况：

假设一：一个社会中每一种生产都由一个单独的个人来完成，如一个人制造一辆自行车。

这个人就要和很多的中间产品的供应商进行交易,而且,还要和自己的产品的需求者进行交易,这些交易都通过市场在很多的个人之间进行。

假设二：经济中所有的生产都在一个庞大的企业内部进行,如一辆自行车在企业内部生产出来,不需要通过市场进行任何的中间产品的交换。

由此可见,经济活动中的每一笔交易,既可以通过市场的组织形式来进行,也可以通过企业的组织形式来进行。企业存在的意义,就是因为有的交易在企业内部进行效益更好,即成本相对最低,而有的交易在市场进行成本会更低。

厂商在生产过程中要购买各种各样的生产要素和各种中间产品,在市场上购买中间产品是需要花费交易成本的,如果厂商能在自己的企业内部生产中间产品,就可以降低一部分交易成本,而且还可以保证产品的质量。

厂商还可在企业内部雇用一些具有专门技能的人员,进行产品设计,生产制作和成本管理等,并与他们建立长期的契约关系,这样做将比从其他厂商那里购买相应的服务要好得多,可以大幅度降低相应的交易成本。

2. 企业的目标

在微观经济学中,假定厂商的目标是追求利润最大化。但在现实经济生活中,特别是在现代公司制企业中,企业的所有者往往并不是企业的真正经营者,企业的日常决策是由企业所有者的代理人经理作出的。由于信息的不完全性,特别是信息的不对称性,所有者并不能完全监督和控制公司经理的行为,经理会在一定程度上偏离企业的利润最大化原则,而追求其他一些有利于自身利益的目标。

但经理对利润最大化目标的偏离在很大程度上也会受到制约。因为,如果经理经营不善,企业效率不好,公司的股票价值就会下降,投资者就会抛售公司股票,经理的职位就难保。

在长期范围内,实现利润最大化是企业生存竞争的基础。而现代西方经济学家进一步认识到,创建企业的核心竞争力是企业生存、成长与发展壮大的关键。

3. 企业核心竞争力

核心竞争力(Core Competence),是美国经济学家哈默尔和普拉哈拉德于1990年在《哈佛商业评论》上首次提出的,他们认为"就短期而言,公司产品的质量和性能决定了公司的竞争力,但长期而言,起决定作用的是造就和增强公司的核心竞争力",此观点一经提出,就得到了学术界和企业界的广泛认可,并引起了企业家的高度关注。

在哈默尔看来,核心竞争力首先应该有助于公司进入不同的市场,它应成为公司扩大经营的能力基础。其次,核心竞争力对创造公司最终产品和服务的顾客价值贡献巨大,它的核心竞争力贡献在于实现顾客最为关注的、核心的、根本的利益,而不仅仅是一些普通的、短期的好处。最后,公司的核心竞争力应该是难以被竞争对手所复制和模仿的。

我国于1995年引入这一概念,已受到企业界、管理学界,以至所有关注企业发展人士的高度关注。

企业核心竞争力,从其具体表现形式分析,大体可分解为十个内容,称之为十大竞争力。

(1)决策竞争力。(2)组织竞争力。(3)员工竞争力。(4)流程竞争力。(5)文化竞争力。(6)品牌竞争力。(7)渠道竞争力。(8)价格竞争力。(9)伙伴竞争力。(10)创新竞争力。

以上是对厂商理论的概述,阐述了厂商是如何由小到大的成长历程,厂商不论大小,追求利润最大化是其核心目标,对厂商而言,实现这一目标的途径是对生产要素的最优配置。接下来将在分析产量与成本的基础上,找出最优的生产要素组合。

第二节 生产理论

一、生产要素

厂商的基本的经济活动是生产。经济学认为生产是将投入转化为产出的活动,或是将生产要素进行组合以制造产品的活动。基本的生产要素主要有以下四类:

(1)劳动(L)。劳动包括各种不同工作性质的人。如泥工、电工、农民、店员等所提供的劳务。

(2)土地(N)。土地包括土地和所有土地地上或者地下的自然资源等。

(3)资本(K)。资本是指生产过程中被生产出来并用于进一步生产的物品,如机器、厂房、工具等。这里所说的资本不包括货币,是生产中使用的物质资本。

(4)资本家才能(E)

厂商通过提供满足人们物质文化需要的各种物品和服务,获取最大化利润。因此在经济学中,符合这一目的的物质与服务都可以作为生产活动的产出或产品,如汽车、电视、粮食、教育、演唱会、体育比赛等。

对一般性分析而言,如此纷杂的投入与产出很难通过每一个生产过程来加以说明。经济学中通常采用抽象的生产函数表示投入与产出之间的关系。

二、短期与长期

由于生产函数描述的是投入与产出之间的最优关系,因而如果要增加产出就要增加投入。但是,在实际中,并非在任何情况下任何种类的投入都是可变动的。如果厂商突然增加了订货,厂商须在一个月内增加原有产量,在这种情况下,厂商无法通过增加设备来增加产量。但可以通过增加劳动数量来完成新增产量。

由此我们可以说劳动是可变生产要素,而厂房设备是不变生产要素。可变生产要素是指那些随着产量的变动可以变动的投入。不变生产要素是指那些不能随着产量的变动而变动的投入。

显然,区分一种要素是可变生产要素还是不变生产要素的关键是时间,只要时间足够长,任何投入都是可以改变的。所以经济学中就有了短期与长期的区分。所谓短期是指在这一时期内至少有一种生产要素投入是不可改变的;所谓长期是指在这一时期内任何生产要素的投入都是可以改变的。

三、生产函数

经济学常用生产函数来描述与生产相关的各种要素之间的关系。生产函数表示一个生产过程中投入与产出之间的关系。严格地说,生产函数表示一定时期内,在技术水平不变动的情况下,生产中所使用的各种生产要素的数量与它们所能生产的最大产量之间的关系。

在这个定义中包含着以下含义:

(1)"一定时期内"表示生产函数中产量是在一段时期内度量的,比如一个月,一个季度或者一年的产量。

(2)"技术水平不变"表示生产函数中投入与产出的函数关系不变,即既定的投入量只能生产出一个最大的产量。如果技术水平发生变化,则会产生新的函数关系。

(3)"最大产量"表示生产函数中的投入与产出的关系是一种"最优"意义上的关系。在投入一定的条件,由于非生产技术的方面的种种其他原因,例如管理水平较差和工作积极性不高等,实际产量可以低于可能的最大产量,但是,生产函数并不描述这种低效率生产中的投入与产出的关系。因此,生产函数中的投入和产出的关系是"最优关系"。这种最优关系的一个最直观的理解是,如果想增加产出就必须增加投入。

若按生产周期划分,生产函数包括如下几种:

1. 短期生产函数

如果在某一特定的时间内,企业无法改变所有生产要素的投入数量来改变产量,那么该时间内,企业面临的生产函数为短期生产函数。

$$Q = f(L) \tag{3.1}$$

2. 长期生产函数

如果在某一特定的时间内,企业能改变所有生产要素的投入数量从而来改变产量,那么该时间内,企业面临的生产函数为长期生产函数。

$$Q = f(L, K, N, \cdots) \tag{3.2}$$

其中,$L, K, N, \cdots$是生产中所使用的各种生产要素的投入量,而Q是它们所能生产的最大产量。

在实际生产过程中,生产要素是多种多样的,生产函数一般也可分两种类型:固定比例生产函数与可变比例生产函数。如果生产一种产品使用的L与K的组合比例是固定不变的,也就是说,要扩大(或缩减)产量,L与K必须同比例增加(或减少)。例如,$L:K=1:3$,当劳动增加1倍为2时,资本的数量也必须增加1倍,即为6。这样的生产函数称为固定比例生产函数。

但大多数生产中,劳动与资本的组合比例是可变的。这种生产函数称为可变比例生产函数。

也可能存在着种种差异,经济学中常用的生产函数的简化形式表示要素投入的一般性,这两种要素主要是劳动(L)与资本(K),即

$$Q = F(L, K) \tag{3.3}$$

其中,L表示劳动投入量,K表示资本投入量,后者可以理解为非人力投入,即土地和资本合并成为一类。下面,我们来进一步分析要素投入组合。

四、只有一种要素变动的最佳投入组合

所谓一种要素变动的最佳投入组合是指厂商生产某种产品Q时,所使用的所有生产要素中,只有一种要素是可以变动的,其余的要素都固定不变。例如,在短期内,厂房、设备、土地和少数经理人员及其薪金给定不变,唯一可以变动的是投入的劳动数量(L)。在作出分析之前需要明确下列几个概念:

1. 总产量、平均产量、边际产量

我们暂且假定只有一种要素,如劳动是可变的,其他要素均为既定。表3-1列出了劳动投入的变动与小麦总产量变动以及平均产量、边际产量的变动关系。

表 3-1 劳动的总产量、平均产量、边际产量

序 号	劳动量(L)	总产量(TP)	平均产量(AP)	边际产量(MP)
1	0	0		
2	1	4	4.00	4
3	2	10	5.00	6
4	3	13	4.33	3
5	4	15	3.75	2
6	5	16	3.20	1

一种投入或生产要素的总产量(Total Product)就是从一定量该种投入中所获得的产量总和。如果该投入为劳动 L，则劳动的总产量为：

$$TP = f(L) = Q \tag{3.4}$$

平均产量(Average Product)等于总产量除以劳动投入量，即：

$$AP = TP/L \tag{3.5}$$

边际产量(Marginal Product)是投入增加一单位所增加的产量，它等于总产量的增加量除以劳动的增加量：即：

$$MP = \Delta TP/\Delta L \tag{3.6}$$

我们将表 3-1 中的数字作图，分别画出总产量曲线、平均产量曲线和边际产量曲线。

图 3-1(a)、(b)两图中，横轴 L 代表劳动量，纵轴 Q 代表产量，TP 就是总产量曲线。这条线是可以达到的产量和无法达到的产量的边界线。TP 线以外各点是无法达到的产量，TP 线以内各点是可以达到的产量。但是，在这些点生产一定量产品所需要的劳动量多，所以，在技术上是无效率的。

总产量曲线 TP 表明，随着劳动投放量从 1 单位增加到 5 单位，总产量随之上升。在投入 3 单位劳动之前，总产量以递增的速度上升，在投入 3 单位劳动之后，便以递减的速度上升，最后达到 16 单位的最高产量。

平均产量可以用从原点到总产量曲线上一点之间直线的斜率来表示。如图 3-1(a)中的 d 点，3 单位劳动生产 13 单位产品，从原点到 d 点直线的斜率＝产量/劳动量＝13/3＝4.33。

所以，平均产量 $AP=4.33$。用这种方法可以计算出在 c 点时平均产量最高。平均产量曲线也是随劳动量增加，先上升，然后下降。

边际产量则可以用总产量曲线的斜率来衡量。例如,从 TP 线上 c 点到 d 点,劳动增加了 1 单位,总产量增加了 3 单位,所以,这两点间的斜率=总产量/劳动量=3/1=3,边际产量也为 3,从图 3-1(a)、(b)中可以看出,总产量曲线的斜率越大(即越陡峭),边际产量曲线的水平越高。在 TP 线上,bc 点之间斜率最大为 6,所以,边际产量是劳动从 1 增加到 2 时最高为 6。

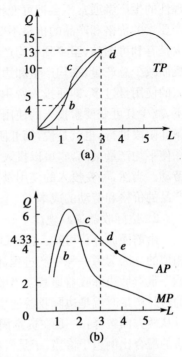

图 3-1 总产量—劳动量图

由上面的分析我们得知,总产量曲线、平均产量曲线和边际产量曲线之间的关系如下:

(1) 总产量曲线与边际产量曲线的关系。从几何图上看,边际产量等于总产量在各点切线的斜率,因此,在劳动投入为 2 单位以前,总产量以递增速度上升,表现为总产量曲线形状为凸曲线,相应地,边际产量曲线是上升的。从 2 单位劳动到 5 单位劳动,总产量以递减的速率上升,总产量曲线表现了凹曲线,此时边际产量曲线下倾。从 5 单位劳动开始,增加劳动投入反而使总产量减少,说明劳动的边际产量已经为负,边际产量曲线延伸到横轴以下。

总之,边际产量曲线的最高点就是总产量曲线的拐点;边际产量曲线与横轴的交点为总产量曲线的最高点。即,当边际产量为零时,总产量最大。

(2) 总产量曲线与平均产量曲线的关系:在几何上,平均产量等于总产量曲线上每一点与原点连线的斜率,因此,当原点与总产量曲线上某一点的连线恰好是总产量曲线的切线时,斜率达到最大,从而平均产量达到最高值。

(3) 边际产量曲线与平均产量曲线的关系。当边际产量大于平均产量时,平均产量曲线上倾;当边际产量小于平均产量时,平均产量曲线下倾;当边际产量等于平均产量时,平均产量达到最大。也就是说,边际产量曲线经过平均产量线的最高点。

根据总产量、平均产量或边际产量的关系,可将生产函数划分为三个阶段,在平均产量从上升到最大时为第Ⅰ阶段,从平均产量最高到边际产量为零之前为第Ⅱ阶段,之后为第Ⅲ阶段,如图 3-1 所示。在第Ⅰ阶段,增加劳动投入能增加平均产量,这意味着每单位劳动的边际产量均高于平均产量。显然,一个理性的生产者通常不会把可变投入的使用量限制在这一阶段内。因为只要生产要素的价格和产品的价格不变,进一步扩大可变投入的使用量从而使产量扩大是有利可图的,至少到平均产量达到最高点时为止。在第Ⅲ阶段,增加劳动反而减少总产量、平均产量和边际产量,这意味着相对于固定投入来说,可变投入的使用量过多,即便投入费用为零,增加其使用量也有害无益。在这种情况下,减少其可变要素投入的使用,反而会使总产量扩大。由此看来,生产总是在第Ⅱ阶段进行,也就是说,第Ⅱ阶段才是生产的合理区域。在这一阶段,厂商力图使平均产量最高,它可以投入 2 单位劳动,如果使总产量最高,可使用 5 单位劳动。当然,可变投入的使用量具体确定在这一区间的哪一点上,还要取决于产品的价格和劳动的成本。

2. 边际收益递减规律

由前面的分析可知:总产量曲线、平均产量曲线、边际产量曲线的形状是相似的。因为每一种生产过程都有一个共同的特征:开始时边际收益递增,到达一定点后边际收益递减。当增加 1 单位劳动的边际产量大于前一单位劳动的边际产量时就是边际收益递增,相反,就是边际收益递减。边际收益递增可以从两方面解释:一是在资本固定时,随着劳动量的增加,固定要素与可变要素的配合比例趋于恰当,于是资本可以得到更充分的利用。二是就劳动量本身而言,劳动量的增加可以实现分工协作从而提高劳动的效率,这样,两个单位劳动的产量就会大于一个单位劳动产量的两倍。

边际收益不会总是递增的,所有的生产过程最终都会达到边际收益递减的那一点,这种情况主要是由于在资本固定时,随劳动量增加,资本量与劳动量之间的配合比例变得不恰当,即相对于固定资本量,劳动的投入量过多,或劳动过剩,从而效率下降。边际收益递减现象普遍存在,被称为边际收益递减规律。它通常被表达为:在技术状况不变,其他投入要素不变的情况下,随着可变投入量的增加,其边际产量最终会下降。

需要指出的是,首先上述边际收益递减规律(或称边际产量递减规律)是以生产技术给定不变为前提的。技术进步一般会使边际产量递减的现象延后出现,但不会使此规律失效。

其次,这里所说的边际收益递减规律,是以一种要素可变,其他要素固定不变为前提考察一种可变要素发生变化时,其边际产量的变化情况。若使用的要素同时发生同比例变化,由此引起的产量变化,属于规模报酬的问题。由于这里论及的边际收益递减实际上源于固定要素与可变要素组合比例发生变化,所以微观经济学也把边际收益递减规律称为生产要素可变比例规律,以便更明确地与规模报酬递减规律相区别。

第三,边际收益递减是在可变生产要素使用量超过一定数量以后才出现的。在此之前,当固定要素相对过多,即可变要素相对不足时,增加可变要素将出现收益递增的现象。也可能出现这样一种情况,即继续增加可变要素时,在一定范围内要素的边际产量处于恒定不变状态,超过这个范围再继续追加可变要素时才进入收益递减阶段。

五、两种可变投入的最佳组合

前面分析的是只有一种投入要素(L)可变的条件下的投入要素最佳组合,这里要分析的是两种可投入要素(L,K)都可变动的条件下,投入要素的最佳组合,以实现成本最低,或利润最大。这时涉及的概念主要有等产量曲线、边际替代率,等成本线等。

1. 等产量曲线

现实中并没有哪一种产品只能用一种方法生产,即只能用生产要素投入品的一种固定组合方式生产。而是几乎每一种物品与劳务都既可以用资本密集型技术也可以用劳动密集型技术生产。如图 3-2。

说明:等产量曲线表明了劳动与资本的不同组合可以生产出相同的产量。同一条等产量曲线上的不同点代表相同的产量,不同的等产量曲线代表不同的

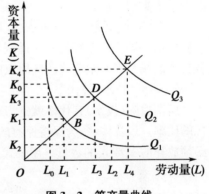

图 3-2 等产量曲线

产量,距原点越远的等产量曲线代表的产量水平越高。

在图 3-2 中,横轴 L 为劳动量,纵轴 K 为资本量。从图 3-2 中可以看出,使用劳动和资本组合(K_1、L_1),可以生产 50 单位产品。同时还有两种劳动与资本的组合同样生产出 50 单位产品,即:L_2 单位劳动与 K_2 单位资本;L_0 单位劳动和 K_0 单位资本。我们把劳动与资本不同数量组合生产的相同产量 50 单位的三个点连接起来,就得到一条曲线 Q_1,在 Q_1 线上,产量相同,都为 50 单位。因此,Q_1 被称为等产量曲线。

等产量曲线(Isoquant)是表示生产一定量产品所需要的劳动与资本的不同组合的一条曲线。或者说是能够生产相同产量的两种要素投入的不同组合而形成的曲线。

每一个产量水平都有一条等产量线,一组等产量线称为等产量线图。图中有三条等产量线:Q_1、Q_2、Q_3。Q_1 代表的产量为 50 单位,Q_2 代表的产量为 100 单

位,Q_3代表的产量为150单位。对比Q_1、Q_2、Q_3可以看出,等产量线离原点越远,所代表的产量水平越高。离原点越近,所代表的产量越低,这是因为在资本投入为既定时,要增加产量就要增加劳动,同样,在劳动投入既定时,要增加产量就要增加资本量。例如,在图3-2中,当劳动量为L_1,资本量为K_1时,产量为50单位。如果劳动量仍为L_1,只有增加资本量才能使产量达到100单位。

等产量线一般具有以下特征:① 等产量曲线通常向右下方倾斜,其斜率为负。这是因为等产量线上的每一个点都代表着能生产同一产量的两种投入的组合,这意味着增加一种投入品的使用量,要保持产量不变,就必须相应地减少另一种投入品的使用量,如果不是这样的话,则说明这一点所代表的投入组合是无效率的。

② 同一等产量线图上的任意两条产量曲线不相交,因为两条等产量曲线的交点必然代表着两种投入的同一组合,这显然与不同的等产量曲线代表不同的产量水平相矛盾。

③ 等产量曲线通常凸向原点,其斜率是递减的,等产量曲线的斜率等于边际替代率。等产量曲线的斜率递减是由边际替代率递减所引起的。所以,边际替代率递减是等产量曲线凸向原点的原因。

2. 边际(技术)替代率

所谓边际(技术)替代率就是当产量水平保持不变时,两种投入要素相互替代的比率。说具体些,为保持原有的产量水平不变,出于增加1单位X要素所必须放弃的Y要素的数量。用公式表示就是:

$$MRS_{XY} = \frac{\Delta X}{\Delta Y} \tag{3.7}$$

下面用图形来说明。

在图3-3中,Q是产量为13单位时的等产量线。在这条线上的任何一点都是生产13单位产品所需要的劳动与资本的组合。在维持这一产量水平时,这条等产量线上的移动就是增加劳动减少资本,或者相反。如果等产量线是陡峭的,例如a点,增加1单位劳动量时减少的资本大于1单位,这时边际替代率就高。但是,如果等产量线较平坦,例如b点,增加1单位劳动量时减少的资本量就小于1单位,这时边际替代率就低。

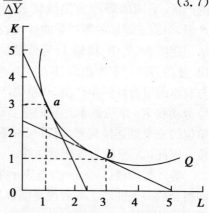

图3-3 等产量曲线的斜率

a点的边际替代率就是等产量线在a点相切的直线的斜率,也就是等产量线在a点时的斜率。在a点与等产量线相切的直线表示:当资本量从5单位减少为零时,劳动量从零增加至2.5单位,所以斜率为$5/2.5=2$,a点上等产量线的斜率亦为2,所以,a点上劳动对资本的边际替代率为2,同理,可以计算出b点时等产量线的斜率,即劳动对资本的边际替代率为$2.5/5=0.5$。

一般地说,随着劳动替代资本的数量不断增加,劳动对资本的边际替代率倾向于下降。这是因为随着劳动对资本的替代不断增加,劳动的边际产量趋于下降,而资本的边际产量趋于上升,于是,要保持原有的产量水平不变,每增加一单位劳动所必须放弃的资本会越来越少。正因为边际替代率一般是递减的,等产量线的斜率的绝对值也是递减的,从而等产量曲线通常才会凸向原点。

3. 等成本线

在生产要素市场上,生产要素都是有价格的,厂商对生产要素的购买支付构成了厂商的生产成本。生产理论中的等成本线是一个和效用理论中的预算线非常相近的分析工具。

等成本线(Isocost line)是在总成本既定和生产要素价格不变的条件下,厂商所能够购买的两种生产要素的各种不同数量组合。

假定既定成本为C,已知劳动的价格即工资率为α,资本价格即利率为r,则成本方程为:

$$C = \alpha L + rK \tag{3.8}$$

由成本方程可得:$K = -\dfrac{\alpha L}{r} + \dfrac{C}{r}$,是线性方程,所以,等成本线是一条直线。

如图3-4,横轴上的点C/α表示全部成本用于购买劳动的数量,纵轴上的点C/r表示全部成本用于购买资本的数量,连接两点的线段就是等成本线,这表示既定成本所能购买到的资本和劳动的各种组合。

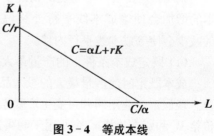

图3-4 等成本线

在成本固定和要素价格已知的条件下,便可以得到一条等成本线,所以,成本和要素价格的任何变动,都会使等成本线发生变化。当资本的价格和劳动的价格发生变化时,等成本线就会发生图3-5那样移动变化。

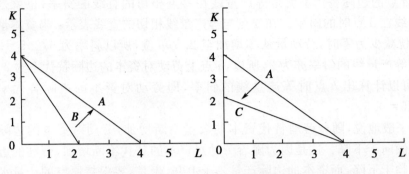

图3-5 成本线的移动——由劳动和资本价格变动引起

等成本线图(Isocost Map)表示一组等成本线,每一条成本线适用于不同的成本水平。总成本越高,所购买的投入量越多,等成本线离原点越远。因此,在投入品价格不变的情况下,总成本增加,会使等成本线向外移动 $B \to A$,总成本减少会使等成本线向内移动 $A \to C$。

4. 最优的生产要素组合

在长期中,所有的生产要素的投入量都是可变的,任何一个理性的生产者都会选择最优的要素组合进行生产。这里,我们将把等产量曲线和等成本线结合在一起,确定生产者如何选择最优的要素组合,从而实现既定成本条件下的产量最大,或者实现既定产量条件下的成本最小。

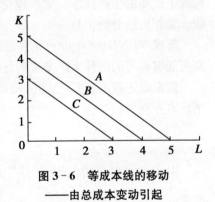

图3-6 等成本线的移动——由总成本变动引起

说明:在要素价格不变的情况下,总成本的增加会使等成本线平行外移,总成本的减少会使等成本线平行内移。

(1) 既定成本条件下的产量最大

成本既定时使产量最大的投入品组合,就是一般所说的生产要素的最优组合。现假定企业用两种可变生产要素(劳动和资本)生产一种产品。已知劳动价格 W 和资本价格 r,企业用于购买这两种要素的全部成本为 C 是既定的,如果企业要从既定成本中获得最大的产量,那么,它如何选择最优的劳动投入量和资本投入量的组合呢?

把企业的等产量曲线和等成本线放在同一个平面坐标中,就可以确定既定成本下实现最大产量的最佳要素组合点,即生产的均衡点。

在图 3-7 中,有条既定的成本线 AB 和三条等产量曲线 Q_1、Q_2、Q_3。等成本线代表了既定的成本量,这条唯一的等成本线 AB 与其中一条等产量曲线 Q_2 相切于 E 点。该点就是生产的均衡点。它表示,在既定成本下,企业应按照 E 点的要素组合进行生产,即劳动投入量和资本投入量分别为 OL_1 和 OK_1,厂商取得了最大产量。

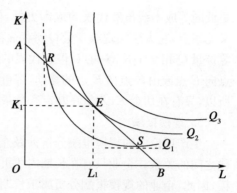

图 3-7 既定成本时产量最大

为什么 E 点就是最优的要素组合点呢?我们从等成本线 AB 与三条等产量曲线之间的关系来进行分析。先看等产量曲线 Q_3,其代表的产量水平虽高于 Q_2,但唯一的等成本线 AB 与 Q_3 既无交点又无切点,这表明 Q_3 所代表的产量水平是企业无法实现的产量。再看等产量曲线 Q_1,虽然与唯一的等成本线 AB 相交于 R、S 两点,但 Q_1 所代表的产量水平是比较低的。因为,此时企业在不增加成本的情况下,只需由 R 点向右,或由 S 点向左沿着等成本线 AB 改变要素的组合,就可以增加产量。所以,只有在等成本线 AB 和等产量曲线 Q_2 的相切点 E,才是实现既定成本条件下的最大产量的要素组合。任何更高的产量都是既定成本下无法实现的,任何更低的产量都是低效率的。

(2) 既定产量条件下的成本最小

产量既定时使总成本最小的投入品组合,也就是通常所说的生产要素的最优组合。如同生产者在既定成本条件下力求实现产量最大,生产者在既定产量的条件下力求实现成本最小。这可用图 3-8 来说明。图中有一条等产量曲线和两条等成本线 AB、$A'B'$。

唯一的等产量曲线 Q 代表既定产量,两条等成本线具有相同的斜率(表示两要素的价格是既定的),代表两个不同的成本水平。唯一的等产量曲线 Q 与其中一条等成本线 $A'B'$ 相切于 E 点,这就是生产均衡点或最优要素组合点。它表示:在既定产量 Q 的条件下,生产者应该选择 E 点的要素组合 (OK_1, OL_1) 才能实现成本最小。

由图 3-8 可知,比等成本线 $A'B'$

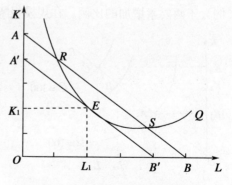

图 3-8 既定产量时的最小成本

更低的等成本线虽然代表的成本更低,但它与既定的等产量曲线 Q 既无交点又无切点,它无法实现等产量 Q 所代表的产量水平。等成本线 AB 虽与既定的等产量 Q 相交于 R、S 两点,但它代表的成本过高,通过沿着等产量曲线 Q 由 R 点向 E 点或由 S 点向 E 点的移动,都可以在获得相同产量 Q 时,使成本更低。所以,只有在切点 E,才是在既定产量条件下实现最小成本的要素组合。

5. 规模报酬

生产理论中的规模报酬分析涉及企业的生产规模变化与所引起的产量变化之间的关系。企业只有在长期内才可能变动全部生产要素,进而变动生产规模,因此,企业的规模报酬分析属于长期生产理论问题。

在生产理论中,通常是以全部的生产要素都以相同的比例发生变化来定义企业的生产规模的变化。相应地,规模报酬变化是指在其他条件不变的情况下,企业内部各种生产要素按相同比例变化时所带来的产量变化。企业的规模报酬变化可以分解为规模报酬递增、规模报酬不变和规模报酬递减三种情况。

(1) 规模报酬递增

产量增加的比例大于各种生产要素增加的比例,称之为规模报酬递增。例如,当全部的生产要素劳动和资本都增加 100% 时,产量的增加为 150%,大于 100%。产生规模报酬递增的主要原因是由于企业生产规模扩大所带来的生产效率的提高。效率提高源于以下几个因素:生产规模扩大以后,企业能够利用更先进的技术和机器设备等生产要素,而较小规模的企业可能无法利用这样的技术和生产要素;随着对较多的人力和机器的使用,企业内部的生产分工更合理、专业化水平更高;此外,人数较多的技术培训和具有一定规模的生产经营管理,也都可以节省成本。

说明:图 3-9 表示规模报酬递增:例如由 A 点到 B 点,两要素的增加比例为 $L_1L_2/OL_1 = K_1K_2/OK_1 < 1$,而产量增加的比例为 100%,产量增加的比例大于两要素增加的比例。在规模报酬递增的情况下有 $OA > AB > BC$。

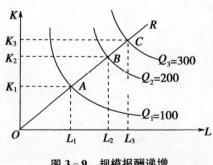

图 3-9 规模报酬递增

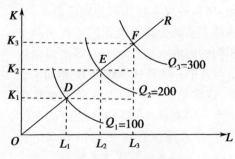

图 3-10 规模报酬不变

(2) 规模报酬不变

产量增加的比例等于各种生产要素增加的比例,称之为规模报酬不变。例如,当全部生产要素劳动和资本部增加100%时,产量也增加100%。

说明:图3-10表示,例如由D点到E点,两要素增加的比例为$L_1L_2/OL_1=K_1K_2/OK_1=1$,产量增加的比例是100%,产量增加的比例和两要素增加的比例是相同的。在规模报酬不变的情况下有

$$OD = DE = EF$$

(3) 规模报酬递减

产量增加的比例小于各种生产要素增加比例,称之为规模报酬递减。例如,当全部生产要素劳动和资本部增加100%时,产量的增加小于100%。产生规模报酬递减的主要原因是由于企业生产规模过大,使得生产的各个方面难以得到协调,从而降低了生产效率。它表现为:企业内部合理分工的破坏;生产的有效运行遇到障碍;获取生产决策所需的各种信息的不易及成本增加等。

说明:图3-11表示规模报酬递减:例如由G点到H点,两要素增加的比例为$L_1L_2/OL_1=K_1K_2/OK_1>1$,产量增加的比例是100%,产量增加的比例小于两要素增加的比例。在规模报酬递减的情况下有$OG<GH<HI$。

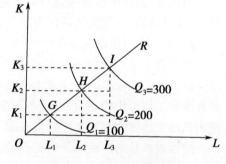

图3-11 规模报酬递减

西方经济学家指出,一般说来,企业的规模报酬的变化呈现出如下的规律:当企业从最初的很小的生产规模开始逐步扩大的时候,厂商面临的是规模报酬递增的阶段。在厂商得到了由生产规模扩大所带来的产量递增的全部好处以后,一般会继续扩大生产规模,将生产保持在规模报酬不变的阶段,这个阶段有可能比较长。在这以后,厂商若继续扩大生产规模,就会进入一个规模报酬递减的阶段。

在产量、收益一定的情况下,如何降低成本是厂商利润最大化的关键点,接下来进行成本分析。

第三节 成 本 理 论

本节主要分析厂商的成本,成本是影响厂商利润的主要因素,总体而言,成

本可以分为短期成本与长期成本。在分析成本时,需要了解机会成本。

一、经济学中的成本概念

在经济学的成本分析中,必须首先明确机会成本、显性成本和隐性成本的概念,掌握利润的含义。

1. 机会成本

成本之所以存在是因为资源是稀缺的、有生产性的,并且是有多用途的。当资本使用一种资源去生产一种产品时,它就要放弃用此种资源做其他事情的选择机会。假定某人有 10 万元,这笔钱可以投资于小商店,小饭店和股票等,如果投资于小商店可以年获利 4 万元,投资于小饭店可年获利 5 万元,投资于股票可年获利 2 万元,因资金有限只能投资于一处,比如投资于股票,经济学家把所放弃的最大利润 5 万元称作投资于股票获利 2 万元的机会成本。即因使用一项资源而不得不放弃的其他机会的成本,就是机会成本。

当然,在运用机会成本这一概念时要考虑到这样几个条件:第一,有多种投资可能性;第二,投资到任何方向都不受限制。

2. 显性成本和隐性成本

生产成本是厂商使用生产要素所损失掉的机会成本。其中包括两部分:显性成本和隐性成本。显性成本是指厂商向那些提供劳务、原料、燃料和运输服务等的主体所作的货币性(或者现金)实际支出。进行这些货币支付是为了使用其他主体所拥有的生产要素资源。

隐性成本是指厂商本身所拥有的和自我雇用用于该企业生产过程的那些生产要素总价格。例如:假定你作为一家衬衫制造商的销售代理,一年可以赚到 22 000 元。你决定自己开一间自己的销售衬衫的零售店。你把原本每年可以给你带来 1 000 元利息的 20 000 元储蓄投资到你的零售店,同时决定占用你所拥有的一个店面来办你的新企业,而这个店面原来可以按照每年 5 000 元的租金租出去。你还雇用了一位店员到店里做帮手,每年要支付给他 18 000 元工资。在你的商店开张一年后,你的账目合计如下:

总收入 120 000 元,衬衫成本 40 000 元,店员工资 18 000 元,水电气费用 5 000元。

$$总显性成本 = 40\,000 + 18\,000 + 5\,000 = 63\,000 元$$

$$会计利润 = 总收入 - 总显性成本 = 57\,000 元$$

这里 57 000 元的会计利润忽略了你的隐性成本,它包括 1 000 元的利息,5 000 元的租金和 22 000 元的工资。如果把你的企业家才能用在其他地方,每

年价值比如说 5 000 元,如果是这样的话的,你的总隐性成本就是:

$$总隐性成本 = 1\,000 + 5\,000 + 22\,000 + 5\,000 = 33\,000 元$$

你实际的经济利润或纯利润是:

$$经济利润 = 会计利润 - 总隐性成本 = 57\,000 - 33\,000 = 24\,000 元$$

经济学家把吸引资源并使其保持在某个特定生产行业内所需要的所有成本,显性的与隐性的,其中包括经济利润都归入到生产成本中。

$$总成本 = 显性成本 + 隐性成本 \tag{3.9}$$

3. 经济利润和正常利润

在西方经济学的成本分析中,还需要区分经济利润和正常利润。经济利润是总收益和总成本之间的差额,企业所追求的最大利润,指的就是最大的经济利润。

正常利润是指厂商自己所提供的企业家才能报酬的支付。正常利润是隐性成本的一个组成部分。经济利润中不包括正常利润。由于厂商利润等于总收益减去总成本,所以,当厂商的经济利润为零时,厂商仍然得到了全部的正常利润。以上几个概念之间的关系如下:

$$经济利润 = 总收入 - 经济成本 \tag{3.10}$$

总成本(经济成本) = 显性成本 + 隐性成本(包括企业家的正常利润)

正常利润(会计利润) = 总收入 - 会计成本(只包括显性成本)

4. 经济成本与会计成本

经济学家对于成本的看法与关心财务报告的会计人员对于成本的看法是不同的。会计人员喜欢回顾企业财务状况,因为必须记录和负债,对过去的经济活动作出评价。会计成本包括固定的折旧费用,这是根据国内所允许的税务处理方法确定的。经济学家注意企业的前景,他们所关心是将来成本预计是多少,以及企业如何通过重组资源来降低生产成本并提高企业利润率。因此,他们必须关心机会成本,机会成本包含在经营活动的成本之中。

会计和经济学家在处理折旧问题方面也有所不同。在他们估计企业未来赢利能力时,经济学家关心的是工厂的资本耗费和机器。这不仅包括购买和运营机器设备的显性成本,而且包括与机器磨损相关的费用。在评价过去的经营活动时,会计运用广泛适用于各种的税法原则来确定成本中允许计提的折旧和计算利润。然而,这些折旧计提并不能反映各个设备的实际磨损,而且各个设备的磨损也不尽相同。

二、短期成本分析

在了解成本基本类型的基础上,下面重点分析短期成本和长期成本,这里先分析短期成本。

1. 短期成本的分类

在短期内,厂商的短期成本有以下七种:不变成本、可变成本、总成本、平均不变成本、平均可变成本、平均总成本和边际成本。它们的英文缩写顺次为:FC(Fixed Cost)、VC(Variance Cost)、TC(Total Cost)、AFC(Average Fixed Cost)、AVC(Average Variance Cost)、AC(Average Cost)、MC(Marginal Cost)

(1) 不变成本

不变成本(FC)是厂商在短期内为生产一定量的产品对不变生产要素所支付的成本。由于在短期内不管企业的产量为多少,不变要素的投入量都是不变的,所以,固定成本不随产量的变化而变化,即使产量为零时,固定成本也仍然存在。

(2) 可变成本

可变成本(VC)是厂商在短期内为生产一定量的产品对可变生产要素所有付的成本。由于在短期内厂商是根据产量变化的要求来不断地调整可变要素的投入量的,所以,可变成本随产量的变动而变动。当产量为零时,可变成本为零。在这以后,可变成本随着产量的增加而增加。它的函数形式为:

$$VC = VC(Q)$$

(3) 总成本

总成本(TC)是厂商在短期内为生产一定量的产品对全部生产要素所付出的总成本。它是总固定成本和总可变成本之和。用公式表示为:

$$TC = TFC + TVC \tag{3.11}$$

(4) 平均不变成本

平均不变成本(AFC)是厂商在短期内平均生产一单位产品所消耗的不变成本。用公式表示为:

$$AFC = \frac{TFC}{Q} \tag{3.12}$$

(5) 平均可变成本

平均可变成本(AVC)是厂商在短期内平均生产一单位产品所消耗的可变

成本。用公式表示为：

$$AVC = \frac{TVC}{Q} \qquad (3.13)$$

(6) 平均总成本

平均总成本（AC）是厂商在短期内平均生产一单位产品所消耗的全部成本。它等于平均不变成本和平均可变成本之和。用公式表示为：

$$AC = \frac{TC}{Q} = AFC + AVC \qquad (3.14)$$

(7) 边际成本

边际成本（MC）是厂商在短期内增加一单位产品时所增加的成本。用公式表示为：

$$MC = \frac{\Delta TC}{\Delta Q} = \frac{dTC}{dQ} \qquad (3.15)$$

表 3-2　各种不同成本的概念

(1) 产量 Q	(2) 不变成本 FC	(3) 可变成本 VC	(4) 总成本 TC = TFC + TVC	(5) 每单位的边际成本 MC	(6) 每单位的平均成本 AC = TC/Q	(7) 每单位的平均不变成本 AFC = TFC/Q	(8) 每单位的平均可变成本 AVC = TVC/Q
0	55	0	55		无限	无限	不确定
1	55	30	85	30	85	55	30
2	55	55	110	25	55	27.5	27.5
3	55	75	130	20	43.3	18.3	25
4	55	105	160	30	40	13.8	26.3
5	55	155	210	50	42	11	31
6	55	225	280	70	46.7	9.2	37.5

说明：根据厂商总成本，所有其他的成本均可以被计算出来。所有成本均可根据表3-2第(4)栏被计算出来。第(5)栏是通过后面的 TC 减前面的 TC 得出来的。

将表3-2中的数字画出曲线就是短期成本曲线的形状。

(A) 总成本、可变成本和不变成本曲线

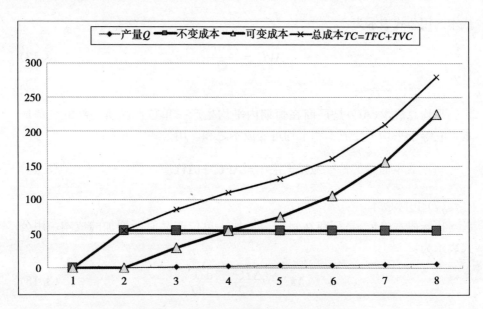

图 3-12　总成本、可变成本和不变成本曲线

(B) 平均成本、边际成本、平均固定成本与平均可变成本曲线

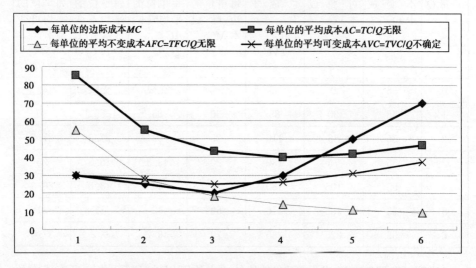

图 3-13　平均成本、边际成本、平均固定成本与平均可变成本曲线

根据图 3-12 与图 3-13 可以看出短期成本曲线有如下几个特征：

(1) 可变成本曲线从原点出发随着产量的增加而递增，递增速度先减后增；不变成本曲线不随产量变动而变动，因而是一条平行于产量的直线；总成本与可变成本之间的距离为不变成本,其形状及变动规律与可变成本曲线一样。

(2) 平均成本曲线与平均可变成本曲线随着产量的增加先递减后增加,即呈现 U 形。

(3) 边际成本曲线随着产量增加先递减后增加,也呈现 U 形。

(4) 边际成本曲线与平均成本曲线和平均可变成本曲线都相交于二者的最低点。

2. 边际成本递增规律

短期成本曲线的特征关键取决于边际成本的性质,而边际成本曲线先下降后上升的性质被称之为边际成本递增规律;在生产中,随着可变投入的增加,边际成本在开始时是递减的,然而,随着可变投入的继续增加,边际成本最终会不断上升。

事实上,边际成本递增规律是从属于边际收益递减规律的,正是由于边际产品曲线的倒 U 形,才导致了边际成本曲线的 U 形。例如,假设工人的工资保持不变,而劳动的边际产量服从递减规律,于是,每增加一单位劳动所带来的产量递减的,从而每增加一单位产量所需要增加的劳动则是递增的。因此,当边际产量递减时,边际成本是递增的。同样地,当边际产量递增时,边际成本是递减的。

三、长期成本分析

1. 长期成本曲线与短期成本曲线的关系

如前所述,所谓长期指各种生产要素投入即生产规模都可发生变化的时期。长期成本就是指厂商在未来的长期中为生产特定量产品而调整和变更多种生产要素投入量时所发生的成本,显然,长期成本中不存在固定成本,一切成本组成部分都是可变的,长期成本函数则反映的是当所有要素投入都变动时为生产特定量产品所需的最低成本与该产出之间的函数关系。

那么,长期成本曲线与短期成本曲线之间具有什么样的关系呢?

对于上述问题可以这样来分析。既然短期成本曲线反映的是固定性生产要素保持不变时所发生的成本与产出的关系。它便是相对于一个特定生产规模而言的。而长期成本曲线反映的则是当固定性生产要素发生变化即生产规模发生变动和调整时的成本与产出的关系。它是相对于所有技术上可行的生产规模而言的,由于每一个特定生产规模所对应的成本曲线都有一个成本最低点,而理性的厂商无论选择哪一个生产规模都将在该规模的最低成本点运营。因此,在长期中,随着生产规模的变动和调整,产量的变动,成本(即长期成本)必然沿着对应不同生产规模的短期成本曲线的最低点依次移动。这意味着长期成本曲线必然相切于各短期成本曲线的下缘。而各短期成本曲线除了与长期成本曲线相切的一点外,其余各点成本水平都将高于长期成本。图3-16直观地表达了以上观点。

2. 生产扩展线和长期总成本

企业生产扩展线上的每一点都代表在长期,即使用的全部要素的数量都可以变化的条件下,企业生产某一特定的产量时,成本最低的要素组合。下面通过生产扩展线来推导长期总成本曲线,如图3-14,图3-15所示。

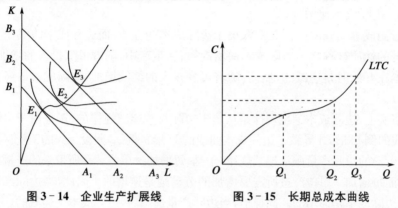

图3-14 企业生产扩展线　　图3-15 长期总成本曲线

考察50个单位产量相对应的最优组合E_1点。根据等成本线定义,E_1点与A_1点的成本是相等的,即如果产量扩展到100个单位,E_2点与A_2点处的成本相等,即E_2和A_2点的总成本为$OA_2 \times OL$,同理,E_3点与A_3点处的成本相等,即E_3和A_3点的总成本为$OA_3 \times OL$。将最优组合时对应产量与总成本绘制成曲线,就得到长期总成本的线,如图3-15所示。

长期总成本是长期中生产一定量产品所需成本总和。长期总成本随产量的变动而变动。没有产量时没有总成本,随产量增加,总成本增加。

在开始生产时,要投入大量生产要素,而产量少时,这些生产要素无法得到充分利用,因此,成本增加的比率大于产量增加的比率。当产量增加到一定程度后,生产要素开始得到充分利用,这时成本增加的比率小于产量增加的比率,规模效益显现。最后,由于规模收益递减,成本的增加比率又大于产量增加的比率,可用图3-15来说明长期总成本的变动规律。

在图3-15中,LTC为长期总成本曲线,该曲线从原点出发,向右上方倾斜,表示长期总成本随产量的增加而增加。产量在$O \sim Q_1$之间时,长期总成本曲线比较陡峭,说明成本的增加比率大于产量的增加比率;产量在$Q_1 \sim Q_2$之间时,长期总成本曲线比较平坦,说明成本的增加比率小于产量的增加比率;产量在Q_2以后,长期总成本曲线比较陡峭,说明成本的增加比率又大于产量增加的比率。

3. 长期平均成本

长期平均成本是长期平均每单位产品的成本。

(1) 长期平均成本曲线的构成

在长期中,企业可以根据短期平均成本来调整长期平均成本。因此可以从短期平均成本曲线来推导出长期平均成本曲线。可用图 3-16 来说明。

假设某生产者在短期内有四种不同的生产规模可供选择。这四种规模的短期平均成本曲线是图 3-16 中的 SAC_1、SAC_2、SAC_3、SAC_4。

长期平均成本曲线把各条短期平均成本曲线包在其中,因此,长期平均成本曲线又称包络曲线。各条短期平均成本线与长期平均成本曲线都各有一个切点,在长期平均成本曲线最低点

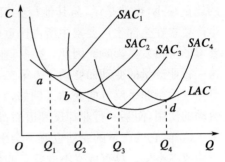

图 3-16 长期成本曲线

时,短期平均成本曲线 SAC_3 的最低点与这一点相切于 c 点。在此之左,SAC_1、SAC_2 最低点左边的一点分别在 a 点和 b 点,与长期平均成本曲线相切,在此之右,SAC_4 最低点右边的一点 d 与长期平均成本曲线相切。在长期中,生产者按这条曲线作出生产计划,确定生产规模,因此,这条长期平均成本曲线又称为计划曲线。

(2) 长期平均成本曲线的特征

从图 3-16 中可以看出,长期平均成本曲线 LAC 也是一条先下降而后上升的"U"形曲线。这就说明,长期平均成本变动的规律也是随着产量的增加,先减少而后增加,这也是由于随着产量的增加,规模收益递增,平均成本减少;以后,随着产量的增加,出现规模收益递减,平均成本增加。这与短期平均成本相同。

但长期平均成本曲线与短期平均成本曲线也有区别,这就在于长期平均成本曲线无论在下降时还是上升时都比较平坦,这说明在长期中平均成本无论是减少还是增加,变动都比较慢,这是由于在长期中全部生产要素可以随时调整,从规模收益递增到规模收益递减有一个较长的规模收益不变阶段,而在短期中,规模收益不变阶段很短,甚至没有。

(3) 不同行业的长期平均成本

以上对长期平均成本的讨论都假设生产要素的价格是不变的,如果考虑到生产要素价格的变动,则各行业长期平均成本变动的特点又有所不同。一般可以根据长期平均成本变动情况把不同的行业分为三种情况:成本不变、成本递

增、成本递减。

1) 成本不变的行业

这种行业中各企业的长期平均成本不受整个行业产量变化的影响,无论产量如何变化,长期平均成本是基本不变的。这种行业就是"成本不变行业"。

形成这些行业成本不变的原因主要有两个:第一,这一行业在经济中所占的比重很小,也就是说,与其他行业相比,它是非常微小的。这样,它所需要的生产要素在全部生产要素中所占比重也很小,从而它的产量的变化不会对生产要素的价格发生影响。因此,这一行业中各企业的长期平均成本也就不会由于这一行业产量的变动而变动了。第二,这一行业所使用的生产要素的种类与数量与其他行业呈反方向变动。例如,其他行业都在增加对资本的使用,减少对劳动的使用,而某一行业却反其道而行之,减少对资本的使用,增加对劳动的使用。这样,它的产量的变动也就不会引起生产要素价格的变动,从而保持长期平均成本不变。具有成本不变特点的行业并不多见,一般是一些小商品生产或特殊行业。

2) 成本递增的行业

这种行业中各个企业的长期平均成本要随整个行业产量的增加而增加。这种行业在经济中属普遍情况。

形成这些行业成本递增的原因是,由于生产要素是有限的,所以整个行业产量的增加就会使生产要素价格上升,从而引起各企业的长期平均成本增加。这也就是以前所说的由于外部因素,一个行业扩张给一个企业所带来的"外部不经济"。这种情况在以自然资源为主要生产要素的行业,如农业、渔业、矿业企业等更为突出。

3) 成本递减的行业

这种行业中各个企业的长期平均成本要随整个行业产量的增加而减少,就是以前所说过的规模经济中的外部经济。

形成这种行业成本递减的原因在于外部经济。例如,在同一地区建立若干个汽车制造厂,各企业就会由于在交通、辅助服务等方面的节约而产生成本递减。但特别应该指出的是,这种成本递减的现象只是在一定时期内存在。在长期中,外部经济必然会变为外部不经济。因此,一个行业内的成本递减无法长期维持下去。

4. 长期边际成本

长期边际成本是长期中增加一单位产品所增加的成本。长期边际成本也是随着产量的增加先减少而后增加的,因此,长期边际成本曲线也是一条先下降而后上升的"U"形曲线,但它也比短期边际成本曲线要平坦。

长期边际成本与长期平均成本的关系和短期边际成本与短期平均成本的关系一样,即在长期平均成本下降时,长期边际成本小于长期平均成本,在长期平均成本上升时,长期边际成本大于长期平均成本,在长期平均成本的最低点,长期边际成本等于长期平均成本。这一点可用图3-17来说明。

图3-17中,LMC为长期边际成本曲线,与长期平均成本曲线LAC相交于LAC的最低点,相交之前,LAC在LMC之上,说明长期边际成本小于长期平均成本,在相交之后,LAC在LMC之下,说明长期边际成本大于长期平均成本。

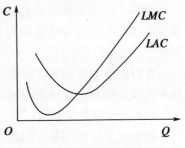

图3-17 长期边际成本与长期平均成本之间的关系

在了解了厂商的相关成本后,将进一步分析收益、成本和利润最大化之间的关系。

5. 收益、成本和利润最大化原则

厂商作为理性的经济人,追求利润最大化是其第一目标。实现利润最大化的关键在于经济效率,而提高经济效率关键在于处理好成本与收益之间的关系。前面已经进行了各种成本的分析,在成本分析中寻求最高效率。本部分在成本分析的基础上,进一步分析成本与收益关系,并在此基础上确定利润最大化原则。与收益相关的概念主要有总收益、平均收益与边际收益。

(1) 总收益、平均收益与边际收益

总收益(TR)可分为平均收益(AR)与边际收益(MR)。

1) 总收益(TR)

总收益是指企业销售一定量的产品所得到的全部收入。用公式表示为

$$TR = AR \times Q \tag{3.16}$$

2) 平均收益(AR)

平均收益是指企业销售每一单位产品平均所得到的收入,用公式表示为

$$AR = TR/Q \tag{3.17}$$

3) 边际收益(MR)

边际收益是指企业每增加销售一单位产品所增加的收入。用公式表示为

$$MR = \Delta TR/\Delta Q \tag{3.18}$$

当ΔQ趋近于无限小时,有:

$$MR = dTR/dQ \tag{3.19}$$

这就是说,边际收益是总收益的导数。总收益曲线在任一点处的斜率都等于该点处的边际收益。

上述公式中,Q 代表产量,ΔQ 代表增加的销售量,ΔTR 代表增加的总收益。

如果不考虑价格的因素,收益与产量是相等的。因此,实质上总收益、平均收益和边际收益的变动规律与总产量、平均产量和边际产量的变动规律是相同的。

在分析收益变动规律时要考虑不同的市场类型,不同市场类型的边际收益与平均收益的变动规律与曲线形状是不同的。

(2) 利润最大化原则

利润最大化原则是边际收益等于边际成本,即 $MR=MC$。为什么这种情况下可实现利润最大化呢?

我们知道,利润 $P=$总收益$-$总成本,即 $P=TR-TC$。

要想使利润最大,只有当利润 P 的导数为零,即 $P'=0$,

那么
$$P'=(TR-TC)'=0$$

$$TR'-TC'=0$$

而边际收益是总收益的导数,边际成本是总成本的导数,即有:

$$TR'=MR \quad TC'=MC$$

$$MR-MC=0$$

所以
$$MR=MC \tag{3.20}$$

① 如果 $MR>MC$,厂商会根据边际收益递减规律,增加产品产量。因为这时市场上还有利可图。产量增加至 $MR=MC$ 时,多生产一单位产品所增加的收益与增加的成本相等时,厂商获取了它在市场上所得到的所有利润,这时,厂商才会停止增加产量。

② 如果 $MR<MC$,厂商会根据边际收益递减规律,减少产品产量。因为这时厂商处于亏损状态,减少产量直至 $MR=MC$。这时厂商正好获取了它在市场上所能得到的所有利润,这叫停止减少产量。

综上所述,要实现利润最大化,就要确定最优产量。最优产量的确定就是要在收益与成本之间寻求平衡,因此利润最大化的原则是 $MR=MC$。

本 章 小 结

厂商的产生不是偶然的,厂商在利润最大化目标的指引下,优化生产要素组合,扩大生产规模,增加产品数量,降低生产成本,提高核心竞争力,扩大收益,这是厂商的生存之道。厂商的生产活动在自己得利的同时,也为消费者提供了大量优质的消费品,促进了国民经济的增长。

练习与思考

一、名词解释

生产要素,生产函数,边际收益,边际替代率,机会成本,显性成本,隐性成本,经济利润,正常利润

二、分析讨论题(简答题)

1. 请简单描述一下各种厂商的组织形式。

假设一个厂商使用的生产要素只有资本和劳动两种以用于生产汽车。若这个厂的平均劳动生产率(总产出/工人数)几个月内一直在提升,是否意味着这段时间工人越来越努力了?或者这是否意味着该厂商变得更有效率了?

2. 某企业打算投资扩大生产,其可供选择的筹资方法有两种,一是利用利率为 15% 的银行贷款,二是利用企业利润。企业的负责人认为,应该选择后者,理由是不用付利息因而比较便宜,这一说法是否有道理?

三、案例分析题

成本的概念

1. 机会成本

从支付能力看,中国现阶段大学支出是世界最高的3倍以上。现在居民的收入中教育支出占的比例是越来越高。计算一个大学生上大学四年的会计成本是上大学的学费、书费和生活费,按照现行价格标准,一个普通家庭培养一个大学生的这三项费用之和是4万。大学生如果不上学,会找份工作,按照现行劳动力价格标准假如也是4万,也就是说一个大学生上大学四年的机会成本也是4万。大学生上大学经济学概念的成本是8万。这还没算上在未进大学校门前,家长为了让孩子接受最好的教育从小学到中学的择校费用。上大学成本如此之高,为什么家长还选择让孩子上大学,因为这种选择符合经济学理论,收益的最大化原则。我们算一下上大学与不上大学孩子一生的成本与收益。不

上大学 18 岁工作,工作到 60 岁,共 42 年,平均每年收入是 1 万,共 42 万。上大学 22 岁工作,工作到 60 岁,共 38 年,平均收入是 2 万元,共 76 万,减去上大学的经济学成本 8 万,剩下 68 万。与不上大学收入比较上大学多得到的收入是 26 万。这还没考虑学历高所带来的名誉、地位等其他效应。

为什么家长舍得在子女教育上投入,就在情理之中了。这里说的"选择"是有两种机会,你能考上大学的情况下。另外我们说的只是一般情况。但对一些特殊的人,情况就不是这样了。比如,一个有足球天才的青年,如果在高中毕业后去踢足球,每年可收入 200 万人民币。这样,他上大学的机会成本就是 800 万人民币。这远远高于一个大学生一生的收入。因此,有这种天才的青年,即使学校提供全额奖学金也不去上大学。这就是把机会成本作为上大学的代价。不上大学的决策就是正确的。同样,有些具备当模特气质与条件的姑娘,放弃上大学也是因为当模特时收入高,上大学机会成本太大。当你了解机会成本后就知道为什么有些年轻人不上大学的原因了。可见机会成本这个概念对我们日常生活决策是十分重要的。

思考题:

(1) 什么是会计成本?什么是经济成本?

(2) 如何理解机会成本?

(3) 用学过的理论分析你自己上大学成本?

2. 大商场平时为什么不延长营业时间

节假日期间许多大型商场都延长营业时间,为什么平时不延长?现在我们用这一章学习到的边际分析理论来解释这个问题。从理论上说延长时间一小时,就要支付一小时所耗费的成本,这种成本即包括直接的物耗,如水、电等,也包括由于延时而需要的售货员的加班费,这种增加的成本就是我们这一章所学习的边际成本。假如延长一小时增加的成本是 1 万元,(注意这里讲的成本是西方成本概念,包括成本和正常利润)那么在延时的一小时里他们由于卖出商品而增加收益大于 1 万,作为一个精明的企业家他还应该再将营业时间在此基础上再延长,因为这是他还有一部分该赚的钱还没赚到手。相反如果他在延长一小时里增加的成本是 1 万,增加的收益是不足 1 万,他在不考虑其他因素情况下就应该取消延时的经营决定,因为他延长一小时成本大于收益。

思考题:

(1) 什么是边际收益?什么边际成本?

(2) 为什么边际收益等于边际成本时利润最大?

第四章 市场理论

本章教学目的和要求

学习市场经济的一般理论与观点，明白市场经济资源配置的方式，掌握市场经济的运行机制，了解不同市场结构的利弊，及一般均衡的条件。运用所学知识分析我国市场经济运行中出现的新情况、新问题。

本章教学要点

1. 资源配置及其主要方式
2. 市场运行机制
3. 市场结构理论

关键词

市场经济　分工与交换　资源配置　市场结构　一般均衡

自从我们的祖先挣脱自然界的怀抱，盖房造屋、蓄养牲畜、种植五谷，如马克思所说，生产满足自己需要的物质资料，人类便开始了自己的历史。伴随着第一次社会大分工，各个部落由于产品不尽相同，于是开始用自己多余的产品交换其他部落多余的产品，以便获得更大程度的满足。市场交换活动由此开启。

交换以分工为基础，同时又促进了分工；分工以交换为前提，同时又进一步促进了交换。分工与交换的相互促进，推动了经济的繁荣，推动了历史的进步。今天，人类的物质生产已经由过去的刀耕火种发展到计算机、互联网时代，人们的经济联系日益加深，经济活动的相互依赖已经由不同的部落、地区发展到不同的民族、不同的区域和不同的国家。市场交换也由过去的物物交换发展到电子货币。

分工与交换塑造了市场经济，人们对市场经济的认识，形成了市场经济的理论。市场经济是通过市场机制对资源配置起决定性作用的经济。

> **三次社会大分工**
>
> 第一次社会大分工是游牧部落从其余的野蛮人群中分离出来，它发生于原始社会野蛮时期的中级阶段。在某些草原地区，如中亚、西亚、南欧等地，一些部落舍弃农业，专门从事畜牧业。第一次社会大分工之后，促进了商品交换，在此之前，由于生产条件的不同，各氏族、部落之间只有个别的、偶然的交换，以获取必要的产品。
>
> 第二次社会大分工是指手工业同农业的分离。它发生在原始社会野蛮时期的高级阶段。随着生产分为农业和手工业这两大主要部门，便出现了直接以交换为目的的生产，即商品生产。
>
> 第三次社会大分工是指社会上出现了一个不从事生产、只从事商品交换的商人，发生在原始社会瓦解、奴隶社会形成时期。商业的发展，商人的出现，是人类历史上的第三次社会大分工。工商业的发展，奴隶社会中逐渐产生了城市，开始了城市和乡村的对立，城市是工商业中心，也是奴隶主统治的中心，大量财富越来越集中在城市，奴隶主在城市修建宫殿、宅邸、宏伟的庙宇、祭坛，开展了艺术、科学的研究。从此也出现了脑力劳动和体力劳动的对立。

第一节　资源配置与资源配置方式

一、资源配置

所谓经济，顾名思义，就是节约。因为资源是稀缺的，社会必须有效地加以利用。经济学就是要研究一个社会如何利用稀缺的资源以生产有价值的物品和劳务，并将它们在不同的人中间进行分配。

没有稀缺，也就没有经济学。经济学是研究节约的。

试想在一个不存在稀缺的社会里，可以无限量地进行各种物品的生产，可以满足人类的无限欲望，人们拥有了自己想要拥有的一切物品，不必担心花光自己有限的收入，企业则不必为工资的上涨与成本犯愁，政府则不必为税收、支出和环境污染问题左右为难，因为这都不是问题。既然我们所有的人都得到了自己想要的东西，那么收入公平自然不在话下。

在这样的伊甸园里，所有的物品都是免费物品，如沙漠里的沙子和海边的海水，取之不尽，用之不竭，价格为零。如此一来，市场的存在可有可无，经济学也就没有用武之地。

然而，事实上，任何社会都不可能拥有无限的资源，生产无限的物品，满足人们的任何需要，现实的世界就是"稀缺世界"。稀缺(scarcity)是指相对于人们的需要，物品总是有限的。稀缺是经济物品的显著特征之一。经济物品的稀缺并不意味着它是稀少的，而是指它不可以免费得到。要得到这样一种物品，必须自己生产或用其他经济品来加以交换。在现实世界中，稀缺是一种常态，比如，学生既要上学，又想娱乐，我们的时间不够；住豪宅，开宝马，我们的钱不够；住者有其屋，福利又好又多，按需分配，但现实是我们的资源不够。保罗·萨缪尔森等人指出："实事求是的观察家都不会否认，尽管经历了两个世纪的经济增长，美国的生产能力还是不能完全满足每个人的欲望。如果将所有的需要加总起来的话，你立刻就会发现，现有的物品和劳务根本就无法满足每个人的消费欲望的很小的一部分！我们的国民产出须得扩大很多很多倍，才有可能使普通的美国人都能达到医生或联赛棒球手那样高的生活水准。更何况是在美国以外的国家，特别是非洲和亚洲地区。那里，成千上万的人甚至还处于饥寒交迫之中。"

人的欲望是无限的，资源是有限的，有限的资源不可能满足人们无限的欲望。马尔萨斯、罗马俱乐部和可持续发展理论都认为，地球的有限资源不足以承载日益增长的人口。因此，从微观上，人们提出，更重要的可能是节制人们的欲望。

既然资源是稀缺的，那么就有这样一个问题：如何使用好这些稀缺的资源来更好地满足人们的愿望与需要？这就是资源配置问题。经济学的精髓就在于承认稀缺性是现实存在的，并研究一个社会如何进行组织才能有效地利用其资源。

根据经济学的研究，资源配置主要解决三个问题：这就是生产什么，如何生产，为谁生产。

生产什么商品和生产多少？一个社会必须决定，在诸多的可能的物品与劳务之中，每一种应该生产多少以及何时生产。今天我们应当生产比萨饼还是衬衫？生产少量优质衬衫还是大批普通衬衫？我们应当利用有限的资源生产更多的消费品，还是应当生产较少的消费品和较多的投资品（如生产制作比萨的机器），从而让明天有更多的消费品？

生产可能性边界(Production-Possibility Frontier, PPF)，表示在技术和可投入品数量既定的条件下，一个经济体所能得到的最大产量。PPF 代表可供社会利用的物品和劳务的不同组合。

当产出处于生产可能性曲线上时（图 4-1），说明资源配置是有效的，当处于曲线内时，说明资源没有得到充分利用。但资源充分利用只说明效率问题，并不说明资源利用合理与否。资源利用效率是技术问题,而利用合理问题则是伦理问题。

如何生产物品,一个社会必须决定谁来生产,使用什么资源,采用何种技术进行生产。谁来种地,谁来教书,用石油发电,还是用煤炭发电,生产用传统能源,还是用新能源?生产是多用劳动还是多用资本?

为谁生产?谁来享用经济活动的成果?收入和财富的分配是否公平合理?社会产品如何在不同地居民之间进行分配呢?我们的社会是否会成为一个富人很少而穷人很多的社会?教师、运动员、汽车工人还是互联网企业家,谁应得到最高的收入?社会应该给穷人最低消费,还是严格地遵循不劳动者不得食的原则?

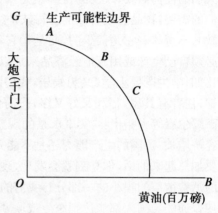

图4-1 生产可能性曲线

上述三个问题是任何一个经济体都必须面对的问题。由于资源是有限的,这就要求经济体配置资源必须有效率。有效率的经济体是一个以最低成本生产人们所需要的产品的经济。当经济体无法在不减少一种物品产量的前提下生产更多的另一种物品时,即资源配置处于生产可能性边界上的时候,我们就说该经济体是有效率的。这种状态也称之为"帕累托最优状况"。

有效率的生产位于生产可能性边界上,同时说明了经济学上一个重要的概念:替代。这意味着生产更多的一种物品必须放弃一定数量的其他物品。当我们生产更多投资品(如机器设备、厂房等)时,我们用投资品代替了消费品。在充分就业的社会时,替代是一种基本的法则,生产可能性边界给人们提供了多种选择。

在现实社会中,一方面我们说资源稀缺,但另一方面,我们看到每个社会都有未被利用的资源。失业的工人、闲置的生产能力和荒废的土地。我们不光为资源稀缺而烦心,而且也为资源未被利用而苦恼。如果资源得到充分利用,我们可以生产更多的物品与劳务,满足人们的需要。资源利用无效率的原因很多,经济周期是其中重要的原因之一,罢工、政治动乱都可能引发经济的衰退。我们可以通过技术进步来改进资源的稀缺,通过宏观调控平抑经济周期。经济规律是客观的,但人们在可能的范围内,是可以发挥主观能动性的。

二、资源配置方式

解决生产什么、如何生产和为谁生产问题,实际上就是资源如何配置的问题。人们可以借助各种不同的经济组织来配置资源。

配置资源的方式尽管有很多,但在当今世界,主要有两种方式配置资源:一种是以计划为主的配置方式,一种是以市场为主的方式,所有的经济体都既有市场经济的成分也带有计划经济的成分。说计划经济为主,无非是说计划多一点,说市场经济为主,无非是说市场多一点。纯粹的计划经济与纯粹的市场经济在现实中都不存在。

计划经济亦称指令经济,其配置主体主要是各级政府。通常由政府占有生产资料,雇用劳动者,通过指令指挥企业的生产经营。生产什么与如何生产,主要由政府作出决策,并决定物品与劳务如何分配。在这种体制下,由于信息不灵,委托代理链条过长,管理成本居高不下,有计划无效率。中国改革开放前实现这种配置方式,结果严重影响了经济的发展,生产效率低下,人民群众得到的实惠较少。

在市场经济中,资源配置的主体是企业与个人。生产与消费通常由企业与个人根据市场的情况作出决策。市场经济配置资源主要通过价格、供求、盈亏等一套机制来解决资源配置所面临的三个问题:

生产什么主要取决于消费者的消费决策,或货币选票。企业则根据消费者的需要,选择利润最高的产品来进行生产。

在现实的市场中,企业也会通过广告等宣传手段,将产品的信息传递给消费者,创造市场需求,引领消费潮流,但成功与否,最终取决于消费者的决策。

如何生产,取决于生产者的选择。生产者的选择面临两个约束,其一是可供选择的生产技术的集合;其二是生产成本。一般而言,出于竞争的需要,生产者会选择成本最低的的生产技术,或采用生产成本较低的技术取代生产成本较高的生产方法。

为谁生产是联结生产与消费的环节。为谁生产既取决于个人如何决策去花费他们的收入,更取决于生产要素市场中的收入分配,市场经济中要素的提供者,即劳动、土地、资本和企业家等生产要素的所有者所获得的收入。他们的收入取决于市场的工资率、利息、地租和利润,即要素的价格;他们的收入同时决定着他们所分配到的物品与劳务。而要素的价格调节着要素的供求,决定着资源的有效配置。

第二节 市场调节与市场机制

一、市场调节

中国有句古语,开门七件事,柴、米、油、盐、酱、醋、茶。人们为了生存,首先要生活。除了吃、穿、住、行外,人们还要享受生活。所有这一切,都需要消耗大量的物品与劳务。人们的生产可以是单一的,但是生活需要却是多样的。我们生活在市场经济时代,我们想要什么,市场就提供什么。我们想当然地认为,什么时候我们要买这些东西,就能买到。我们从没有想一下,有多少人这样那样出了力,提供这些物品与劳务。我们从不问一问自己,为什么街头小店、超市的货架上总是有我们想要的东西,为什么我们大多数人能够挣到钱来购买这些东西。

这一切的背后,有一个"市场先生"在运作。亚当·斯密认为,交易为人类所特有,人们之间需要交易,社会需要市场。原因无他,市场通过"看不见的手"将追求自身利益的物品与劳务的提供者与物品与劳务的需求者,结合起来,通过自愿的合作,达成各自的目标,实现双赢。市场就是通过人们之间的自愿合作,协调着千百万人的生产活动。在市场调节下,尽管每个人只盘算着私利,但却在看不见手的指引下,达成了一个与自己的盘算不相干的有利于社会的目的。

二、市场机制

市场机制是在竞争性市场上供给、需求与价格之间相互制约的联系与运动。具体包括以下机制:

1. 市场

市场最初是商品交换的场所,根据马克思的研究,最初的交换的偶然的,随着生产力的提高,分工的扩大,剩余产品的增多,市场就从偶然的交易变成经常性交易。近代资本主义的发展,开始形成全国性市场,继而发展到世界市场,资源配置从地区性走向全球化。

市场在广度上扩展的同时,在深度上也在加强,多层次的市场体系不断完善。从商品市场(消费品市场和生产资料市场)发展到生产要素市场(资本市场、劳动力市场、技术市场和房地产市场等)。市场的功能越来越强大。

2. 价格

市场中的交换是自愿的,交换主体是平等、自由与自利的。如何将为自己打算的千百万人协调起来,斯密发现,价格机制可以协调人们的行动。价格制度运行得这样好,这样有效,以致我们大多数时间里都感觉不到它的存在,以致获得了"看不见的手"这样的美誉。但是它的作用巨大,正是它分配着人间的祸福。

根据弗里德曼的研究,价格在组织经济活动方面有三个作用:第一传递信息;第二提供激励,促使人们采用最节约成本的生产方法,把资源用在最有价值的地方;第三决定收入分配,即决定谁得到产品,得到多少。

传递信息:一是传递需求信息,假定不管什么原因,某种商品(如铅笔)的需求增加了,零售商会向批发商定购更多的这类商品,批发商就会采取同样的行动,向制造商传递这一信息,制造商就会定购更多的生产原料用于制造商品。制造商为促使供应者增加供给,提高价格,供应商增雇工人,并为此提供较高的工资。这样,商品需求增加的信息就像平静的水面丢进一颗石子,波纹一圈圈地扩散开来,将这一信息传向四面八方。二是只传递最重要的信息,并只传递给需要信息的人。比如制造商,他无需知道商品需求增加的原因,只需要知道价格提高了,并能维持足够久,值得去满足这种需要。同时人们关注的是与自身相关的信息,而自动忽视与自己无关的信息。三是价格还调节着人们对商品的需求,当某种商品价格提高,作为最终消费品,人们就会少消费,或者干脆寻找替代品;作为投入品,人们就会尽可能地节约使用。

提供激励:价格不仅有效地传递信息,而且还提供激励,使人对信息作出反应。具体地说,一是生产者通常根据成本收益的权衡,来决定生产什么,生产多少。我们先来考虑边际收益问题,价格提高,边际收益曲线无疑会向上移动,若成本不变,则收益增加。生产者从自身利益出发,必然要增加生产,提供更多的供给。再来考虑边际成本提高的情况,要增加生产,必须增雇工人,增加原材料的购买,从而引起生产要素价格的上升。就是说,生产得越多,成本就越高。但由于产品价格提高了,生产者可以承受较高的成本。生产要素价格(无论是原材料还是劳动力)的上升,导致要素就会流向这一部门。

价格不仅决定人们生产什么、生产多少,而且还激励人们怎么生产,即按最有效的生产方式生产。如果一种投入要素上升了,那么生产者就会千方百计去节约这种要素或寻求替代投入品,如果两种生产工具的效率是一样的,那么成本低的工具就会被选用;如果两种工具的成本差不多,那么效率高的工具就会被选用。简单地说,最有效率、效益的生产方式被选用。

价格除了对生产者与消费者起激励作用外,还对要素的所有者起作用。木材价格的提高会提高伐木工人的工资,吸引更多的人从事伐木工作,以增加木材的供应。

决定收入分配：在市场经济中，人们得到的收入通常取决于他所拥有的资源，以及资源的市场价格。按照经济学的观点，经济资源通常是土地、资本与劳动，在资本项下又可分为物质资本与人力资本，人力资本即人的生产能力，包括人的技能、健康、与组织才能（企业家才能）等。我们每个人所拥有的每一种资源的数量，推敲起来，部分取决于偶然性，部分取决于我们的选择与别人的选择。我们的智力与健康来自于基因的部分具有偶然性，但后天的努力取决于我们的选择。我们拥有的物质资本来自于我们的继承与馈赠，偶然性决定我们最初的资源，但如何使用我们拥有的资源，取决于我们的选择。我们可以选择是干这一行还是干那一行，是勤奋工作还是得过且过，是积蓄还是及时行乐，这些都会决定我们的资源是耗散还是增加。

市场根据供求关系，决定资源的价格，从而决定人们的收入。

价格机制的三个作用是相互联系的。如果价格不能影响收入分配，那么不管我们的愿望如何，要利用价格来传递情报，提供激励是不可能的。人们的所得如果不取决于所提供资源（资本、劳动等）的市场价格，那么，人们就不会努力寻找有关价格的信息，并根据价格信息采取相应的行动。价格如果不被人们关注，那么就起不到传递信息的作用。根据价格信息所采取的行动如果得不到好处，那么就起不到激励作用。只有价格机制发挥作用的地方，看不见的手才能分配人间的祸福。

3. 供求

价格机制的三个作用能否正常发挥，关键在于价格能否准确地反映市场供求关系，价格的形成是否具有竞争性。只有在竞争性市场中形成的价格，才能准确地反映市场供求关系。

供给：某种商品的供给是指生产者在一定时期内在各种可能的价格下，愿意而且能够提供出售的该种商品的数量。如果生产者对某种商品只有提供的愿望，而没有提供出售的能力，则不能形成有效供给，因而不能称作供给。

一种商品的供给数量取决于多种因素的影响，其中主要的因素有：该商品的价格、生产的成本、生产的技术水平、相关商品的价格和生产者对未来的预期。

一般来说，一种商品的价格越高，生产者提供的数量就越多；反之就越少。供给价格与供给数量正相关。供给曲线是一条随价格上升，供给数量增多的向上倾斜的曲线。

需求：某种商品的需求是指消费者在一定时期内在各种可能的价格下，愿意而且能够购买的该种商品的数量。如果消费者对某种商品只有购买的欲望，而没有购买的能力，则不能形成有效需求。

一种商品的需求数量取决于多种因素的影响,其中主要的因素有:该商品的价格、消费者的收入水平、相关商品的价格、消费者的偏好和消费者对该商品价格的预期。

一般来说,一种商品的价格越高,该商品的需求数量就越少;反之就越多。需求价格与需求数量负相关。需求曲线是一条随价格下降,需求数量增多的向下倾斜的曲线。

需求和供给对价格反应的速度有明显的差别:需求几乎可以对价格的变动作出反应,而供给的充分调整则有一段时滞。

4. 竞争

市场配置资源的高效率在于市场中存在的竞争机制。竞争机制即优胜劣汰、适者生存的机制。市场竞争包括买者之间、卖者之间和买卖双方之间的竞争,这种竞争推动着资源优化配置。

在同一部门中,竞争主要体现在资源由效率低的企业流向效率高的企业;在部门之间,主要是资本的流入或流出,资本由利润率低的部门流向利润率高的部门。

有效竞争的前提是公平。只有在公平竞争的前提下,资源才能达到优化配置。

竞争达到优胜的同时,出现劣汰。因此,市场不相信眼泪,行为人要为自己的选择负责,伴随竞争的是风险,有竞争,就有失败。因此,在市场经济中,必须防范风险。

第三节 市场结构与有效竞争

前面所谈到的市场调节与市场机制,都是在完全竞争的假设下进行讨论的。在现实中,不能说没有,但至少可以说是不完全的。我们通常说,在一定的环境下,消费者谋求效用最大化,生产者谋求利润最大化。这个环境其实就是市场环境,也就是市场结构。

一、市场结构

一定的市场结构决定了市场参与者(消费者与生产者)的行为方式,也就决定了市场的均衡机制与资源配置。在现实中,市场结构千差万别,但一般将其划分为四种:完全竞争的、完全垄断、垄断竞争、寡头垄断。后三种市场结构又称为不完全竞争。

1. 完全竞争的市场(Perfectly Competitive Market)

完全竞争市场,又称作纯粹竞争市场,是指竞争充分而不受任何阻碍和干扰的一种市场结构。在这种市场类型中,买卖人数众多,买者和卖者是价格的接受者,资源可自由流动,市场完全由"看不见的手"进行调节,政府对市场不作任何干预,只起维护社会安定和抵御外来侵略的作用,承担的只是"守夜人"的角色。

第一,完全竞争的市场的特征。

(1) 市场上有众多的生产者和消费者,任何一个生产者或消费者都不能影响市场价格。由于存在着大量的生产者和消费者,与整个市场的生产量(即销售量)和购买量相比较,任何一个生产者的生产量(即销售量)和任何一个消费者的购买量所占的比例都很小,因而,他们都无能力影响市场的产量(即销售量)和价格,所以,任何生产者和消费者的单独市场行为都不会引起市场产量(即销售量)和价格的变化。正如美国经济学家乔治·斯蒂格勒所说的那样:任何单独的购买者和销售者都不能依凭其购买和销售来影响价格。用另一种方式来表达,就是:任何购买者面对的供给弹性是无穷大,而销售者面临的需求弹性也是无穷大的。这也就是说,他们都只能是市场既定价格的接受者,而不是市场价格的决定者。

(2) 企业生产的产品具有同质性,不存在差别。市场上有许多企业,每个企业在生产某种产品时不仅是同质的产品,而且在产品的质量、性能、外形、包装等方面也是无差别的,以至于任何一个企业都无法通过自己的产品具有与他人产品的特异之处来影响价格而形成垄断,从而享受垄断利益。对于消费者来说,无论购买哪一个企业的产品都是同质无差别产品,以至于众多消费者无法根据产品的差别而形成偏好,从而使生产这些产品的生产者形成一定的垄断性而影响市场价格。也就是说,只要生产同质产品,各种商品互相之间就具有完全的替代性,这很容易接近完全竞争市场。

(3) 生产者进出市场,不受社会力量的限制。任何一个生产者,既可以自由进入某个市场,也可以自由退出某个市场,即进入市场或退出市场完全由生产者自己自由决定,不受任何社会法令和其他社会力量的限制。由于无任何进出市场的社会障碍,生产者能自由进入或退出市场,因此,当某个行业市场上有净利润时,就会吸引许多新的生产者进入这个行业市场,从而引起利润的下降,以至于利润逐渐消失。而当行业市场出现亏损时,许多生产者又会退出这个市场,从而又会引起行业市场利润的出现和增长。这样,在一个较长的时期内,生产者只能获得正常的利润,而不能获得垄断利益。

(4) 市场交易活动自由、公开,没有人为的限制。市场上的买卖活动完全自由、公开,无论哪一个商品销售者都能够自由公开地将商品出售给任何一个购买者,而无论哪一个商品购买者也都能够自由公开地向市场上任何一个商品销售者购买商品,市场上不存在任何歧视,同时,市场价格也只随着整个市场的供给与需求的变化而变动,没有任何人为的限制。任何市场主体都不能通过权力、关税、补贴、配给或其他任何人为的手段来控制市场供需和市场价格。

(5)市场信息畅通准确,市场参与者充分了解各种情况。消费者、企业和资源拥有者们,都对有关的经济和技术方面的信息有充分和完整的了解。例如,生产者不仅完全了解生产要素价格、自己产品的成本、交易及收入情况,也完全了解其他生产者产品的有关情况;消费者完全了解各种产品的市场价格及其交易的所有情况;劳动者完全了解劳动力资源的作用、价格及其在各种可能的用途中给他们带来的收益。因此,市场上完全按照大家都了解的市场价格进行交易活动,不存在相互欺诈。参与者在进行决策时,不光能借鉴过去,而且能预知未来。

(6)各种资源都能够充分地流动。任何一种资源都能够自由地进入或退出某一市场,能够随时从一种用途转移到另一种用途中去,不受任何阻挠和限制。即各种资源都能够在各种行业间和各个企业间充分自由地流动。生产设备、原材料、劳动力等能够很容易从一个产业退出,重新进入另一个产业。商品能够自由地由市场价格低的地方流向市场价格高的地方,劳动力能够自由地从收入低的行业或企业流向收入高的行业或企业,资金、原料和燃料等亦能够自由地由效率低、效益差的行业或企业流向效率高、效益好、产品供不应求的行业或企业。

第二,完全竞争市场的评价。

(1)完全竞争市场可以促使微观经济运行保持高效率。完全竞争市场全面排除了任何垄断性质和任何限制,完全依据市场的调节进行运行,因而可以促使微观经济运行保持高效率。因为在完全竞争市场条件下,生产效率低和无效率的生产者会在众多生产者的相互竞争中被迫退出市场,生产效率高的生产者则得以继续存在,同时,又有生产效率更高的生产者随时进入市场参与市场竞争,生产效率更高的生产者则在新一轮的市场竞争中取胜,因而,完全竞争市场可促使生产者充分发挥自己的积极性和主动性,进行高效率的生产。

(2)完全竞争市场可以促进生产效率的提高。完全竞争市场可以促使生产者以最低成本进行生产,从而提高生产效率。因为在完全竞争市场类型条件下,每个生产者都只能是市场价格的接受者,因而他们要想使自己的利润最大化,就必须以最低的成本进行生产。也即必须按照其产品平均成本处于最低点时的产量进行生产。生产者以最低的生产成本生产出最高产量的产品,这是一种最佳规模的生产,这样的生产也就没有浪费任何资源和生产能力,因而,这样的生产过程也就是一种促进生产效率和效益不断提高的过程。

(3) 完全竞争市场可以增进社会利益。完全竞争市场中的竞争,在引导生产者追求自己利益的过程中,也有效地促进了社会的利益。这是亚当·斯密的重大发现及著名论断。他认为,市场竞争引导每个生产者都不断地努力追求自己的利益,他们所考虑的并不是社会利益,但是,由于受着"一只看不见的手"的指导,去尽力达到一个并非他本意想要达到的目的。他追求自己的利益,往往使他能比在真正出于本意的情况下更能有效地促进社会的利益。例如,假若每个生产者都努力使其生产的产品价值达到最高程度,其结果必然使社会的年收额有很大的增长,从而也就促进了社会公共利益的增加。

(4) 完全竞争市场可以提高资源的配置效率。在完全竞争市场条件下,资源能不断地自由流向最能满足消费者需要的商品生产部门,在资源的不断流动过程中实现了资源在不同用途间、不同效益间和在生产过程中的不同组合间的有效选择,使资源发挥出更大的效用,从而也就会大大提高资源的配置效率与配置效益。

(5) 完全竞争市场有利于消费者及消费需求满足的最大化。在完全竞争市场条件下,价格趋向等于生产成本。因而,"在许多情况下,它可以形成对消费者来说最低的价格",而且完全竞争市场条件下的利润比其他非完全竞争市场条件下的利润要小,所以"在纯粹竞争的情况下,获利最大的是消费者"。同时,完全竞争市场还"可以使消费需求的满足趋向最大化"。

尽管完全竞争市场在现实经济生活中几乎是不存在的,但是,研究完全竞争市场类型仍有其积极的意义。分析研究完全竞争市场形式,有利于建立完全竞争市场类型的一般理论,当人们熟悉掌握了完全竞争市场类型的理论及其特征以后,就可以用其指导自己的市场决策。生产者可以在出现类似情况时(如作为价格的接受者时等)作出正确的产量和价格决策。人们在分析垄断市场、垄断竞争市场和寡头垄断市场中竞争与效率问题时,完全竞争市场理论可以作为一个衡量标准。此外,采用这一模型可以大大简化对实际问题的分析,同时不影响分析的合理性。

2. 完全垄断的市场(Perfect monopoly Market)

完全垄断市场,是一种与完全竞争市场相对立的极端形式的市场类型。完全垄断市场也叫做纯粹垄断市场,一般简称垄断市场。垄断一词出自于希腊语,意思是"一个销售者",也就是指某一个人控制了一个产品的全部市场供给。因而,完全垄断市场,就是指只有唯一一个供给者的市场类型。完全垄断市场的假设条件有三个方面:第一,整个市场的物品、劳务或资源都由一个供给者提供,消费者众多;第二,没有任何接近的替代品,消费者不可能购买到性能等方面相近的替代品;第三,进入限制,使新的企业无法进入市场,从而完全排除了竞争。现实中具有完全垄断性质的市场有两类:一类是水、电、煤气等自然垄断部门;一类是非自然垄断部门,如电话公司。

第一,完全垄断形成的原因。

垄断市场形成的原因很多,最根本的一个原因就是为了建立和维护一个合法的或经济的壁垒。从而阻止其他企业进入该市场,以便巩固垄断企业的垄断地位。垄断企业作为市场唯一的供给者,很容易控制市场某一种产品的数量及其市场价格,从而可连续获得垄断利润。具体地说,垄断市场形成的主要原因有以下几个方面:

(1) 竞争引起垄断

在竞争的市场中,由于各个企业在生产经营方面存在差异,某个企业在竞争中逐渐占据有利的地位,并在较低的成本和较为合理的生产规模下逐渐扩大其销售额。当该企业建立起相当的规模、产品产量足以满足整个市场需求,这样的企业便在竞争中取得了垄断地位。在这种情况下,如果有新的企业想加入该行业,由于需要巨额的投资以及难以形成合理的规模,使得新进入的企业难以与原有企业抗衡,结果新进企业只好以退出该行业收场。

(2) 规模经济的要求

有些行业的生产需要投入大量的固定资产和资金,如果充分发挥这些固定资产和资金的作用,则这个行业只需要一个企业进行生产就能满足整个市场的产品供给,这样的企业适合于进行大规模的生产。大量的固定资产和资金作用的充分发挥,使企业具有了进行大规模生产的能力和优势,因而这个企业能够以低于其他企业的生产成本或低于几个企业共同生产的成本、价格,向市场提供全部供给。

例如,钢铁、汽车和重型机械等重工业的生产,就要求通过集中大量的资产和资金,进行大规模的生产才具有较佳的经济性。

(3) 自然垄断

具有自然垄断性的行业通常是由政府来经营的。如电力、电话、自来水、天然气以及公共运输等行业就是如此。自然垄断性行业的发展之所以要求垄断经营,是因为自然垄断性行业的发展与垄断经营之间存在着紧密联系的技术经济因素。

自然垄断性企业由于实行垄断经营,可以通过规模经济和范围经济产生利益,并且由于其垄断地位而不会产生过多的成本。具体来说,第一,具有自然垄断性行业的生产需要庞大的固定资本投资,实行垄断经营,生产规模就大,客户就多,单位成本就越小,就能得到规模经济效益。第二,具有自然垄断性企业进行联合生产经营要比企业单独生产的成本低,从而获得生产与分配的纵向统一利益和对多种用户提供多种服务的复合供给利益,即获得范围经济效益。第三,自然垄断性行业生产需要的设备投资巨大,折旧时间长,同时这些设备很难转移作为其他用途,所以,固定成本有较大的沉淀性。这三个方面的技术理由就形成了进入市场的重要技术壁垒,使新的企业很难进入该市场,从而自然形成垄断市场。

以电信业的发展为例,如果某一个城市有几个电话公司,每个电话公司都要花费巨额投资建设一个通讯网络,而且各个公司的电话通讯网络都因有其自己的技术特性而很难相互连接,每个电话用户则只能利用一个公司的通讯网络,因而在几家电话公司分散经营的条件下,要花费巨额投资进行重复建设。如果一个电话公司垄断经营,既能保证技术的统一性,又能避免重复建设,资本的投资效率和利用效率都得到提高。这种状况,在自然垄断性行业发展初期是垄断市场形成的一个重要原因。当然,随着现代科学技术的飞速发展,通信业网络相互利用的技术性障碍已不复存在,电信业已逐步失去自然垄断的性质。

(4) 生产与技术上的专利造成的垄断

一家企业如果能在其产品生产或基本生产方面获得专利,那么,在专利期内,其他企业将对这家企业的产品无法涉足。

专利是政府授予发明者的某些权利。这些权利一般是指在一定时期内对专利对象的制作、利用和处理的排他性独占权,从而使发明者获得应有的收益。某项产品、技术或劳务的发明者拥有专利权以后,在专利保护的有效期内形成了对这种产品、技术和劳务的垄断。专利创造了一种保护发明者的产权,在专利的有效保护期内其他任何生产者都不得进行这种产品、技术和劳务的生产与使用,或模仿这些发明进行生产。例如,我国化学工业史上著名的"侯氏制碱法"。

(5) 资源投入的垄断引起产品销售的垄断

当某个生产者拥有并且控制了生产所必需的某种或某几种生产要素的供给来源时,其他企业即使具有生产这种商品的能力,但由于无法获得生产这种商品的基本原料而无法涉足这种产业。如中国烟草总公司。

(6) 政府政策造成的垄断

政府通过特许经营,给予某些企业独家经营某种物品或劳务的权利。这种独家经营的权利是一种排他性的独有权利,是国家运用行政和法律的手段赋予并进行保护的权利。政府的特许经营,使独家经营企业不受潜在新进入者的竞争威胁,从而形成合法的垄断。政府对进入市场进行法律限制形成法律垄断,主要是基于三个方面的考虑,一是基于某种公司福利需要的考虑,例如某些必须进行严格控制的药品的生产,必须由政府特许独家经营;二是基于保证国家安全的考虑,例如各种武器、弹药的生产必须垄断;三是基于国家财政和税收收入的考虑,例如国家对某些利润丰厚商品进行垄断经营等。

第二,垄断市场的好处。

(1) 促进资源效率提高

规模经济是完全垄断市场形成的重要原因,完全垄断市场具有促进经济效率提高的可能性也表现在规模经济上。企业具有进行规模生产的能力,就可以进行大规模生产,一方面提高产品的产量、增加产品的品种,提供全部供给。这时的产量高于完全竞争企业的产量;另一方面减少资源的消耗,尽量降低产品的成本,这时的产品成本低于完全竞争时产品的成本;再一方面垄断企业可采用效率高的生产设备和先进的生产技术,从而促进资源效率的提高。

(2) 激励创新

创新就是指在生产过程中第一次使用某种新知识,研究出一种新产品、新的劳务或一种新的加工技术等。完全垄断市场类型与创新之间存在着紧密的联系。专利是形成垄断的一种原因,只要创造了一种新产品、劳务或新的加工技术并获得了专利,就会形成对这种产品、劳务或加工技术的垄断。同时,只有对创新进行专利保护,授予创新者以垄断权力,才能促进创新。这是因为完全垄断市场通过专利形式给予创新者以垄断排他性权利,使创新者在一定时期内享有创新所带来的经济利益。因而,就会刺激更多的企业进行创新活动,同时,也刺激垄断者继续大量投资于科研开发工作,这样就能促进更大范围和更高层次创新活动的开展,从而推动经济社会的进步。

第三,垄断市场的弊病。

(1) 造成市场竞争的损失

完全垄断市场的物品、劳务或资源都由一个供给者提供,即完全由一个企业垄断。在这种市场类型中,由于法律和自然的限制,新的企业无法进入市场,因而完全排除了市场竞争。排除了竞争,也就排除了经济社会进步的动力。众所周知,在市场经济中,市场竞争会迫使企业不断改进生产技术,提高劳动生产率,降低个别劳动消耗,从而推动整个社会的技术迅速发展。在完全垄断市场中,由于垄断企业无市场竞争的压力,它不用改进生产技术就可获得高额垄断利益,这样就会造成垄断企业不思进取,不会主动去改进生产技术。

(2) 造成生产效率的损失

在完全垄断的市场中,对于垄断企业来说,通过降低产量、提高产品价格的办法比提高生产效率的办法更容易获利,同时获利的成本更低,因而垄断企业就没有必要去提高生产效率。如果各个行业的垄断企业都这么做,那么就会造成整个社会生产的效率损失。

（3）造成社会产量的损失

在完全垄断市场条件下，由于垄断企业完全垄断了市场供给，因而垄断企业生产的产量决定着市场供给的产品总量。一般来说，垄断市场的产量低于完全竞争市场的产量，因为在完全竞争市场条件下，企业根据平均成本最低点所决定的产量进行生产，即按最佳产量进行生产。而在完全垄断市场条件下，垄断企业则是根据利润最大化所决定的产量进行生产，利润最大化决定的产量只能是较低的产量。垄断企业利润最大化决定的生产规模对于社会来说并不是最优生产规模，其产量不是社会最优产量。在利润最大化决定垄断企业产量的情况下，由于垄断企业的生产条件和生产能力没有充分发挥其作用，所以，垄断市场首先造成了社会生产条件和生产能力的损失，最终造成了社会产量的损失。

（4）造成消费者利益的损失

在完全垄断市场条件下，由于垄断企业垄断了市场供给，并凭借着垄断权力控制了市场价格，消费者只能被迫接受垄断企业控制的市场高价格。这样一来，消费者出高价格购买的产品和服务，价格与其价值严重背离，消费者的利益与其权利严重背离，必然造成消费者利益的重大损失。从实质上来看，垄断企业对消费者造成的各种损失，就是垄断企业对消费者利益和权力的掠夺。垄断企业对消费者造成损失的行为，既违背了市场经济条件下等价交换的基本原则，又阻碍了社会的进步与发展。同时，垄断企业对其损害消费者利益的行为很难有正确的认识及改进的措施。因而，政府必须采取强有力的措施，进行干预。如对垄断企业的产品价格进行调节，甚至直接定价，对其征收合理的高额税收，从而降低垄断企业的超额垄断利润，加强对垄断企业的监管和处罚，及时发现并制止垄断企业对消费者的损害等。

完全垄断市场也是一种极端的市场类型，这种市场类型只是一种理论的抽象，在现实经济实践中几乎是不可能存在的。因为在现实经济实践中大多数垄断企业总是要受到政府或政府代理机构各个方面的干预和调节，而不可能任意由垄断企业去完全垄断市场。当然，如果政府对垄断企业不进行干预，或者干预不力，垄断企业垄断市场、损害社会和消费者利益的可能性也是随时可能出现的。

即使完全垄断市场在现实经济实践中几乎是不存在的，但是，研究完全垄断市场还是具有积极意义。研究完全垄断市场可以促使我们了解完全垄断市场条件下出现的各种经济关系，从而有利于我们运用这种理论来研究现实市场类型条件下市场主体行为如何最佳化；研究完全垄断市场理论还可以使我们明确政府对垄断行为进行干预、调节的必要性,以及政府干预、调节活动对市场正常运行及对市场主体利益的协调所起的重要作用等。

3. 垄断竞争的市场(Monopolistic Competition Market)

垄断竞争是一种介于完全竞争和完全垄断之间的市场组织形式,在这种市场中,既存在着激烈的竞争,又具有垄断的因素。垄断竞争市场是指一种既有垄断又有竞争,既不是完全竞争又不是完全垄断的市场,是处于完全竞争和完全垄断之间的一种市场。

第一,垄断竞争的市场特征。

(1) 厂商众多,竞争激烈。由于每个厂商都认为自己的产量在整个场中只占有一个很小的比例,因而厂商改变产量和价格,不会招致其竞争对手相应行动的报复。

(2) 产品差异,或异质商品。至于产品差别是指同一产品在价格、外形、性能、质量、构造、颜色、包装、形象、品牌及商标广告等方面的差别以及消费者想象为基础的虚幻的差别。由于存在着这些差异,使得产品成了带有自身特点的"唯一"产品,也使得消费者有了选择的必然,使得厂商对自己独特产品的生产销售量和价格具有控制力,即具有了一定的垄断能力,而垄断能力大小则取决于它的产品区别于其他厂商的程度。产品差别程度越大,垄断程度越高。在西方经济学中,这一条件是决定垄断竞争市场中存在垄断性的重要原因,因为产品的差异造成了无穷多的独特的产品市场,企业在独具的市场中具有控制能力,形成对各个独特产品市场的垄断。

(3) 厂商进入或退出该行业都比较容易,资源流动性较强。垄断竞争市场是常见的一种市场结构,如肥皂、洗发水、毛巾、服装、布匹等日用品市场,宾馆、旅馆、商店等服务业市场,牛奶、火腿等食品类市场,书籍、药品等市场大都属于此类。

第二,垄断竞争市场的评价。

(1) 效率不是最佳。垄断竞争的市场结构,介于完全竞争与完全垄断市场之间,它既有垄断的一面,又有竞争的一面。各个企业生产的产品既能互相替代,又存在着差异,企业的产品需求曲线是向下倾斜的,边际收入小于产品的价格。在长期均衡点,边际成本等于边际收入,产品价格等于产品的长期成本,因而垄断竞争企业的长期行为同完全竞争市场一样,没有超额利润。由于在垄断竞争的行业中,存在着过剩的生产能力,消费者要为此付出比较高的价格。如果从生产成本的角度来看,行业的资源没有充分利用。

(2) 消费者得到多样化的产品。在垄断竞争的市场中,虽然存在生产能力过剩,资源不能充分利用的问题,但产品的多样化及服务水平的提高,使消费者得到更大程度的满足。在垄断竞争的市场中,竞争通常采用非价格竞争的方式。企业为了巩固自己的垄断地位,必须不断地进行产品更新。当然消费者为此也必须支付较高的产品价格。

4. 寡头垄断的市场(Oligopoly Monopoly Market)

寡头垄断市场是介于垄断竞争与完全垄断之间的一种比较现实的混合市场,是指少数几个企业控制整个市场的生产和销售的市场结构,这几个企业被称为寡头企业。

寡头垄断就是少数企业控制整个市场,他们供应的商品占这个市场最大最主要的份额。寡头垄断企业又称为寡头垄断厂商,指少数几家厂商控制整个市场的产品的生产和销售的一种市场结构。该市场的典型特征是厂商之间的行为相互影响,以至于厂商的决策要考虑竞争对手的反应。根据产品特征,寡头市场可以分为纯粹寡头行业和差别寡头行业两类。在纯粹寡头行业中,厂商生产无差别产品;而在差别寡头行业中,厂商生产有差别产品。按厂商的行动方式,寡头市场分为有勾结行为的和独立行动的不同类型。寡头行业被认为是一种较为普遍的市场组织。

寡头垄断是介于完全垄断和垄断竞争之间的市场结构。企业为数甚少,以市场集中率显示:20%以下为竞争性市场,20%～39%为弱寡头市场,40%～59%为寡头市场,60%以上为强寡头市场。

寡头市场中的价格不完全是由市场的供求关系决定的。

寡头市场中,任何厂商在采取行动前,都必须认真研究对手,并考虑到对手可能做出的反应(企业既不是"价格接受者"也不是"价格的制定者"而是"价格的搜寻者")。

寡头决策时,也要考虑边际收益和边际成本的问题,但是,边际收益情况往往难以确定,原因在于企业间存在具有直接针对性的竞争。

寡头垄断市场不存在确定的,合乎逻辑的均衡态,及不存在一般的寡头价格理论,只有许多不同的模型,它们通过特定的行为假定得出不同的结论。

第一,寡头垄断市场的特征。

寡头垄断市场是处于完全竞争和完全垄断之间的一种市场结构。同垄断竞争市场一样,都是中间形态的市场,而侧重偏向于完全垄断。同完全垄断市场比,二者都有垄断的因素,但垄断程度小于完全垄断。

相互依存是寡头垄断市场的基本特征。由于厂商数目少而且占据市场份额大,不管怎样,一个厂商的行为都会影响对手的行为,影响整个市场。所以,每个寡头在决定自己的策略和政策时,都非常重视对手对自己这一策略和政策的态度和反应。作为厂商的寡头垄断者是独立自主的经营单位,具有独立的特点,但是他们的行为又互相影响、互相依存。这样,寡头厂商可以通过各种方式达成共谋或协作,形式多种多样,可以签订协议,可以暗中默契。

(1)厂商极少

市场上的厂商只有一个以上的少数几个(当厂商为两个时,叫双头垄断),每个厂商在市场中都具有举足轻重的地位,对其产品价格具有相当的影响力。

(2)相互依存

任一厂商进行决策时,必须把竞争者的反应考虑在内,因而既不是价格的制定者,更不是价格的接受者,而是价格的寻求者。

(3)产品同质或异质

产品没有差别,彼此依存的程度很高,叫纯粹寡头,存在于钢铁、尼龙、水泥等产业;产品有差别,彼此依存关系较低,叫差别寡头,存在于汽车、重型机械、石油产品、电气用具、香烟等产业。

(4)进出不易

其他厂商进入相当困难,甚至极其困难。因为不仅在规模、资金、信誉、市场、原料、专利等方面,其他厂商难以与原有厂商匹敌,而且由于原有厂商相互依存,休戚相关,其他厂商不仅难以进入,也难以退出。

寡头垄断市场结构有一点与垄断竞争相类似,即它既包含垄断因素,也包含竞争因素。但相对而言,它更接近于垄断的市场结构,因为少数几个企业在市场中占有很大的份额,使这些企业具有相当强的垄断势力。寡头垄断企业的产品可以是同质的,也可以是有差别的。前者有时被称为纯粹寡头垄断,后者则被称为有差别的寡头垄断。

寡头垄断的市场存在明显的进入障碍。这是少数企业能够占据绝大部分市场份额的必要条件,也可以说是寡头垄断市场结构存在的原因。最重要也是最基本的因素是这些行业存在较明显的规模经济性。如果这些行业中要容纳大量企业,则每家企业都将因生产规模过小而造成很高的平均成本。规模经济性使得大规模生产占有强大的优势,大公司不断壮大,小公司无法生存,最终形成少数企业激烈竞争的局面。对试图进入这些行业的企业来说,除非一开始就能形成较大的生产规模,并能占据比较可观的市场份额,否则过高的平均成本将使其无法与原有的企业相匹敌。

第二,主要模式。

(1)突点需求曲线

理解寡头的需求曲线突点的关键在于理解寡头价格变动的相互影响。因为寡头市场为若干寡头分割,一家寡头涨价,别的寡头价格不变,这家寡头的消费者都去购买别的寡头的商品,其需求量就会大幅度减少;反过来,一家寡头降价,别的寡头则要跟着降价,然后部分抵消这个寡头降价的效应,使得这个寡头的需求量增加有限。需求曲线的突点折断了边际收益曲线,这是需求曲线作为平均收益线与边际收益线的关系决定的。边际成本线与此折断处相交,既不影响价格也不影响产出。

(2) 市场份额模式

理解市场份额的关键就是遵循 $MR=MC$ 的规则,确定市场份额的分配。在成本不同,而需求曲线和边际收益线相同的情况下,边际成本低的企业市场份额大,价格也低;而边际成本高的企业市场份额小,价格高。

(3) 价格领头模式

上述两种情况是寡头企业各自定自己的价格,实际上,在很多情况下,都是一家寡头定价,其他寡头只是价格的接受者。

(4) 博弈论模式

寡头垄断企业间的竞争实际上是种博弈,也就是竞争各方都充分考虑各方在现有条件下可能做出的选择,然后做出对自己最为有利的决策。

第三,寡头垄断市场的利弊。

寡头垄断的经济效率是比较低下的,仅仅高于完全垄断。而且,过度制造产品差别和广告的非价格竞争,也造成资源浪费。

但是,与其他市场相比较,寡头垄断市场却有一个突出的优点,那就是寡头垄断市场有利于研究与开发。在完全竞争市场和完全垄断市场中,很少有对研究与开发的刺激。而且,完全竞争厂商与垄断竞争厂商一样,通常力量较小,无力承担研究工作。

为了竞争,寡头厂商总是要积极从事研究与开发,以不断提高产品质量,降低产品成本,改进产品性能。况且它们多为大企业,能够承担起研究与开发所需要的高昂费用。如汽车,计算机等寡头市场上,其技术的突飞猛进和产品的日新月异有目共睹。

二、有效竞争

有效竞争(Workable Competition)或可行竞争,也称不完全竞争(imperfect competition)。有效竞争就是既有利于维护竞争又有利于发挥规模经济作用的竞争格局。就实现有效配置资源的目标来看,有效竞争是指使竞争达到能够有效配置的程度。

有效竞争是由美国经济学家 J. M. 克拉克(J. M. Clark)针对完全竞争概念的非现实性而提出来的。克拉克认为,虽然完全竞争被经济学家进行了准确的定义和精心阐述,但它在现实世界中不可能且从来没有存在过,其应用的最大意义在于可以作为人们分析问题的出发点或判别是非的行为标准。在克拉克看来,只要完全竞争的一个条件不具备,则合乎情理地会出现另外的条件也不具备的情形。克拉克强调,完全的垄断在现实中很难找到,而与完全竞争所定义的可以自由进入、不存在生产要素专用性和不可恢复的沉没成本的产业,可能会面临极其严酷的破坏性竞争。克拉克的结论是,虽然极端的产品差异性可能会导致垄断的倾向,但存在产品适度差异,特别是具有紧密替代关系和较多知识技术含量产品推动的竞争,可能是更为可行和有效率的。

有效竞争并不排除一定程度的垄断。由分散的生产走向大规模的集中生产,甚至出现寡头垄断,本身就是市场经济发展的结果。现代市场经济已不同于古典的市场经济。现代市场有以下两个特征:

(1) 原子式市场已被大规模市场所取代。在古典市场经济中,原子式市场是最通常的市场样式,即组成某一行业的是大量的原子式的微小厂商。而进入20世纪后占主导地位的则是在规模生产的厂商,市场进入区域化、国际化时代。

(2) 无政府状态的市场被有组织的市场所取代。突出表现在固定价格型市场,且在现代市场中居于支配地位。在没有组织的市场中,价格由供求关系决定,生产者只是价格的接受者。在有组织的市场中,生产者是价格的制定者,它除了受供求关系影响外,还受到其他许多因素的影响。

现代市场的参与者是大规模生产的厂商为主体的市场经济学。参与主体一是规模大,二是内部生产具有较强的计划性。

在古典式的市场经济中,竞争性市场可以实现有效的生产与定价,因此,亚当·斯密坚决反对政府干预,这是有道理的。但在现代市场经济中,由于厂商有足够的市场力量,它们会将价格抬高到竞争水平以上并维持相当长的时间。当存在这种超常的市场力量时,就需要政府干预,进行必要的制度安排,以创造必要的竞争环境。

在成熟的市场中,一是政府对垄断行业进行管制,以抑制大厂商的市场力量。自然垄断形成有三类,一类是水、电、气等行业,这类行业因为规模经济的原因,垄断生产成本较小。一类是由于范围经济而导致的垄断,如计算机软件业,软件更新过程中可以不断地加入额外的功能,微软的操作系统就是这方面的例子。还有一类则发生在网络化的产业中,由于整个系统的有效运行需要标准化。铁路需要统一的轨道宽度,电力传输要求负载的平衡、通信则要求统一的数据交换协议以使不同的设备可以互相互通。自然垄断相对于竞争者来说,具有极大的成本优势,但由于没有竞争,可以大幅度地提高价格,获取垄断利润。因此要对其进行管制。

二是制定反垄断政策,以促进竞争。以美国为例,反托拉斯政策禁止不利于竞争的行为并防止垄断结构。禁止不利于竞争的行为包括规定价格和划分市场的协议、价格歧视和捆绑协议；破除垄断结构，这些结构主要是具有过度市场的力量，又不利于竞争活动的结构。

中国处于经济转轨时期，一方面要对自然垄断企事业实行管制，但更重要的是要破除政府对竞争的行政限制。地方政府与主管部门对本地区、本部门市场的保护和对落后企业的保护，政府只给某些地区、某些企业提供的特殊优惠政策等，是造成竞争不充分、不公平的主要原因。因此，破除政府政策造成对竞争的损害，创造有效竞争的环境，确系当务之急。

第四节 市场的一般均衡

一、市场的局部均衡（Partial Equilibrium Analysis）

局部均衡理论，也称局部均衡分析：在假定其他市场条件不变的情况下，孤立地考察单个市场或部分市场的供求与价格之间的关系或均衡状态，而不考虑它们之间的相互联系和影响。

马歇尔（1920年）创立的局部均衡理论，把单一商品的市场看成是总体经济的一个很小部分。相对于总体经济来讲，单一商品市场的小规模特点给我们分析市场均衡问题带来了两个方便之处。首先，我们可以认为消费者在单一商品上的支出仅占他（她）全部支出的一个很小比例，一元钱的收入中仅拿出很少一点来购买这种商品，因此收入效应很小，可以忽略。也就是说，消费者收入的变动对单一商品的需求量影响甚微，近乎没有影响，因而可以视作无影响。其次，所研究的商品市场的小规模也使得该种商品的价格变化对其他商品几乎没有什么替代效应，因而可以认为其他商品的价格不受所考虑的这种商品价格的影响。

局部均衡理论是一种经济分析方法，指在其他情况不变的情况下，仅考察经济生活在一定时间的某个变数对有关经济变量的影响的分析方法。

局部均衡分析研究的是单个的市场、居民或企业的行为，其前提是将其他市场和经济的其他部分的行为视作既定。而我们在这里关心的则是一般均衡分析，考察的是所有居民户、企业与市场如何同时相互作用以解决如何生产、生产什么、为谁生产的问题。

二、市场的一般均衡（General Quilibrium Analysis）

图4-2是一张市场经济的循环图，在图上部的产品市场，消费者的货币选

票和企业的供给决策相互作用,共同决定生产。

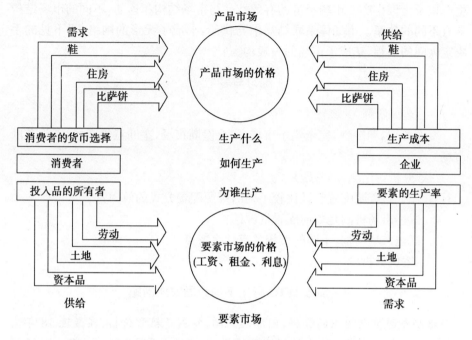

图4-2 市场经济循环图

市场体系依赖于供给与需求解决三位一体的经济问题。

在图4-2下部的要素市场,企业对投入品的需求与公众对劳动及其他投入品的供给相结合,帮助决定工资、租金与利息的支付;收入进而影响物品配送谁。企业为购买投入品和以最低价格出售产品展开竞争,解决如何生产的问题。

循环图说明的是经济资源的流动与循环。事实上,经济生活的内在联系是错综复杂的。所有的供给与需求、成本与偏好、要素与价格,一系列的经济过程既在空间上展开,也在时间中继起。投入与产出的市场在一个相互依存的系统中相互联系,这样一张看不见的网,我们称之为一般均衡。

经济的一般均衡包含了成百上千个决定价格和产出的市场背后所隐藏的逻辑结构:(1)居民户供给要素,购买产品,以实现效用最大化;(2)厂商根据利润最大化原则,将其从居民户买来的要素变成产品,再卖给居民户。这是经济资源流转的过程,也是一般均衡的过程。

分工与交换塑造了市场经济,人们对市场经济的认识,形成了市场经济的理论。市场经济是通过市场机制对资源配置起基础性作用的经济。在市场经济中,资源配置主要通过价格机制起作用,价格机制决定了人们生产什么、怎么生产以及为谁生产。市场经济的有效性是与市场结构相连的,不同的市场结构具有不同的效率。市场体系联结需求与供给,形成了无形的网络,看不见的手决定人间的祸福,达成了市场的一般均衡。

练习与思考

一、名词解释

资源配置,稀缺性,完全竞争市场,完全垄断市场,垄断竞争市场,寡头垄断市场

二、分析讨论题(简答题)

1. 什么是资源配置?试比较不同的资源配置方式的效率?
2. 试述市场机制是如何配置资源的?
3. 试述市场结构,不同的市场各有什么特点?

三、案例分析题

1. 加入 WTO 背景下的我国农业问题

据联合国粮农组织的资料,国际农产品,特别是粮食价格,在最近18年里基本上是不断下降的。近期值得重视的是,中国的主要粮食进口市场——美国和欧盟3年前就已经在乌拉圭回合谈判中达成"谅解备忘录",承诺削减政府对农产品的补贴;美国通过新的农业法,规定在7年内逐步削减直至最终停止农业补贴,该法已于1996年4月生效。直接的影响是其粮食产量随补贴减少而增加,国际农产品市场上随美国的供给增加,又使国际粮食价格下滑,并因此进一步拉大与中国国内粮食价格的差距。若从这个角度看美国人在"谁来养活中国"背后所隐含的贸易战略,恐怕就不能简单化地从中国粮食生产潜力来顺着人家的话头作反应了。

与国际市场粮食价格的下降趋势相反,我国除了1984年、1989年和近两年情况比较特殊之外,近20年来大多数年份粮食价格是上升的。并且1979—1982年和1994—1996年曾经两次行政性地大幅度提价。前者可以认为是对计划经济时期长期推行剪刀差、人为压低农产品价格的临时性补偿;而后者则是在农业效益比较低的情况下,以价格隐含的补贴来稳定农民的粮食生产。

统计资料表明,国内粮食价格自1993年下半年以后,长期在"天花板价格"之上运行(其中仅1994年上半年因外汇改革本币贬值,而在3—4个月的短期内略低于国际价格),个别时段的个别品种国内价格比美国高约1倍。以玉米

为例,1999年3月份国内市场平均价格1.44元每公斤;而美国芝加哥的期货市场平均价格折合人民币仅0.72元每公斤。即使考虑运费,中美粮食差价仍然悬殊。因此,会造成我国年年丰收后已经涨库的粮食,如果不补贴就难以出口,如果放开市场就更没有销路。

2. 我国粮食进出口对国内农业生产的"反作用"

粮食进出口本应起到调节国内粮食供需和平抑价格的作用。但从最近18年的统计数据分析,进出口客观上加剧了国内供需矛盾和价格波动。1984年是中国农村改革之后第一次粮食供给周期,产量突破8 000亿斤,就在国内粮食涨库、农民卖粮难的当年,仍维持粮食净进口688万吨,约占当年粮食商品增加量1 476万吨的47%。1985—1986年连续两年国内粮食减产,又因为经济过热粮食需求旺盛加剧供给不足,但同期粮食却净出口年均250万吨,约占年均粮食商品减少量585万吨的43%。

1989年年末开始萧条,市场全面疲软,出现了第二次粮食供给周期,连续3年农民因卖粮难而导致收入下降。而同期粮食净进口年均约700万吨,约占年均粮食商品增加量1 261万吨的55%。1992年中国经济进入高涨期,农民工大批进城,粮食需求复旺,同期粮食连续3年净出口年均约510万吨……。

3. 影响我国粮食进出口的问题分析

分析进出口对国内市场的影响,不能把总产量作为基数。数据表明,我国粮食总产量中的70%基本是小农自给自足,商品量自1984年以来稳定在只占总量的30%~35%,而国家定购的粮食占商品量的40%~60%左右,亦即仅占生产总量的约15%。这反映出一个不同于一般市场经济国家的重要差别:在分析进出口时,所对应的基数只是产量的约30%~35%;而在讨论国家定购价格时,所对应的基数只是产量的约15%。因此,如果将以上数据按中国粮食商品率均值做加权处理,进出口对国内市场的副作用可能更为令人不快。不过,既然讲市场化改革,中国粮食供求的稳定,就不应由进出口经营企业负责任,因为企业当然要以追求利润为第一目标。本文以90年代的粮食进出口对国内价格波动的作用为例予以说明:

1994年1月外汇改革,本币一步贬值约50%,短期内一度使"天花板(即国际市场价格)"抬高;原来已经高于国际价格的中国粮食因本币贬值,进一步使追求利润的粮食企业有了囤积居奇或出口获利的机会。当时国内市价大米低于国际价格38.5%,小麦和玉米分别低20.4%和14.1%。于是,中国1994年在粮食比上年减产1138万吨的情况下,我国反而净出口约200万吨。由于国内供需矛盾突出,紧接着5个月之后国内价格就再度顶破"天花板",并且开始在"天花板"之上连续暴涨两年。最高为1995年中,大米和小麦均高出50%,玉米价格甚至高出一倍以上。同期中国自1995年1月到1996年6月虽然连续进口约3000万吨粮食,达到历史最高纪录,但据报道,进口粮食的销售价格还略高于国内价格,因此并未能有效平抑国内市场粮价。其间国际价格随之上涨,逐步接近中国国内价格。而一旦中国停止进口,国际价格随即大幅度下降。由此可见,国际上对中国粮食问题的讨论并非空穴来风,我们应该结合农产品国际贸易谈判对中国农业在国际竞争压力下的发展问题认真研讨。

4. WTO与中国的"农业问题"

WTO的原则,第一是消除贸易壁垒,第二是降低关税,第三是市场准入。

按照WTO的一般原则,国际农产品协议大部分在1995—2000年实施。主要包括三个内容:增加进口市场准入;削减国内生产者支持;减少出口补贴。这些措施会对我国农业的发展产生巨大的影响。

农产品贸易谈判,历来是关贸总协定谈判和世界贸易组织谈判中最困难的部分,1999年4月签字的《中美农业合作协议》,是中国为加入世贸组织与美国应该达成的双边协议中的组成部分。美国农业部长格利克曼在协议签字之后称赞这份农产品贸易协议是"美国农业的一个重要突破"。因为中国同意美国西北部7个州的小麦可以直接从西雅图出口,从而降低运输成本提高价格竞争优势。过去所谓"有争议的壁垒",主要是中国为防止这些地区的小麦黑穗病(TCK)而禁止直接从西海岸进口。

除此之外,中国在农产品贸易上做出的让步主要体现在中美双边谈判的一揽子协议中。由于国内至今没有正式公布的资料介绍我国在双边谈判中的出价,因此,我们只能将互联网上美国单方面公布的资料做摘要:

中国同意大幅度增加最低关税限额(TRQ 1%～3%)的农产品进口数量,并且应美国的要求减少国家贸易垄断进口所占的比例。到2006年,大豆从现在的170万吨增加到330万吨,增加幅度为94%,其中私营部门应该达到90%;小麦从200万吨增加到930万吨,为现在的4.65倍,私营部门最初应有10%;玉米配额从450万吨增加到720万吨,如果达到则为现在进口量25万吨的28.8倍,私营部门应该达到40%;大米配额从260万吨增加到530万吨,如果达到则为现在25万吨进口量的21.2倍,私营部门应该达到50%。到2004年,棉花要从现在的20万吨增加到89.4万吨,为现在的4.47倍,私营部门应该达到67%……。

此外,中国承诺取消出口补贴,特别是取消对美国不利的玉米、棉花和大米等农产品的出口补贴。而且到2004年前,中国除了在总体上把农产品关税降低到17%以下,还应进一步对美国有竞争优势的农产品降低到14.5%的平均关税。其中大豆仅3%,肉类和水果10%~12%,乳制品12%~19%,红酒20%。

思考题:
(1) 我国的农产品市场是否适合用完全竞争市场来分析?为什么?
(2) 如何看待农产品市场在我国经济中的地位。市场化对我国农业发展的影响如何?请你预测假若完全市场化后,对我国农业的影响。
(3) 国外其他各国对待农业生产有什么政策?加入WTO会对我国农业生产产生什么影响?有利的方面和不利的方面有哪些?
(4) 今后国家如何在WTO背景下保护我国的农业顺利发展?

新经济时代的微软反垄断案

2001年11月2日,本是一个平平常常的日子,但对于美国司法部、微软及其竞争对手来说,却是一个有苦有甜的日子。这天,司法部和微软达成的结案协议书送达联邦法院后,联邦法官科林·科特利迅速批准了该解决方案,微软和司法部握手言和,长达几年的微软反垄断案总算尘埃落定。尽管多数分析家认为,11月2日的结案协议书代表着微软的一大胜利,微软终于逃过被分割的一劫。但是,也有学者指出,事情看来并非如此简单,透过微软反垄断案,后面还有很多更深层次的问题有待进一步求解。

微软真能高枕无忧?

微软虽然逃脱了被一分为二的命运,但它从此真能高枕无忧?本次反垄断案,是美国政府五十多年来掀起的最大一起针对企业的反托拉斯案。1998年5月,联邦政府司法部协同包括美国最大的州——加利福尼亚和首都华盛顿在内的18州1市,以微软违反反托拉斯法为由,将世界上最有权势的公司推上了法庭。然而,在11月2日联邦法官科林·科特利批准了微软和司法部达成的反垄断案解决方案后,和美国联邦政府共同状告微软的18州1市却出现分裂,其中包括加州和华盛顿市在内的9州1市,认为司法部和微软的协议不足以抑制微软的垄断倾向,难以保护消费者的利益,决定继续和微软较量下去。

但目前还不知道这9个州是否会对科特利的判决进行上诉,而其他9个州则认可了微软案的协议,打算从此偃旗息鼓。

尽管如此,微软的竞争对象、电脑制造商 Sun 微系统公司却表示,它将不会就此罢休并且将继续把微软反托拉斯案抓住不放,虽然在反对微软实施垄断行为时遇到法律挫折,它还是将力劝各州对该案提起上诉。

现在来看,即使 9 个州和 Sun 公司上诉,微软被拆分的可能性是微乎其微的。但即便这样,微软也不能像过去一样无视竞争对手和消费者的警告而为所欲为了,也就是说,微软从今以后并不能高枕无忧。为什么这么说呢?首先,2001 年美国上诉法院 7 位法官对微软作出的不正当竞争行为的司法判决还存在,这就像一把达摩克利斯剑一样,随时悬在微软的头顶上,只要微软以后重犯前科,这把达摩克利斯剑就会刺向它;其次,也是最重要的,为防止微软的垄断行为,司法部在和微软达成的协议中,对它设置了多方面的限制:一是微软得向其他公司公开其部分计算机代码,使这些公司能设计和视窗兼容的软件,其中包括为服务器设计软件的公司,这一协议条款将防止微软利用视窗对服务器市场进行垄断。二是协议要求微软不得干涉计算机制造商选择什么样的软件,除非这些软件和视窗有技术上的冲突。三是为了保证反垄断措施的实施,司法部有权检查微软的代码、企业内部文件、账户以及相关的记录等。四是司法部还将在微软总部设立一个 3 人专家委员会,专门监督微软对协议的执行情况。专家由微软和政府各选一名,另一名由双方协商挑选,委员会的费用由微软全部支付。司法部和微软还商定,这一协议有效期 5 年,届时视情况可延长两年。

正因为有这些"紧箍圈",美国司法部长阿什克罗夫特才会在法院判决后信心十足地表示,司法部将"强烈保证"微软遵守解决方案,密切关注微软对各条款的执行情况。

美国反垄断法的转向

但是,微软毕竟成功地逃脱了被分割的命运。所以,人们也就自然要问个为什么。其实,从 1990 年联邦贸易委员会开始对有关微软垄断市场的指控展开调查算起,美国政府对微软的反垄断行动已历时 10 年多,其间白宫两易其主。根据司法部的指控,杰克逊法官曾于 1997 年年底裁定,禁止微软将其网络浏览器与"视窗"捆绑在一起销售,但第二年 5 月上诉法院驳回了杰克逊的裁决。于是,司法部和 18 个州 1 个市于 1998 年 5 月再次将微软拖上被告席,这一次微软险些被分拆为两家公司。2001 年 6 月 28 日,美国哥伦比亚特区联邦上诉法院作出裁决,驳回地方法院法官杰克逊去年 6 月作出的将微软一分为二的判决,但维持有关微软从事了违反反垄断法的反竞争商业行为的裁决。上诉法院要求地方法院指定一位新法官重新审理这一历史性的反垄断案。微软的命运之所以能够发生如此戏剧性的转折,客观地说,有两个原因:一是与大企业有密切关系的共和党总统布什在2001年入主白宫及阿什克罗夫特掌管司法部;二是微软有强大的律师团和顾问团,因此,也就有向国会和法院进行强大游说的能力。但是,除此之外,专家们认为,更主要的,是美国的反垄断法发生了变化,即从过去的维护价格竞争转向新经济时代的促进创新。

美国的反垄断工作可追溯到19世纪末。1890年,美国通过了第一部反垄断法——谢尔曼法。在此后的100多年间,美国国会又通过了一系列补充性法案来加强反垄断工作,这些法律构成了美国政府反垄断的基础。美国的反垄断法适用于几乎所有行业和公司。反垄断法禁止3类违法行为:阻碍交易的行为;有可能大幅降低某一特定市场竞争程度的企业兼并;旨在获得或维持垄断地位的反竞争行为。美国政府实施反垄断法的最终目的是"通过促进市场竞争来保护经济自由和机会"。

从美国的反垄断法来看,虽然通过"不正当行为"维持或获得垄断地位是违法的,但一家公司拥有垄断地位或企图获得垄断地位并不一定违法。所以,垄断行为如果不是通过不正当的方式,就构不成拆分的理由。这实际上就等于说,在新经济时代,用拆分来破除垄断已经落伍。因为在新经济时代,网络科技具有高竞争性及快速更新换代的特点,任何领先的技术都将被更加先进的技术所代替,在高速增长的科技领域,垄断往往是一时的事情。

而在法官们的眼里,微软是新经济的代表,新经济的生命力在于不断的技术创新。微软也是以创新为武器来为自己辩护的,比尔·盖茨在法庭上说,美国的反垄断法是为了保护竞争机制而不是保护竞争对手,反垄断法不反对通过正常竞争获得的垄断地位,而是反对运用不正当的竞争手段来获得或者巩固垄断地位。AT&T(美国电话电报公司)的拆分是由于它的垄断地位是通过美国政府的特殊政策确立的,而微软在操作系统上的地位是通过市场竞争获得的。

有关专家指出,与美国历史上一些重大反垄断案相比,微软案具有显著的特点。首先,微软基本上是靠自我发展起来的垄断公司,而在1911年和1984年分别被分拆的美孚石油公司和美国电话电报公司则都是靠并吞竞争对手成为各自行业的"巨无霸"的。其次,微软的发展是以知识产权和知识创新为基础的。如果"视窗"软件多年一贯制,可能早就被市场淘汰了。

再次,微软虽然对个人电脑操作系统市场拥有绝对垄断权,但并没有利用这一垄断优势无理地抬高价格,其网络浏览器开始时还是免费赠送的。此外,这是美国进入新经济时代以来最具代表性的反垄断案件,其结局很可能成为今后高技术领域反垄断案件的一个判例。

因此,针对这样一个具有里程碑意义的案件,美国司法部打出了"推动创新"的旗号。在杰克逊2001年作出分割微软的判决前夕,当时的司法部长雷诺表示,对微软采取反垄断行动是为了创造竞争环境,以增加消费者的选择。这种观点得到不少反垄断问题专家的赞同。美国布鲁金斯学会反垄断问题专家罗伯特·利坦认为,在美国的绝大部分行业中,创新是最重要的推动力,因此,微软一案必须具有开创先例的价值。美国著名经济学家、"新增长理论"的创立者保罗·罗默同样支持对微软采取反垄断行动。他认为,创新是决定消费者福利的最重要因素,而竞争比垄断更有可能带来创新。

保持创新的活力是美国经济能否继续领先于世界的关键,近几年来,美国以反垄断为核心的竞争政策重点转向促进创新。可以说,正是为了重振信息产业,促进科技发展,美国政府最终放弃分拆微软。

不过,在美国经济学界,对反托拉斯法质疑的声音渐渐多了起来。一些学者认为,目前的反垄断措施经常是对取得市场支配地位的企业不利,哪怕企业的支配地位是通过高效和低价取得的,而在现实中,企业垄断与否,企业到底是推动了竞争还是抑制了竞争很难判断。比如,著名的自由派经济学家弗里德曼指出,"多年来,我对反垄断法的认识发生了重大的变化。我刚入行的时候,作为一个竞争的支持者,我非常支持反垄断法,我认为政府能够通过实施反垄断法来推动竞争。但多年的观察告诉我,反垄断法的实施并没有推动竞争,反而抑制了竞争,因为官僚总舍不得放弃调控的大权。我得出结论,反垄断法的害处远远大于好处,所以最好干脆废除它。"美国经济学界的另一大亨、价格理论大师阿曼·阿尔钦说:"我想根本没有经济学家会支持司法部对微软的起诉,至少我没有见过。"的确,对于当年曾困惑大经济学家马歇尔的垄断与竞争的关系问题,甚至对于微软的捆绑销售究竟是垄断还是竞争行为的问题,至今没有一个能令人折服的答案。但可以肯定的是,不管微软案结果如何,它必然对美国反垄断政策的走向产生影响。

总之,随着自由放任的经济理论卷土重来,在新经济时代,被奉为自由竞争市场经济守护神的反垄断法也在寻求改变。微软案正集中反映了经济学家们对此问题的反思。

思考题:

(1) 请你概述垄断状况下的非效率表现。

(2) 美国政府为什么要起诉微软?为什么历时十年的美国政府对微软的调查起诉最后不了了之?

(3) 新经济条件下如何处理反垄断和科技进步的关系?
(4) 谈一下你对目前我国的反垄断的评价。

参 考 文 献

1. 保罗·萨缪尔森,威廉·诺德豪斯.经济学(第十七版).北京:人民邮电出版社,2004
2. 洪银兴.现代经济学.南京:江苏人民出版社,1998
3. 萧镜如,朱忠明.微观经济分析(第1版).北京:中国展望出版社,1989

第五章 产业经济学概论

本章教学目的和要求
　　了解产业经济学的主要研究领域,把握产业结构的分类与变动分析,学习产业关联与产业组织的相关知识,运用所学产业经济学知识解释相关问题。
本章教学要点
　　1. 产业结构分类与分析
　　2. 投入产出相关分析
　　3. 产业组织行为
关键词
　　产业经济学　产业结构　产业关联　产业组织

第一节　产业和产业经济

一、产业的概念

　　"产业"是介于微观经济组织和宏观经济组织(国民经济)之间的"集合概念"。它既是具有某种同一属性的企业的集合,又是国民经济以某一标准划分的部门。这种集合和划分在运用时有两个特征:第一,基于分析目的的不同,对产业的集合和划分形成了粗细不同的若干层次。"产业"概念虽然是夹在微观经济细胞与宏观经济单位之间的一个中间性概念,但在西方经济学的基础理论中,从其对象和方法上看,产业这个概念都是被忽视或被抽象掉了。
　　从以价格理论为核心的微观经济学看,它研究单个的生产者或消费者在市场上的行为规律以及它们相互间的竞争关系。在这种理论体系中,如果说有"企业的集合"即产业的概念的话,倒不如更准确地说它是"代表性企业",是用具有代表性的、典型的、平均的企业行为反映一个产业的动向而已。因此,在微观经济学中,由其研究的对象和方法所决定,逻辑上并不需要"产业"这个概念,企业的集合以及这个集合之间(即产业之间)的关系都不会以具体形态出现。

从以国民收入理论为核心的宏观经济学看,它研究的是国民收入生产、分配和支出的规律,从整个国民经济这一层入手,着眼于国民收入运动的总量均衡,即只讨论社会经济运行中的最终产品的总量运动,把社会总产品中的有关中间产品的生产和交换关系(也即产业之间的关系)给抽象掉了。使"产业"这一范畴以及产业之间的结构关系在宏观经济学中失去了存在的基础。这样,西方经济学的基础理论在解释现实经济情况时便遇到了难以想象的困难。其一,现实的产业及产业之间的关系,现实的产业内的企业关系是很复杂的,如企业规模、技术进步、市场竞争与垄断等问题都不是标准的微观经济理论可以直接回答的。没有一套分析产业内企业间关系的方法和工具,就很难具体地解决市场的竞争秩序问题。其二,现实的国民经济活动,不仅有国民收入总供给与总需求的均衡问题,而且也有产业之间有关中间产业复杂的交换和结构均衡问题,即国民经济运行不仅要解决总量均衡问题,也要解决其结构均衡问题。

由于宏观经济学不研究有关中间产品之间的交换均衡问题,因此诸如产业结构、产业创新升级等许多重要的现实问题便无从问答。总之,把西方经济学的基础理论与现实的经济活动相对照可以发现,前者,一是忽略了工商企业的实业活动领域(business),二是忽略了产业这个活动领域。

二、产业经济学的研究内容

自 20 世纪初以来,由于市场竞争的需要,研究工商管理学有了迅速的发展;同样,由于各国用产业政策干预经济活动的需要,研究产业经济学也正在兴起。至此,我们可以初步下结论:产业经济学是一门以研究"产业"活动为焦点的学问,它是夹在微观经济学与宏观经济学之间的一门应用性经济学科。进行以产业活动为焦点的产业经济研究,需要在下至企业、上至国民经济之间划出若干层次,建立服务于经济分析需要的产业概念,然后以其中的"结构"或"关系"为中心形成基本的研究领域。

产业经济学有以下几个基本的领域:

其一,国民经济中各产业间的结构关系,也即资源在各产业部门间的配置及变化问题。习惯上人们一般把反映这类问题的产业经济理论称之为"产业结构理论"。该理论的特点是研究随着经济发展和经济增长,产业结构演变的一般规律及其在不同国家和不同时期的具体表现,为制定经济发展战略提供重要依据。

其二,国民经济中各产业间的关联关系,也即以生产技术和工艺的相似性为依据,研究在这种产业划分条件下,各产业间的连接、连锁、传递和影响关系。习惯上人们一般把反映这类问题的产业经济理论称之为"产业联系理论"。该理论的特色在于它的方法论,是 21 世纪 30 年代美国经济学家里昂节夫开发的。该方法是将一个国家或地区在一定时间内所进行的经济活动,借助于产业联系表对产业之间在生产、交换、分配、使用上发生的关联进行分析研究,从而为国民经济预测和经济计划服务。该方法也称为投入产出分析,是一门很专业的学问,且要用到较多的数量分析方法。

其三,国民经济中同一产业内部企业间的结构关系,也即处于同一商品市场中的产业发展问题。习惯上把反映这类问题的产业经济理论称之为"产业组织理论"。它研究的是企业间关系结构的状态、性质以及对经济发展的影响。该理论的特色在于它构成一个国家维护或改变市场秩序的价值准则。在西方国家,该理论解释市场竞争活力与规模经济两者间的关系,而在中国,它还要涉及企业的性质(是不是商品生产者)、地位(是不是独立自主的经济主体)、企业制度(是现代企业制度还是纯粹的国有企业、集体企业等)、企业行为(竞争、联合、兼并、破产、倒闭等)以及政府对企业行为的调节等内容。由于产业组织理论和微观经济学的密切关系,尤其是博弈论的日臻完善,产业组织论成为产业经济学最重要的内容。

总之,产业结构、产业组织、产业联系这三个部分是产业研究的主体内容。其中,产业结构问题是产业经济研究的"准宏观"领域,产业联系问题是产业经济研究的"中观"领域,产业组织问题是产业经济研究的"准微观"领域。近年来,由于产业运行的外部效应成了可持续发展和结构均衡中日益重要的不可回避的经济与社会问题,如基础设施问题、环境问题、城市化问题等,因此外部经济效应的研究也正在成为产业经济研究中的重要的新领域。

下面用三节的篇幅简单介绍产业结构、产业关联、产业组织的内容及研究方法。以期读者对产业经济学有个大致的了解。

第二节 产业结构

一、产业结构的概念

所谓结构,简单来说,就是事物的有机的组成部分。产业结构就是产业的有机组成。从不同的角度来看,这些相互联系和作用的部分形成了完整的产业。也完成了经济赋予产业的职能。

产业结构这在经济学发展史上是一个较新的概念。目前在这个词的意义和用法上很混乱。有些人把它当作经济结构的意义来使用。在这种定义下产业结构的内涵十分广泛，既指产业之间的关系结构，又指某产业内部的企业间关系结构。产业结构有两方面涵义：

一是从量的方面来看，它是指国民经济中各产业之间和各产业内部的比例关系。这种量的关系至少可以从两个层次来考察：国民经济中的第一、二、三次产业的构成，农、轻、重、商业、建筑、邮电业、服务业等；三次产业各自的内部构成，如第二次产业的内部结构，主要指制造业的内部结构，第三次产业的内部结构，主要是指它的四个层次，即流通部门、为生活服务的部门、为生产服务的部门、为提高科学文化水平和居民素质服务的部门以及政府、公共服务机构等。三次产业内部的行业结构分析，重点是揭示伴随着经济发展，产业结构演变的规律及其动因。它通过对产业结构的历史、现状和未来趋势的研究，寻找产业发展的一般规律，为规划未来的产业结构和制定产业政策服务。同样，也可以为企业的战略管理、技术进步、产品及市场开发找到目标及依据。产业结构分析的特点是采用经验性法则，对宏观领域中的现实经济问题进行实证研究。

二是从产业的质的方面看，它是指国民经济中各产业的素质分布状态，即技术水平和经济效益的分布状态，它可以从两个方面来考察：从加工深浅度、附加价值(Value Added)高低、资本密集度、高新技术产品产值占该产业的总产值的比重等方面来考察，从规模效益和国际竞争角度来考察。这两个方面在开放经济条件下均可以从进出口结构中得到综合的反映。

二、产业分类

研究产业结构首先是产业分类。产业分类，是对构成国民经济的各种活动按一定的标准进行分解和组合，以形成多层次的产业门类的过程。产业分类是分析各产业部门经济活动、它们之间的相互联系和比例关系的基础，也是进行产业经济管理的重要前提。迄今为止，比较重要的产业分类大致上有下面几种：

（一）三次产业分类

所谓三次产业分类，就是把全部经济活动划分为第一产业、第二产业和第三产业。这种分类法最初由费希尔于1935年在《安全与进步的冲突》一书中提出，并以英国经济学家克拉克的名字命名。因此它又称为"克拉克大分类法"。费希尔划分以社会生产发展阶段为依据、以资本流向为主要标准。克拉克的划分标准有三：① 产业距离消费者的远近程度。② 产品是否有形。③ 生产过程与消费过程是否可分离。可分离的划入第一次产业或第二次产业，不可分离的划入第三次产业。显然,克拉克与费希尔的主要区别在于:运输、通讯、建筑、煤气、电力等是划入第二次产业还是第三次产业,军队是否算第三产业。

三次产业分类法在应用中受到各国的普遍重视,它们多从本国实际出发来划分具体范围。为了统一各国的划分范围,由美、英、法、意、德、澳大利亚、日本等24国组成的"经济合作与发展组织"提出了自己的划分方法:农业为第一次产业,其生产是直接利用自然资源的活动,主要包括种植业、畜牧业、狩猎业、渔业和林业;工业为第二次产业,其生产活动是对自然资源进行加工或再加工,主要包括制造业、采掘业、矿业、建筑业、公共事业(煤气、电力、水等);服务业为第三次产业,其活动是为了满足人们高于物质需要的需要,主要包括运输业、通讯业、仓储业、批发和零售、贸易、金融业、房地产业、科学、教育、广播电视、公共行政和国防以及社会事务、娱乐和个人服务等。目前,欧美多数国家采取这种划分法。联合国的标准产业分类也与此密切相连。

我国的三次产业分类法是根据社会生产活动,历史发展的顺序进行划分的。产品直接取自然界的部门称为第一产业,对初级产品进行再加工的部门称为第二产业,为生产向消费提供各种服务的部门称为第三产业。具体划分如下:

第一产业:农业(包括种植业、林业、牧业、副业和渔业)。

第二产业:工业(包括采掘工业制造业、自来水、电力、蒸汽、热水、煤气)和建筑业。

第三产业:除第一、第二产业以外的其他各业。

由于第三产业包括的行业多、范围广,根据我国的实际情况。第三产业可分为两大部分:一是流通部门,二是服务部门。具体又可分为四个层次:

第一层次。流通部门,包括交通运输业、邮电通讯业、商业、饮食业、物资供销和仓储业。

第二层次。为生产和生活服务的部门,包括金融、保险业,地质普查业,房地产、公用事业,居民服务业,咨询服务业和综合技术服务业,农、林、牧、渔、水利服务业和水利业,公路、内河(湖)航道养护业等。

第三层次。为提高科学文化水平和居民素质服务的部门,包括教育、文化、广播电视、科学研究、卫生、体育和社会福利事业等。

第四层次。为社会公共需要服务的部门,包括国家机关、党政机关、社会团体,以及军队和警察等。

(二)标准产业分类

标准产业分类必须具备三个特征:其一,权威性,即这种分类政府权威机构编制和颁布;其二,完整性,即这种分类应尽量详尽、无遗漏之处;其三,广泛的适应性,即这种分类应便于进行比较分析。

联合国为统一世界各国的产业分类,颁布了《全部经济活动的国际标准:产业分类索引》,并于1993年进行了第三次修订。这种标准产业分类把"全部经济活动"分为A~Q 17个部门,在每个部门下又分成若干类别,每个类别下面又分成若干组,最后又将若干组分成若干项,因此形成了部门、类别、组、项四级结构,并规定了相应的统计编码,便于计算机处理。

我国于1994年在积极汲取世界各国行业分类标准经验,在参照联合国国际标准产业分类的基础上,制定形成了《国民经济行业分类与代码》(GB/T 4754-1994)。我国标准产业分类共分6个门类,92个大类,368个中类,854个小类,部分分类标准见表5-1。

表5-1 中国国民经济行业分类与代码表(GB/T 4754-1994)

门类	大类	中类	小类	类别名称
A				农、林、牧、渔业
	01			农业
		011	0110	种植业
		019	0190	其他农业
	02	020	0200	林业
	03			畜牧业
		031	0310	畜牧饲养放牧业
		032	0320	家禽饲养业

标准产业分类与三次产业分类之间保持着密切的联系。标准产业分类的大部门可以很容易地组合为三个部门而与三次产业相对应。三次产业分类的三个部门也可以更细地划分为不同的产业分支与标准产业分类法相对应。

(三)生产结构产业分类

这是指以研究生产过程中的产业间关系和比例为目的的产业分类法。由于在这种分类法中,产业单位由它在社会再生产过程中的地位和作用而确定,所以没有统一的规范。在这种产业分类中,有代表性的方法有三种:

其一,霍夫曼的分类法。德国经济学家霍夫曼出于研究工业化及其进程的目的,把产业分为三类:① 消费资料产业;② 资本品产业;③ 其他产业。霍夫曼分类的原则是,某产业产品的用途75%以上用于消费的归入消费资料产业,75%以上用于资本投入的归入资本品产业,介于两者之间的归入其他产业。

其二,"日本产业结构审议会"采用的生产结构分类法。它把产业分为七大类:① 基础材料产业,包括矿业、化学工业(不含化纤和化纤原料)、石油及煤炭加工业、水泥、玻璃、建筑用陶瓷、石料业、钢铁业、有色金属业、金属材料工业等；② 加工组装产业，包括一般机械、电气机械、运输工具、精密仪器等工业；③ 生活消费品和其他制造业；④ 建筑业；⑤ 商业；⑥ 服务业；⑦ 不动产业、运输、通讯等。

其三，日本经济企划厅的新产业类法。1987年，日本经济企划厅综合计划局在《走向21世纪的基本战略》一书中，采用了新的产业分类法。他们认为由于产业结构成熟化进展的结果，第一产业的比率已经变得极其微小；另一方面，一直被概括为第三产业的广义的劳务产业部门却在不断扩大，在经济中所占的比率不断提高。与此同时，在劳务业中也开始出现成熟化的领域。因此，像过去那样划分为第一、第二、第三产业的产业分类已经难以把握产业结构的变化，也难以把握随之而来的就业结构的变化和成长产业的态势。为此他们取代过去的第一产业、第二产业、第三产业的产业分类，将第一、第二产业合并为物质生产部门，将第三产业分割为网络部门和知识、服务生产部门。

物质生产部门，是从事商品（货物）的生产（包括建筑）的部门，由农业、矿业、制造业、建筑业组成。

网络部门是为了对物（商品、能源）、人（旅客、人才）、钱（资金）、信息进行流通和中介，并以构成网络为业的部门，由运输、通讯、商业（饮食店除外）、金融、保险、不动产、电力、煤气、自来水各产业组成。知识、服务生产部门是以生产知识、服务为业的部门，它是由与广义的管理有关的经营管理服务（中间投入服务）、医疗服务、健康服务、教育服务、娱乐关联服务（最终消费服务）、家务服务、公务服务组成。

（四）工业结构的产业分类

这是专门用以研究工业结构（尤其是工业化进程、阶段、特征）的产业分类法。通常的做法是，把工业划分为重工业、化学工业和轻工业三大类。其中，划分轻重工业的根据最初是用产品单位体积的相对重量，产品单位体积重量大的工业部门属重工业、重量轻的属轻工业；后来在社会主义国家改用以产品用途来划分，生产生产资料的部门称为重工业，生产消费资料的部门称为轻工业。

在我国，轻工业就其所使用的原料不同，可分为两大类：① 以农产品为原料的轻工业，是指直接或间接以农产品为基本原料的轻工业。主要包括食品制造，饮料制造，烟草加工，纺织、缝纫、皮革和毛皮制作，造纸以及印刷等工业。② 以非农产品为原料的轻工业，是指以工业品为原料的轻工业。主要包括文教体育用品、化学药品制造，合成纤维制造，日用化学制品、日用玻璃制品、日用金属制品、手工工具制造，医疗器械制造，文化和办公用机械制造等工业。重工业按其生产性质和产品用途，可分为下列三类：① 采掘业，是指对自然资源的开采,包括石油开采、煤炭开采、金属矿开采、非金属矿开采和木材采伐等工业。② 原材料工业,指向国民经济各部门提供原材料、动力燃料的工业。包括金属冶炼及加工、炼焦及焦炭化学、化工原料、水泥、人造板以及电力、石油和煤炭加工等产业。③ 加工业,是指对工业原材料进行再加工制造的工业。包括机械设备制造、金属结构、水泥制品等工业,以及为农业提供的生产资料如化肥、农药等工业。

(五)资源密集度的产业分类

这里的"资源"是指投入生产过程的各种生产要素的总和,它包括资本、劳动、技术、自然资源、知识等。这种产业分类是根据不同产业在生产过程中对各种资源的依赖度大小来划分的。例如,对劳动依赖程度大的称做劳动密集型产业、对资本依赖度大的称做资本密集型产业、对技术依赖度大的称做技术密集型产业、对知识依赖度大的称做知识密集型产业等。这种产业分类的一个重要特征是具有很强的相对性,并不存在绝对的标准。例如,电子计算机软件产业既可看作是技术密集型产业又可看作劳动密集型产业,有时也可看作是知识密集型产业。

(六)相互衔接的产业顺序的分类

这里的相互衔接,是指产业链中的前后相关联关系。它包括:① 上游产业或初级产品生产产业,包括农业、林业、能源、矿业原料、采掘等;② 中游产业或中间产品生产产业,包括金属冶炼、化工原料、建筑材料等;③ 下游产业,或最终产品生产产业,包括用于投资、消费和出口的产业。

(七)增长率产业分类法

这是按照产业两个相邻的时期(每个时期大约 20 年)不同的增长速度变化划分产业类型的方法。如图 5-1 所示,一般可以把产业划分为四种类型。

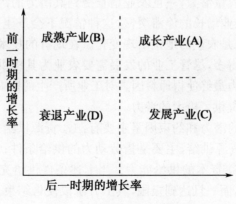

图 5-1 按增长率产业分类

图 5-1 中纵轴表示前一时期各产业部门的年均增长率,横轴表示后一时期各产业部门的平均增长率,虚线表示这两个时期所有部门的年均增长率。A 组为成长产业,其增长率在两个时期中都超过平均增长率;B 组为成熟产业,在前一时期高于平均增长率,而在后一时期增长率逐渐低于平均增长率;C 组为发展产业,在前一时期大体接近于平均增长率,而在后一时期则大大高于平均增长率;D 组为衰退产业,在两个相邻时期都低于平均增长率。这种产业分类法的优点是可以动态观察产业发展的有序更替过程,但有时界线不太明显。因为有时根据接近于平均增长率或略大于平均增长率的界线,还难以准确地判断产业的性质。

三、影响产业结构变化的因素

研究产业结构问题,大致使用三类指标:① 各产业的就业人数及其所占的比例变化;② 各产业的资本额及其所占的比例变化;③ 各产业所创造的国民收入及其在全部国民收入中的比重。在这三类指标中第①、②类指标反映各种资源在各产业部门中的分配状态,即资本、劳动力在各产业之间的分配比例关系,第③类指标反映经济活动的结果。前者为因、后者为果。用前者除后者,可以分别得到反映各产业经济效益的指标。这种比较方法为产业结构的研究提出了一个较广阔的视野。影响一个国家或地区产业结构性态、特征以及变化的因素是十分复杂的,综合起来大体有以下几个方面:

(一) 生产力增长的潜力和约束因素

所谓生产力增长的潜力是指为生产力增长所能增加的最大限度的要素资源能力。

(1) 农业增长的潜力和约束因素。农业增长的潜力和约束因素主要取决于自然资源和市场容量潜力,一旦农业增长受到其潜力的约束,则其增长就达到极限,从而导致农业增长的停滞缓慢,这种情况下会产生两个结果:一是创立新的产业部门;二是农业的地位出现变化。在现有的技术发展中,工业增长的潜力要比农业大得多,尽管工业的发展需要农业为其提供部分原料,但工业加工制造的深度潜力最终使得原料因素对工业所产生的影响变得越来越小,科技进步为工业增长提供了极大的潜力。

(2) 工业增长的潜力和约束因素主要有:① 资源供给条件,包括品种、数量及价格;② 人力资源供给,主要是指劳动力的供给条件;③ 技术供给能力;④ 市场容量潜力;⑤ 资本的供给能力。当上述条件供给充分时,工业部门将处于持续增长状态,而一旦达到极限,其上升阶段便告结束。由于工业内部构成复杂,调整潜力比较大,因而约束因素牵制没有农业那样迅速和明显。

（3）第三产业增长的潜力和约束因素。这些因素主要有：① 被依托部门的需求格局和数量。② 被依托部门内部分工：发展的深度既体现在分工、深化所创造的服务职能的发展上，也体现在分工演化对新兴服务业的需求上。③ 本身所能提供的服务手段和效用。第三产业发展一方面是以第一、第二产业的发展为基础；另一方面是以自身发展所创造的市场为保证的。从这个意义上讲，第三次产业既是一种依托产业（从联系上看）又是一种独立产业（从职能上看），其结构变化取决于第一、第二次产业的发展和自身扩张的能力。从第三次产业内部分离出来的新产业，不是第三次产业的衰落，而是第二次产业发展的结果。

（二）需求结构的变化

生产结构决定需求结构，而生产结构又和产业结构相联系，因而产业结构决定需求结构，但这一结论在市场经济中并不意味着可以否定或忽视需求结构对产业结构成长的拉动作用。需求结构是反映与人类生理特征有关的需要等级的先后次序的构成。它一般分为三个层次：以生理性要求为主导的需求；追求便利和机能的需求；追求时尚和个性的需求。

大量的研究表明，需求结构的这三个变化阶段与产业结构成长阶段是相对应的。需求结构的一个基本特征是它对各类商品供给的丰裕程度具有不同的反应，随着人均收入水平不断提高，需求重点会逐步向高层次转移，支出结构由购买吃穿为主转向大量购买耐用消费品。这一特征对产业结构成长有直接影响。实证研究发现：

在人均 GNP 为 300 美元以下的低收入阶段，恩格尔系数较大，人们的消费需求主要集中在温饱问题上，需求结构处在"生理性需求占统治地位的阶段"。和这一需要结构相适应，产业结构中农业、轻纺工业具有较大比重，资本有机构成低的产业在整个产业结构中占主导地位。

在人均 GNP 为 300 美元以上的一般收入阶段，温饱问题得到基本解决，需求结构的重点将转向非必需品，特别是耐用消费品，从而人们的消费需求进入"追求便利和机能"的阶段。这种变化将拉动产业结构发生相应的变化，产业结构转向使用工业原料的以资本品、耐用消费品制造为中心的基础工业和重加工工业的生产。

当人均 GNP 为 1500 美元以上的高收入阶段，物质产品已经较为丰富，人们的消费选择余地大为拓展，人们对精神生活质量和生活环境的要求大力提高，从而开始进入"追求时尚和个性"的需求阶段。要满足人们多样性和多变性的需求就需要以小批量、多品种的生产方式与之相适应，并要求加强产前产后的服务，从而促进以信息、服务业等高科技为中心的现代服务业的大发展，使产业结构迅速走向服务化。

需求结构变量影响产业结构变动的关系,通常用"产业需求弹性"来表示。产业需求弹性系指某一产业部门产品的需求额随人均 GNP 在某一水平上发生变化所产生的反应,其计算公式为:

$$产业需求弹性 = 该产业的需求增长率 / 人均 GNP 增长率$$

该弹性系数的大小,从需求方面反映了各产业部门将在产业结构中能够占有多大比重。生产高需求弹性产品的产业将在产业结构中占有更大份额,生产低需求弹性产品的产业将在产业结构中占较小的份额。我们在进行产业结构调整时,可以依据需求弹性系数,采取鼓励或限制产业部门发展的具体措施。一般来说,需求弹性高的产业应大力发展,需求弹性低的产业应予适当收缩。

当然,需求结构引导产业结构有时会发生错误的信息,如通货膨胀引起的需求膨胀易引发企业盲目扩大生产以追逐"货币"需求等。推进产业比结构有序成长的需求结构必须符合经济发展水平,否则它将给产业结构成长带来消极影响:一是加剧产业结构"瓶颈"制约;二是削弱产业关联效果;三是破坏产业结构正常变动秩序。这种消极影响在我国已有明显表现,对此我们必须引起重视。

(三)国际经济关系的变化

国际经济关系对产业结构成长的作用主要体现在以下几方面:

(1)国际市场供给对国内市场供给的替代,其中主要是通过价格机制使国际市场上廉价的产品替代国内相对高价的产品。这种替代会导致所涉及产业的停滞或消失,从而导致整个产业结构体系的变化。

(2)国内供给对国际市场的替代。即本国有竞争力的产品替代国外产品,使本国生产突破市场容量和需求结构的限制而获得较大的增长潜力,产业所获得的这种增长潜力自然会反映在产业结构的构成及其变化上。

(3)国际市场供给对国内供给短缺的补充。如果生产的其他条件具备及市场容量没有约束,那么来自国际市场的补充就会成为国内一些产业发展的基本条件。

除了以上三个影响产业结构的因素外,还有资源转换率(包括生产要素投入到产出之间的转换效率)、政治因素等。

四、产业结构分析的方法

产业结构动态分析的方法一般可分为三大类。

（一）产业结构变动分析方法

如何掌握产业结构变动的程度？有三个指标可供我们采用，即产业结构变动值指标、Moore 结构变化值指标和产业结构超前系数指标。

(1) 产业结构变动值的计算公式为：

$$K = \sum |q_{i_1} - q_{i_0}|$$

其中：K 为产业结构变动值，q 为报告期和基期构成比。

计算出的数值越大，说明产业结构的变动幅度越大。该指标仅将各产业份额变动的绝对值简单相加，并不反映某个具体产业变动的情况，也不分辨结构演变中各产业的此消彼长的方向变化。如果我们需要考虑某一产业的变动程度及变动方向，可以将上式改为：

$$K_i = \left(\frac{q_{i_1} - q_{i_0}}{q_{i_0}}\right) \times 100\%$$

(2) Moore 结构变化值

该指标运用空间向量测定法，以向量空间中夹角为基础，将产业分为 n 个部门，构成一组 M 维向量，把两个时期间两组向量间的夹角，作为象征产业结构变化程度的指标，该指标称为 Moore 结构变化。计算公式为：

$$M^+ = \frac{\sum_{i=1}^{n} W_{i,t} * W_{i,t+1}}{\sqrt{\sum_{i=1}^{n} W_{i,t}^2}} * \sqrt{\sum_{i=1}^{n} W_{i,t+1}^2}$$

(3) 产业结构超前系数

通常用来测定某一部门结构增长对经济系统中平均的增长趋势的超前程度。计算公式为：

$$E_i = a_i + \frac{(a_i - 1)}{R_t}$$

式中：E_i——第 i 部门的结构超前系数；

a_i——第 i 部门期末所占份额与期初所占份额之比；

R_t——同期经济系统中平均的增长率。

（二）产业结构联系分析方法

产业结构的变动是在产业部门间的相互联系过程中产生的。分析产业结构联系的指标主要有结构相似系数和霍夫曼比例。

1. 结构相似系数。此系数是指同种产业结构的相近程度。计算公式为：

$$S_{ij} = \frac{\sum_k X_{ik} X_{jk}}{\sqrt{\sum_k X_{ik}^2 \sum_k X_{jk}^2}}$$

S_{ij} 表示两种产业结构（i 与 j）的相似系数；X_{ik} 表示某部门在 i 种结构中所占比重；X_{jk} 表示某部门在 j 种结构中所占比重。

2. 霍夫曼比例。这是研究产业结构联系的重要指标。德国经济学家霍夫曼在其 1931 年出版的《创新化的阶段和类型》一书中，对近 20 个国家的资本资料和消费资料净产值比值进行时间序列分析，他发现此比例随时间的变动而不断下降。这个比例一般就称为"霍夫曼比例"，公式为：

霍夫曼 ＝ 消费资料工业部门净产值 / 资本资料生产部门净产值

霍夫曼比例中的消费资料和资本资料部门可以近似地当作轻工业和重工业部门，或者可以说霍夫曼比例就是轻重工业比例，当我们将产业划分为农轻重结构时，可以借鉴霍夫曼比例进行研究。

霍夫曼比例的变动如果从大到小，表明工业化程度的加强。霍夫曼将工业化过程分为四个阶段，第一阶段基本可以说工业水平较低，或尚处在农业为主导产业的时期；第二阶段，工业化程度有所加强，或者说正处于工业振兴时期，初步迈入了工业化国家行列；第三阶段，消费资料工业与资本资料工业在规模上大致相当；第四阶段，生产资料生产越过了消费资料生产，基础工业高度发达。

霍夫曼系数在反映工业化的程度方面有一定局限性，一是统计分析的范围较窄，仅局限于工业内部的净产值比例关系；二是资本资料与消费资料的产业划分在实践中有一定的困难，而不得不用轻重工业划分代替；三是前计划经济国家可以凭借强大的政府力量在一段时间内集中资源投入重工业，在极短的时期内把工业结构转移到重工业化，但这并不能准确地反映其产业结构水平已经有了充分的提高。

（三）产业结构效益分析

合理的产业结构并不单单是几个产业部门的简单组合，而是能够发挥较高经济效益和有利于经济发展的组合。所以产业结构的优劣或合理与否需要有一些指标或标准来对产业结构的效益问题进行测度和分析。

（1）比较劳动生产率。这是指在整个产业中不同产业所创造的国民收入份额与所投入的劳动力份额相比。

$$某产业比较劳动生产率 = \frac{该产业国民收入相对比重}{该产业劳动相对比重}$$

通过比较劳动生产率的分析,我们至少可以了解到四个方面的问题:第一,国民收入在各个产业部门的构成;第二,劳动力在各个产业部门间的分布;第三,各产业劳动生产率的增长状况;第四,各产业比较生产率的相对水平。

用比较劳动生产率指标衡量产业结构效益的准则是这样的:每个产业劳动生产率水平与全部产业劳动生产率水平的比较,标志着该产业在整个国民经济中的地位,同时也能反映一定时期内一国产业结构内部的差距。西蒙·库兹涅茨选择过40个发展程度不同的国家,把其按人均GNP水平分成7个等级,对1948—1954年的三大产业的比较劳动生产率进行了统计分析,结果表明:欠发达国家的第一产业与第二、三产业的比较劳动生产率的差距要比发达国家悬殊得多,越是穷国,这种差距越明显。参见表5-2。

表5-2 第一、二、三产业的比较劳动生产率的国际比较

人均国民收入水平	国家数	比较劳动生产率		
		第一产业	第二产业	第一产业/第二、第三产业
Ⅰ	7	0.86	1.03	0.86
Ⅱ	6	0.60	1.19	0.52
Ⅲ	6	0.69	1.15	0.62
Ⅳ	5	0.48	2.02	0.27
Ⅴ	5	0.61	1.48	0.42
Ⅵ	7	0.69	1.72	0.45
Ⅶ	4	0.67	2.74	0.31

中国1984年第一次产业的比较劳动生产率为0.85,第二、三次产业该指标分别为3.05和1.41,把第一次产业与第二、三次产业比较劳动生产率的平均数对比,其值为0.25。这充分说明中国产业结构之间的水平差距以及不合理之处。经过十几年的发展,中国产业结构之间的水平差距有较大改善。1999年第一次产业的比较劳动生产率为0.35,第二、三次产业该指标分别为2.14和1.231,第一次产业与第二、三次产业比较劳动生产率的平均数相比,其值为0.2。

(2) 产业结构增长波动分析法。产业结构增长是指各产业部门的稳定增

长和相互之间协调增长,产业结构中的任何"异军突起"和"大起大落"现象都是结构低效益的表现。

我们可以用两个指标来衡量产业结构增长的波动情况:

$$D = \frac{\sqrt{\sum(x-\bar{x})^2}}{n}$$

$$\sigma = \frac{D}{\bar{x}}$$

其中:D——标准差;

x——分析期内各年增长速度(标志值);

n——项数(分析期内年数);

σ——标准差系数(离散系数);

$\bar{x}$——平均数(平均增长速度)。

(3) 技术进步率。由于现代产业结构效益主要来自于技术进步,技术进步是导致产业结构向高度化和附加价值化方面演化的主要原因,因而产业技术进步率是衡量产业结构效益的重要标志,国家可以依此进行产业结构的优化调整,选择主导产业,以技术进步率高的产业带动其他产业的发展。当然,产业技术进步率在每个时期或不同阶段上可能是不相同的,这就要求我们对产业结构进行经常性分析,发现新的高技术进步率产业,并着力给予扶持,同时找出衰退或"夕阳"产业,及时进行调整。在产业结构效益分析中,技术进步率可用综合要素生产率(TFP)来代表。它是综合度量资料转换为产出的效益指标。具体地看,它是产出增长率与投入要素增长率(资本投入增长率与劳动投入增长率的加权平均数)之间的差额。

(4) 出口商品竞争力指数。该指数是衡量某一产业产品或劳务在国际贸易中所处地位的指标,综合反映了产业在附加价值程度、加工深浅度、技术密集度方面的状况,因而是一种产业结构效益分析的重要指标。

出口商品竞争力指数可以通过以下方法建立:用某国某产业出口商品与世界市场中该商品出口总额的比例,与该国出口总额占世界所有商品出口总额的比例相比较。由于世界出口贸易是由各国各类出口产品组成的,所以如果某一国家在某一具体的出口商品贸易额中所占比例较大,即国际市场占有率高,并大于该国所有出口商品占世界出口贸易总额中所占的平均比例,那么该项商品出口的外销竞争力就较强。

五、三次产业结构变动规律

在产业结构理论中,最著名的学说应是有关经济发展中劳动力在三次产业中分布结构如何变化的理论,这一理论是英国经济学家威廉·配第和克拉克分别对经济现象的观察和依据大量统计资料进行时间序列分析而归纳出来的。17世纪英国经济学家威廉·配第(1623—1687)在其名著《政治算术》中描述过这样的现象:制造业比农业,进而商业比制造业能够得到更多的收入。比如,当时英格兰的农民每周能赚4先令,海员的工资加上伙食和其他形式的收入,每周的收入是12先令。一个海员的收入能顶得上三个农民的收入。威廉·配第发现,当时大部分人口从事制造业和商业的荷兰,人均国民收入要比欧洲大陆国家高得多。这种不同产业间收入的相对差异,促进了劳动力向能够获得更高收入的部门移动。虽然在经济学的发展史上,较早注意到经济发展与产业结构变动之间存在关联的是威廉·配第,但在威廉·配第所处的时代还不能从理论上精确地论证人口平均产值的高增长率与产业结构的高变换率之间的内在关系。真正对此关系首先做出经验性概括的是英国经济学家克拉克。他通过统计分析揭示了经济进步过程中产业部门结构变化的一般规律,验证了总量增长与结构变动的历史关系——随着人均国民收入水平的提高,劳动力首先由第一次产业向第二次产业转移。当人均国民收入水平进一步提高时,劳动力便向第三产业转移。

克拉克的分析有三个前提:一是使用三次产业分类法,二是运用各产业中劳动力的份额变化指标;三是运用时间序列分析法分析人均收入增长变化。劳动力在三大产业间的分配为什么及如何受人均收入增长的影响呢?克拉克认为有两点解释,一是需求因素;二是效率因素。对前者,他说:"随着人均收入的增加,很明显,对农产品的相对需求一直在下降,而对制造业的相对需求首先上升然后下降最终让位于服务业。"他进一步指出,服务业所提供的产出,其受益对象不仅包括一般消费者,而且包括企业,若把企业所提供的服务考虑进去,服务业就会有很高的边际需求,其相对需求上升就是必然的。

效率差别也被克拉克认为是导致结构变动的一个重要因素。他认为农业虽然没有像制造业那样呈现出劳动生产率的迅速上升,但除原始社会外,也显示了持续上升的势头。这种上升的生产率与持续下降的相对需求结合在一起,必将导致农业劳动力比例持续下降。关于制造业,它的人时实际产品差不多总是比其他部门以更大比例增长,因此,制造业的一个静止的相对需求甚至需求增长,也会导致该部门就业劳动力的比例下降。至于服务业中劳动力份额的持续上升的原因,是因为对服务部门的社会需求比其生产效率增长得更快的缘故。

克拉克认为他的上述发现只不过是对威廉·配第理论观点的印证,故后人把他们所描述的现象称之为"配第—克拉克定理"。这一定理只是对产业结构演变的基本趋向的粗略揭示,在研究方法上存在的主要缺陷是只使用了单一的劳动力指标,不能从更深入的层次上揭示产业结构演变的总趋向。

对产业结构演变的需求因素和效率因素的更进一步研究,本质上要求探讨各产业所实现的国民收入比例关系及其变化状况,弄清楚国民收入在各产业分布状况的变化趋势,并把它与劳动力分布状况的变化趋势结合起来。

美国著名经济学家、"GNP之父"西蒙·库兹涅茨在继承克拉克研究成果的基础上,进一步搜集和整理了20多个国家的庞大数据,甚至把一些国家的统计资料追溯到了19世纪(如英国),从国民收入和劳动力在产业间的分布入手,对伴随着经济增长中的产业结构变化作了深入的研究。

根据时间序列的历史资料,库兹涅茨对各国国民收入和劳动力在产业间分布结构的演进趋势所作的统计分析结论是:农业部门实现的国民收入,随着年代的延续,在整个国民收入中的比重(国民收入相对比重)以及农业劳动力在全部劳动力中的比重(农业劳动力相对比重)均处于不断下降之中,工业部门国民收入的相对比重,大体上是上升的。然而,工业部门中劳动力的相对比重,如果综合各国的情况看,则是大体不变或略有上升。服务部门的劳动力相对比重差不多在所有国家中都呈现出上升的趋势,但国民收入的相对比重却并不必然地与劳动力的相对比重的上升趋势同步,综合起来看是大体不变或略有上升。

以上三条结论是按时间序列分析得到的。为了深化分析,库兹涅茨还从横截面的角度,对人均国民收入水平不同的国家在同一时点上,从低到高排列起来进行分析。得到的结论是:

① 人均GDP处于70~300美元的组距内,农业部门的产值份额下降显著,同时工业和服务部门的产值份额相应大幅度上升。农业部门劳动力份额随人均GDP提高而下降速度更为明确,工业和服务部门劳动力份额上升趋势也更加强烈。

② 在人均GDP处于300~1 000美元的时点截面上,农业部门的产值份额和劳动力份额继续下降,而工业和服务部门则呈继续上升趋向,其中:工业部门产值份额上升了15个以上的百分点,而服务部门的产值份额则维持基本不变的格局。与此同时,工业部门和服务部门的劳动力份额都有较大比例的上升,工业部门上升比服务部门更快。

③ 对国民经济的非农业部门来说,在人均GDP较低的组内,虽然其产值和劳动力份额上升迅速,但其内部结构转变比较缓和;在人均GDP水平较高的

组内,非农部门内部结构变化则较为显著。

将时间序列分析和横截面分析结合起来,如表 5-3 所示,可以得到的结论是:

① 农业部门的相对国民收入,即比较劳动生产率在大多数国家都低于1,而工业和服务业部门的相对国民收入都大于1;农业部门劳动力相对比重和国民收入相对比重都有较大幅度的下降,但前者下降的程度低于后者。这现象在世界所有国家的现代化过程中普遍存在。

② 工业部门国民收入相对比重普遍上升,但劳动力相对比重微增或变化不大。因此工业部门比较劳动生产率是呈上升趋向的。进入 20 世纪之后,发达国家劳动力份额在工业部门一直保持变化不大的状况。这说明:第一,工业化到了一定程度之后,工业部门不可能大量吸纳劳动力,不可能成为国民经济中劳动力的主要"蓄水池";第二,工业部门比较劳动率上升的情况说明,在经济发展中,人均国民收入的增长主要依赖于工业部门的贡献。

③ 服务部门比较劳动生产率是下降的,但劳动力相对比重却是上升的。这说明第三次产业具有很强的吸纳劳动力就业的特征,但劳动力生产率不易提高得很快。70 年代之后,第三次产业已经成为三大产业中规模最大者,无论是劳动力还是国民收入,其相对比重都要占到 50% 以上,被称为"经济服务化"现象。

表 5-3 产业发展形态的概括

	劳动力的相对比重		国民收入的相对比重		比较生产率	
	时序分析	截面分析	时序分析	截面分析	时序分析	截面分析
第一次产业	下降	下降	下降	下降	下降(1以下)	几乎不变(1以下)
第二次产业	不能确定	上升	上升	上升	上升(1以上)	下降(1以上)
第三次产业	上升	上升	不确定	微升	下降(1以上)	下降(1以上)

为了更深入地研究产业结构变动的一般趋势,美国哈佛大学教授、世界银行前副行长钱纳里和其合作者塞尔昆在 1975 年合著的《发展形式:1950—1970》一书中,吸取克拉克和库兹涅兹的研究成果,并将研究领域进一步扩展到低收入的发展中国家,书中运用 130 个变量的 2 万个观察值,分析比较了1950—1970 年期间 101 个国家(地区)关于经济结构转变的全过程。

在研究中,他们使用了三个基本的回归方程对发展模式进行拟合,由此得出了一个"标准结构",该"标准结构"对从人均 GNP 100 美元～1 000 美元发展区间的经济变化,得出了重要的描述性结论,他们发现产业结构变化的 75%～80%发生在这一区间。

在产业结构转换的标准形式中,初级产业的附加价值从占 GDP 的 52%下降到 13%,工业的附加价值份额从 12.5%上升到 38%,基础设施和服务业也有十分显著的增长。其中最为突出的现象是,当越过人均 300 美元的临界点之后,制造业的附加价值份额才会超过初级产业。

第三节 产业关联概论

产业关联分析是借助投入产出表对产业之间在生产、分配、交换上发生的联系进行分析研究,从而为认识一国国民经济各产业部门的比例关系及其特征,进而为经济预测、经济计划和产业政策服务。该方法于 20 世纪 30 年代由美国经济学家列昂节夫首创。它作为一种全面的和实用性强的经济模型,随着各国宏观经济管理的加强,受到普遍重视。据不完全统计,目前世界上已有近百个国家编制投入产出表。1968 年,由联合国统计局普及推广的《国民经济核算体系》一书,将投入产出核算作为国民经济核算的重要组成部分,并与其他核算结合起来,从而使投入产出法的应用进入了新的阶段。表 5-4 为投入产出简表结构。

表 5-4 投入产出简表结构

投入	产出	中间需求				最终需求				总需求
		农业	工业	服务业	小计	投资	消费	净出口	小计	
中间投入	农业	X_{11}	X_{12}	X_{13}					f_1	q_1
	工业	X_{21}	X_{22}	X_{23}					f_2	q_2
	服务业	X_{31}	X_{32}	X_{33}					f_3	q_3
附加价值	折旧	D_1	D_2	D_3						
	劳动报酬	V_1	V_2	V_3						
	社会纯收入	M_1	M_2	M_3						
总供给		q_1	q_2	q_3						

一、投入产出法的基本原理

（一）投入产出表的结构及数量关系

1. 投入产出表的结构

典型的开放投入产出表是一张纵横交错的矩阵式平衡表格。见表 5-4，该表可以分割为四个部分：

（1）中间产品流量部分。即表的左上角部分。这一部分是投入产出表的核心部分，反映一个国家在一定时期内在各个产业之间发生的相互提供中间产品的交易关系。在这一部分的纵栏和横栏上排列着相互对应的产业名称。从横向看，表明各部门的产品除了自用外，分配给其他部门作为中间产品使用的情况，也就是各该产业的中间需求状况。从纵向看，表明各产业部门为生产一定的产品而消耗其他部门（包括本部门）产品的情况，也就是各该产业的中间投入情况。

（2）最终需求（使用）部分。即表的右上角部分。这一部分的主栏为产业部门，宾栏为最终需求的项目，如投资、消费、净出口等（根据经济分析的需要，最终需求可以作进一步的细分类）。该部分从横向看，反映各产业的产品成为最终产品的情况；从纵向看，反映各最终需求项目的产业部门构成情况。

（3）最终产值（毛附加价值）部分。即表的左下角部分。其主栏是毛附加价值的价值构成，宾栏是各产业部门。从纵向看，反映各产业部门所提供的毛附加价值是由哪些内容构成的；从横向看，反映最终产值的内容是由哪些产业提供的。

（4）再分配部分。即表的右下角部分。其主栏为毛附加价值（属初次分配性质），宾栏是最终需求项目。理论上讲，该部分反映经初次分配后，进行再分配形成最终收入，并与最终需求项目发生联系的情况。但在实践中，因收集同时反映主栏要求又反映宾栏要求的资料极其困难，故在编表时往往省略掉。

2. 各部分之间存在着以下的数量关系：

$$\sum_{j=1}^{n} x_{ij} + f_i = q_i$$

$$\sum_{i=1}^{n}\sum_{j=1}^{n} x_{ij} + \sum_{i=1}^{n} f_i = \sum_{j=1}^{n} q_j$$

$$\sum_{i=1}^{n} x_{ij} + D_j + V_j + M_j = q_j$$

$$\sum_{i=1}^{n}\sum_{j=1}^{n}x_{ij} = \sum_{j=1}^{n}\sum_{i=1}^{n}x_{ij}$$

$$\sum_{j=1}^{n}x_{ij} + f_i = \sum_{i=1}^{n}x_{ij} + D_j + V_j + M_j$$

(二) 产业的直接关联度：直接消耗系数

在产业经济分析中，对于产业之间关联程度衡量的最直观的指标是产业的直接消耗系数。所谓直接消耗，是指在生产过程中为生产某种产品对另一种产品的第一轮消耗。如，化学工业对农业、渔业、食品工业的消耗，对金属加工和机械工业的消耗等，均是属于直接消耗。再如，炼钢对电力的消耗，对生铁、焦炭、设备的消耗等，也都是直接消耗。

直接消耗系数就是指生产一单位本部门的产品对第 j 部门产品的直接消耗值，计算公式为：

$$A = XQ$$

在产业经济分析中，建立直接消耗系数矩阵的主要经济目的有三个：

(1) 反映各产业部门之间的生产技术的直接关联程度；

(2) 作为各产业中间需求和总需求、中间投入和总供给之间的媒介变量；

(3) 为更深层次的产业关联分析提供基础数据，如计算产业的完全联系、产业的前后向联系等，均需以它为基础资料。

在产业关联分析中，除了常要用到生产技术系数外，还需要分析诸如折旧系数、劳动报系数、社会纯收入系数等经济变量。这类系数虽然经济含义各不相同，但是从计算方法看，它们与计算直接消耗系数类似，都是用相应的值与产出相除。

(三) 产业的间接关联度：完全消耗系数

产业的直接关联度是从相邻两个产业的产品消耗系来计算的，如果从整个国民经济产品消耗的循环关系看，一种产品对另一种产品的消耗不仅表现为直接消耗，而且还表现为间接消耗，即一种产品通过媒介产品对另外一些产品的消耗关系。

对于间接消耗，有必要指出这么几点：

(1) 间接消耗需要经过多少层次，并与多少种产品发生关系，随各产品的性质不同而不同，有的多一些，有的少一些。

(2) 有的产品对另一种产品没有直接消耗关系，但却有间接消耗关系。例如船队捕鱼的生产活动，虽然这种捕鱼活动可能不直接消耗电力（一般是直接消耗柴油等），但是因生产柴油、木船以及其他工具需要消耗电力，所以捕鱼便会对电力发生间接消耗。

(3) 间接消耗比直接消耗复杂得多,其数值一般也数倍于直接消耗。把直接消耗量加上间接消耗量,就等于完全消耗量。

$$B = A(I-A)^{-1} = [I-(I-A)](I-A)^{-1} = (I-A)^{-1} - I$$

上式中,B 为完全消耗系数矩阵;A 为直接消耗系数矩阵;I 为单位对角矩阵。

二、投入产出模型

为了得到投入产出模型,需要把直接消耗系数引入投入产出模型。即把 $x=Aq$ 引入以上方程,得到:

$$q = (I-A)^{-1}f$$

上式称为投入产出基本数学模型中的行模型。

将直接消耗系数 $A=x/q$ 代入投入产出法中的第三个均衡关系,可以得到投入产出基本数学模型中的列模型。即

$$q = (I-A_c)^{-1}y_c$$

投入产出表中的各列(连同各部门的最初投入),反映每一个部门的全部支出。因此,根据每一种投入的价格和有关投入系数的资料,就能够算出每一种产品价格。例如,第一个部门的单位总产出的价格就是由下式决定的:

$$p = [(I-A)^{-1}]^T y$$

相对价格模型研究的是单位总产品中最终产值的变动对各部门价格的连锁影响。在投入产出法所揭示的产业关联分析中,往往需要考察某特定部门或若干个部门产品价格的变动对其他部门产品价格的连锁影响情况。这就需要对产业关联效应进行分析。

三、产业关联效应分析

投入产出表提供一个国家在特定时期内的经济运行过程和产业间相互关系的完整而系统的经济信息,可以利用它来深刻地认识一个国家的产业现状,探索产业发展的规律,预测产业结构变动的结果,以及制定产业发展规划。

1. 产业关联效应

"关联效应"是发展经济学家赫希曼提出的一个概念;现在已有人把它运用到判别战略产业的基准方面来了。所谓关联效应,是指某一产业投入产出关

系的变动,对其他产业投入产出水平的影响和波及。关联效应在产业间衔接的链条上是双向的。如果我们把生产最终产品的部门规定为前向,把生产中间产品的部门规定为后向,又假设有三个产业部门 A、B、C,它们之间的联锁关系如图 5-2 所示。

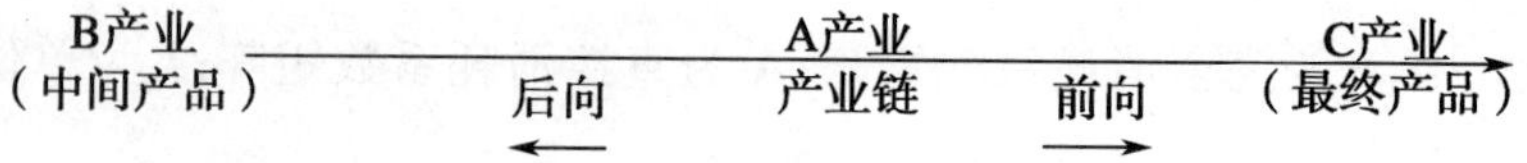

```
B产业 ─────────────── A产业 ─────────────── C产业
（中间产品）    后向    产业链    前向    （最终产品）
                 ←                →
```

图 5-2 产业关联图

由于在投入产出表中,第一部分横向的数值反映的是第 i 产业产品为其他产业(包括第 i 产业本身)所需求(中间需求)的情况,而纵列的数值反映的是第 j 产业的产品在生产过程中对其他产业(包括第 j 产业本身)产品的消耗(中间投入)情况。因此我们就可以把某一产业的前后向关联度公式表示如下:

(1) 后向直接关联效应系数向量:$\boldsymbol{L}_{bd} = \boldsymbol{i}^T \boldsymbol{A}$

(2) 后向完全关联效应系数向量:$\boldsymbol{L}_{bt} = \boldsymbol{i}^T (\boldsymbol{I} - \boldsymbol{A})^{-1}$

(3) 前向直接关联效应系数向量:$\boldsymbol{L}_{fd} = \boldsymbol{A}\boldsymbol{i}$

(4) 前向完全关联效应系数向量:$\boldsymbol{L}_{ft} = (\boldsymbol{I} - \boldsymbol{A})^{-1} \boldsymbol{i}$

2. 影响力和感应力

利用投入产出表推算出来的列昂惕夫逆阵系数表,可以研究某一产业变化对其他产业可能发生的影响,或该产业受其他产业影响的程度。这种研究可以区分各产业的循环和波及效应,找出发展带动作用大、结构转换功能强的战略产业。

由于产业的前后向关联及其相互关联的波及效应,任何一个产业的生产活动必然影响或受影响于其他产业的生产活动。我们把这个产业影响其他产业的程度叫做影响力,把受其他产业影响的程度称为感应力。如果我们能够用量化的办法将各产业的影响力和感应力的平均趋势作一个比较,掌握各个产业在这一方面的特性,对于制定正确的产业结构政策将大有裨益。

$$e_j = \frac{\sum_{i=1}^{n} C_{ij}}{\frac{1}{n}\sum_{i=1}^{n}\sum_{j=1}^{n} C_{ij}}$$

其中,e_j 为第 j 产业的影响力系数;e_i 为第 i 产业的感应力系数;i,j 分别代表横行和纵列;n 为产业部门数;C_{ij} 为列昂惕夫完全消耗系数矩阵。

根据公式计算的结果,如果 $e_j > 1$,则表明该产业的影响力在全部产业中居于平均水平之上;如果 $e_j=1$,则表明该产业的影响力在全部产业中处于平均水平;如果 $e_j>1$,则表明该产业的影响力在全部产业中处于下游水平。同样,e_i 也可以作类似的解释。

从以往的实证分析来看,各个产业的影响力和感应力系数,在工业化的不同阶段以及由于各国在产业结构上的差别而有所区别。一般来说,在工业化过程中,不仅重化工业的感应力系数较高,而且轻工业的影响力系数也较高。当经济增长率较高时,感应力系数大的重化工发展较快,同时影响力系数大的轻工业的发展则对其他产业的发展起推波助澜的作用。那些影响力系数和感应力系数均大于 1 的产业,往往是对经济发展表现为最敏感的产业。不管经济发展处于上升还是下降,这些产业都会有强烈的反映。80 年代初中国的纺织工业、冶金工业、重化学工业、重机械工业等产业就具有这种明显的效应。这就充分证明对产业间波及效应的上述分析,对制定正确的产业政策具有极其重要的作用。

3. 生产诱发和依赖性分析

利用投入产出的基本模型 $q=(I-A)^{-1}f$,可以对产业结构变化的原因进行深层的定量分析。这种分析可以借助两个重要的波及系数:一是产业的生产诱发系数,二是产业对最终需求的依赖度系数。

把第 i 产业的最终需求项目的生产诱发产值额除以相应的最终需求项目的合计数,便可得到各产业部门最终需求项目的生产诱发系数,即:

$$W_i^{(s)} = \frac{\sum_{k=1}^{n} f_k^{(s)} C_{ik}}{\sum_{k=1}^{n} f_k^{(s)}}$$

式中,W 为第 i 个产业部门第 s 种最终需求项目的生产诱发系数;f 为第 s 种最终需求项目数。

产业对最终需求项目的依赖度系数可以这样取得:把第 i 产业最终需求项目的生产诱发产值额除以相应产业的总产值,即:

$$Z_i^s = \frac{\sum_{k=1}^{n} C_{ik} f_k^{(s)}}{q_i}$$

式中,Z 为第 i 个产业的生产对第 s 种最终需求项目的依赖度系数;q 为第 i 产业的总产值。

生产诱发系数与依赖度系数具有不同的经济涵义和不同的认识功能。其中生产诱发系数的功能在于它可以认识某国各最终需求项目对诱发各产业生产的作用力大小。其经济涵义是当总的最终需求项目的合计数(如投资的各产业合计数)增加一单位时,某一产业的该最终需求项目诱发多少单位的生产额,换句话说,是表示各个最终需求项目对各产业的生产诱发了多少。依赖度系数的功能在于认识一国的产业部门的生产对市场需求的依赖程度。其经济涵义是指各产业的生产受哪种最终需求项目的多大的支持。有了该系数,不仅可以分析各产业的生产直接依赖于哪一种市场需求,还可以分析间接的最终需求项目对各产业生产的影响力度。以前的内容中我们曾经分析过产业发展对市场需求的依赖问题,但并没有深刻地考察具体的和间接性的需求影响。例如钢铁,直接用于居民生活消费的部分是很少的(如居民建房),但钢铁进入制造业后又有相当大部分的钢铁制品再次进入居民家庭消费。因此,钢铁生产间接依赖居民家庭消费的程度是很高的。这种不仅直接考虑而且间接考察最终需求项目对各产业生产的影响系数,就是产业对最终需求的依赖度。有了该系数,就可以使我们就产业对最终需求的依赖而存在的问题有一个清晰的了解,据此可以把各产业分类为"依赖投资型"产业、"依赖消费型"产业、"依赖出口型或依赖进口型"产业等。

4. 综合就业需要量系数和综合资金需要量系数

利用投入产出表及其逆阵系数不仅可以探讨有关生产的技术经济联系以及生产的诱发情况,而且可以计算随着生产的增长,各产业需要直接和间接地投入劳动力和资金的情况。这对于事先规划从劳动和资本两方面进行产业结构调整,实行产业高级化的产业扶助和援助政策以及其他结构政策有很大的帮助。

综合就业系数＝就业系数行向量 $Au \times (I-A)^{-1}$

综合资金系数＝折旧系数行向量 $Ac \times (I-A)^{-1}$

这里计算出的综合就业系数的经济涵义是:某一产业为了生产单位的最终产品,需要本产业和其他产业部门直接和间接地投入多少劳动力(这里同样是用某产业的工资总额表示)。综合资金系数的经济涵义是:某产业为了生产 1 单位的最终产品,需要本产业和其他产业投入多少资金(直接和间接需要)。

四、主导产业及其特征

1. 主导产业的概念

主导产业这一概念,最初是由美国经济学家罗斯托提出的,罗斯托把经济各部门分为三类:① 主要成长部门;② 补充成长部门;③ 派生成长部门。

主要成长部门是指这样一些产业部门,"在这些部门中,革新创造的可能或利用新的有利可图的或至今尚未开发的资源的可能,将造成很高的增长率并带动这一经济中其他方面的力量扩充"。这些部门按罗斯托的定义就是"主导产业部门"。显然,他在这里强调的是主导产业部门对经济的带动作用以及革新的力量。

1957年,日本经济学家筱原三代平在日本一桥大学《经济研究》杂志上发表了题为《产业结构与投资分配》的著名论文义,为规划日本产业结构提出了两个理论基准:① 需求的收入弹性基准;② 生产率上升基准。根据这两个基准所选择的产业考虑了产业产品的国际市场需求和产业的技术进步因素,因而被政府采纳作为选择产业结构、规划主导产业的依据之一。

发展经济学家赫希曼从产业间相互关联的角度来研究主导产业部门的问题。他认为有些产业间的互补关系比其他产业间的这种关系更强一些,政府可以在一系列投入—产出连锁关系表现得最为强烈、最为密切的地方找到一个经济体系中的"战略部门",即主导产业部门。

(1) 从供给方面,它有生产的潜力,生产率上升或技术进步速度较高。该产业部门一般为反映当代世界科技新趋向的新兴产业,效益高,有大规模生产的可能性,具有较高的产出能力和产出增长率。

(2) 从需求方面看,它有市场的潜力,需求的收入弹性高。国内和国际市场对该产品具有巨大的需求,因而具有发展前景。

(3) 从产业间的联系看,它与经济体系其他产业的关联程度大,带动能力强,即产业的连锁效应或关联效应强。

(4) 从产业的性质来看,该产业一般为中间需求的制造业部门,产业增长的国民经济弹性大,对国民经济增长的贡献大,亦即该产业部门的单位增长对同民经济增长的边际贡献大。

(5) 在开放条件下,该产业具有较大的出口能力和创汇能力。

(6) 从历史的角度看,主导产业部门具有随技术、市场、资源等因素发生重大变动而不断更替的特征。这种变更意味着产业结构的变革。在近代经济史中,棉纺织业曾是英国18—19世纪的主导产业部门,该部门的发展扩大了对纺织机和蒸汽机的需求,从而推动了早期机械制造业的发展,导致从海外进口棉花、产品,向国外大量输出的贸易及运输业的发展,而机械创造业的发展又扩大了对铁的需求,推动广采矿、冶炼业的发展。再如,战后日本的主导产业发生过二次历史性的更替,第一组主导产业为电力工业,其发展为大量消耗电能的石油化工、铝、钢铁等原材料工业创造了条件;第二组主导工业是石油、钢铁、造船等重化产业,为加工组装工业的发展创造了条件;第三组带头工业是收入弹性高的机械工业,尤其是其中的汽车和家用电器工业。这三组工业的交替领先,支撑了日本工业结构重化工业化和高加工度化的进程。

2. 主导产业的发展特征

主导产业的发展特征必须从主导产业部门的演变与技术革命相联系的角度来把握,纵观世界技术革命与主导产业部门的变迁历史,我们可以得出主导产业部门的若干发展特征:

第一,从技术革命的出现到新主导产业的形成都有一段滞后期。

出于新技术的产业化大都需要一个过程,因此主导产业部门的更替也有一个周期;现代社会已使这种周期有日益缩短的倾向和趋势。

第二,每一时期主导产业部门的构成由早期的几个产业向产业群发展,早期的主导部门与技术革命之间的紧密的单向联系在出现多维平行交互发展的状态。由于现代技术革命的多种重大发明和突破,产生了领域广泛的新技术群,导致了主导产业部门具有多维化的特征。

第三,主导产业部门的演变呈现从劳动密集(如纺织业)→资本密集(重化工业)→资本技术密集(航空、汽车、家电等)→知识技术密集(计算机、新材料、机器人等)的发展的要素结构特征。

第四,主导产业部门的演变具有从低附加价值→高附加价值→更高附加价值发展的产出特征,表明技术进步和产业结构的高级化。

3. 主导产业的选择战略

早期主导产业选择的理论核心是"扬长避短"理论,源于古典经济学中"国际分工和比较生产费用"理论,即各国在不同产业的生产费用存在着差别,各国都优先发展各国在生产费用上拥有优势的产业,在多个产业部门都拥有优势时,优先发展相对优势最大的产业,在多个产业部门处于劣势时,优先发展劣势最小的产业。这样各国都能通过国际交换获得比较利益,这就是"比较优势"。后来,瑞典人赫克夏和俄林进一步发展了主导产业选择理论。他们认为,每个国家国际贸易的优势来自该国利用了比其他国家相对丰裕的生产资源。因此,国际分工秩序的原则是每个国家都出口适合利用本国相对丰裕的生产要素的产品,进口产品则适宜利用本国稀缺的生产要素。按照这一原则,发达国家主导产业应选择资本密集型和技术密集型产业,而发展中国家则应以发展劳动密集型产业为重心。

率先向李嘉图的"国际分工学说"发难的是德国经济家李斯特。根据"动态比较费用学说",他认为,工业化处于后进序列的国家,有可能通过国家产业政策的保护和培育,发展新的优势产业,后起国家只有以这种优势产业参与国际分工才能打破旧有的国际分工秩序,这就是"扶植幼稚产业说"。在李斯特看来,如果在其他国家用较低生产成本生产的商品不必在本国生产,这样落后国家的幼小工业就永远得不到发展,就会长期处于落后和从属地位。因此,他主张用保护贸易的政策来扶持幼小产业部门。幼小产业部门一般代表新兴产业的萌芽状态,经过政府的扶持和保护,所以很快地成为具备竞争力的主导产业部门,在投入产出中发挥更大的作用。发展中国家应积极扶持幼小产业。他还提醒人们,要着眼于财富生产力的发展,不要只把眼睛盯着财富本身。也就是说,在选择主导产业时,不能只把眼睛放在幼小产业产品生产本身,要从生产力的发展趋势中发现幼小产业的生命力。

战后资源贫乏的日本,如果仅仅按照静态比较优势来参与国际分工,势必使日本所获取的比较利益过低于先行国家,并使自己长期处于落后地位。对此,日本经济学者提出"后发性优势说"。这一理论认为后起国家由于可以直接吸收和引进先行国家的技术,技术成本要比最初开发的国家低得多。在同样的资本、资源、技术、成本条件下,还具有劳动力成本便宜的优势。只要在政府的保护和扶持下,就可能发展起新的优势产业,和先进国家在其传统的资本或技术密集的分工领域一争高低。

根据"后发性优势说",战后日本在规划赶超战略时,果断采取了扶植幼小产业的行动,以发展本国生产力。务实的日本学者在日本产业发展实践中,进一步丰富了扶植幼小产业的理论,把扶植政策当作产业结构政策,并在实践中取得了良好的效果。

有的学者综合"动态比较费用说"与"后发性优势说",结合知识经济条件下产业发展的新机制——非线性的正反馈发展机制和"历史锁定"的路径依赖,提出主导产业选择的"扬长补短"战略。在经济发展中有些产业部门的"短线"是难以回避的,它往往成为经济增长的"瓶颈"制约,即如果没有这些短线部门的产量扩张和技术更新,整个经济系统就难以正常扩张,在这种情况下,"补短"而非"避短"的产业政策就成为必然的选择。

我们说发展中国家的政府根据"动态比较生产费用"理论,能动地选择主导产业,推动产业结构高级化的步伐,并非是说政府可以违背产业结构演进的基本规律。特别是发展中国家在产业结构演变中往往具有迅速工业化的要求,但又受制于国际、国内经济发展的条件和环境,具体地说是受制于技术力量、资金以及管理素质的局限,其主导产业部门的选择更具有复杂性和风险性,因此弄清国情、国力是制定产业结构政策的最基本约束和出发点。

一般来说,发展中国家主导产业部门的选择必须考虑以下几个基本因素的制约:

(1) 本国科技力量和国民的文化教育水平。新兴的主导产业部门难以首先在发展中国家兴起和成长的重要原因,是这些国家缺乏新兴主导产业部门兴起所必备的科技力量和教育水平,但这并不排斥发展中国家独立的技术开发和技术引进,特别是在中国这种具有某些高技术开发能力的发展中国家,利用现代技术革命所导致的主导产业部门的多维性特征,集中力量发展某些新兴的主导产业部门,是完全可能的。这就决定了发展中国家的主导产业群不可能完全高技术化,而必须是一种多层次的格局。

(2) 自然资源。在资源比较丰富的发展中国家,主导产业部门的选择一定要本着有利于依靠和利用本国丰富的某种资源的原则,注重引进技术和必要的设备,而不能发展那种过分地依靠大量进口原材料的产业。因为发展中国家出口能力较弱,经常性的外汇短缺必然恶化其国际收支,有限的外汇难以支撑进口自然资源局面。至于自然资源贫乏的国家,国际贸易对其经济就至关重要,其选择的主导产业如果不能出口创汇,扩大国际贸易就没有指望,相应地买不回来原材料、燃料,经济的成长也就失去了基点。因此对这类国家来说,主导产业一定要选择面向世界市场需求旺盛的部门。

(3) 市场需求。市场需求是所选择的主导产业生存、发展和壮大的必要条件。没有足够的市场需求拉动,主导产业部门迟早会衰落。为此必须客观地预计国内乃至世界各国人均收入水平的变动趋势,进而研究最终需求结构与中间需求结构的变动趋势。

(4) 资金。一个国家的资金力量主要取决于它的收入水平、储蓄能力、信用和金融机构的发达程度、生产性投资的份额等因素。在由这些因素决定的资金筹措不足的情况下,把发展主导产业部门的目标确定为追求产业的资本、技术密集化和现代化,必然会遇到难以克服的困难。在中国比较现实的选择还是应该多层次化。

(5) 产业的附加价位高低及投资效益。由于主导产业部门往往也是一国经济的支柱产业,是积累国民收入的主要来源,因此主导产业部门应选择那些附加价值率高和长期投资效益高的产业,以形成产业的良性循环。

(6) 发展阶段的属性。发展中国家的贫困、就业、人口等矛盾决定了它们的产业结构中传统的、低技术层次的产业为其支柱产业,但长久地保持这种支柱地位则很难摆脱与发达国家的差距。为此必须在提高传统支柱产业的经济效率的同时,有步骤地重点发展一些新兴产业,使其逐渐地发展为主导产业部门。

4. 主导产业的选择基准

上述主导产业的选择理论和选择方法,主要是以日本经济学家筱原三代平的"收入弹性基准"、"生产率上升基准"和发展经济学家赫希曼的"产业关联签准"为理论背景。为叙述方便,以下分别称为"筱原基准"和"赫希曼基准"。

通过对筱原基准中需求的收入弹性系数的观察,得出的结论是:生产高收入弹性的产品的产业化将在产业结构中占据更大的份额,一般地说,农产品的收入弹性不断低于工业品;轻工业产品的收入弹性又不断低于重工业产品。在工业化的不同阶段,不同产业的产品其弹性系数是不同的。

筱原基准户的"生产率",指的是全要素生产率(又称综合要素生产率),即产出对全部投入要素之比,而不仅仅是对某一种投入要素(如劳动)之比。全要素生产率的上升主要取决于技术进步。所以,以生产率上升为基准选择重点产业,就是坚持优先发展先进技术的产业。

造成生产率上升的差异的主要因素——技术进步的速度是很难用数字来计算的。不过,现在有一种利用生产函数从生产的增长率中扣除经过加权平均处理的劳动力和资本的增加率,以求出"技术进步"的办法。公式是:

$$技术进步率 = 生产增长率 - \alpha 劳动增长率 - (1-\alpha) 资本增长率$$

赫希曼基准中的产业关联度,就是指各产业之间的关联效应。产业关联效应高的产业对其他产业会产生较强的后顾影响、前瞻影响和旁侧影响,选择这些产业为重点产业,可以带动整个经济的发展。产业关联度基准的政策涵义也很明显,即政府重点支持那些能带动其他产业发展的产业,也可以说就是要优先发展主导产业。

在现代产业发展中,用收入弹性为基准和用产业关联度为基准来选择重点产业,结果往往是一致的。

无论是筱原基准还是赫希曼基准,都是建立在经济分析的基础上的。这种纯经济分析并不能完全用来解释产业发展过程。众所周知,政府对产业结构的管制事实上也是一种多因素制约的社会过程,社会过程的复杂性难免会在管理过程中对经济分析而建立的选择基准产生种种影响,而且有时是决定性的影响:具体来说就是:

(1)在一个国家的全部产业中,符合收入弹性基准、生产率基准、产业关联基准的具体产业是非常多的。如日本经济学家一般都认为旅游业、超级市场、户外就餐业等都符合上述产业结构政策的基准,但政府都丝毫没有扶植这些产业的想法。究其原因,可能首先与政府的政治经济目标(有关国家威望也是其政治经济目标之一)的侧重点有关。另一方面,也有可能与一些国家财政力有关。在西方国家,政府的可支配的财政力量相对于民间企业来说,是比较小的。产业扶植政策所能支配的财力在扣除扶植传统的、衰退的或萧条的产业之后,可能只能仅限于扶植一些既有关于国家威望又符合上述各种选择基准的主导产业。这就是说,在可支配的政府财力相对有限的条件下,符合经济选择基准的各种主导产业在政府管理者心目中是有主次和重点的,并不会权重一致和平分秋色。

(2) 理论上讲,符合上述选择主导产业基准的部门,都是具有高增长潜力的新兴产业。在发达国家产业基础比较完善,产业结构具有同质性,产业自我调整素质较高,产业间生产要素流动充分的条件下,相当一大部分具有高增长潜力的新兴产业不用政府的扶持也能独立地发展下去,并不存在非要政府对这些产业进行扶植才能生存和发展下去的理由。相反,如果有关国家威望的那些产业的生存和发展受到市场调控下的阻滞,产业结构政策干预便立即会出现,因此,在任何国家包括日本,都没有在实践中普遍地实施系统而有力的产业政策,而只是实行了重点的扶持主导产业的产业政策,即战略性产业政策。

(3) 对政府的产业结构政策倾斜于援助困难产业的原因,能要从这些国家的社会经济矛盾以及由此形成的强大的政治压力来解释,或者还可以从一些国家的政府在产业结构转换方面的顽固和保守性方面去说明。美国有些经济学家认为,尽管各国政府在援助困难产业很少有使这些困难产业重新振兴的机会和成功的先例,但政府如果因此不扶持困难产业,将会形成强大的政治压力。

综上所述,可知产业结构政策选择基准在产业结构管理的实践中,除了必须有理论自身的逻辑性及与现实经济的运行规律一致的要求外,还要兼顾经济管理体制以及一些非经济因素的要求。任何国家的产业结构政策总是在这些经济和社会、政治因素的约束及均衡中抉择的,而不可能完全依据经济自身的逻辑要求行事。

产业结构政策除了主导产业的选择以外,还有衰退产业和弱小产业的保护等。

第四节　产业组织概论

一、产业组织理论与微观经济学

产业组织分析的主题是产业中的公司行为,它研究面向竞争对手和顾客的竞争战略,其中至少包括价格、广告和研究开发。产业组织分析既研究处于竞争状态中的产业内的公司,也研究那些缺乏竞争的产业内的公司。但是这并不意味着它比微观经济学,特别是公司理论对这个主题的研究是多还是少。在理论基础上,产业组织与西方经济学家所说的"价格理论"本身并没有什么实质性的区别。

微观经济学与产业组织之间存在很大的区别。微观经济学分析企业与市场的理想化模型,所描述的市场结构——竞争与垄断的关系是直接且显而易见的。产业组织对企业与市场的关系采取了一种更贴近现实的观察和实证的描述。其中最有趣的和最重要的应用是关于垄断问题:公司所处于的市场类型既不是完全垄断者又不是完全竞争者,而是处于两者之间。总的来说,在现实世界中我们所发现的公司和市场类型大都介于这两者之间。

微观经济学与产业组织的关系,就像基础物理学中研究物体运动问题一样,先不考虑引力和摩擦力,然后在实际的分析中加入这些复杂的情况。产业组织分析是在微观经济学的基础上,逐步向完全竞争模型中加入现实世界的摩擦参数,如有限信息,交易成本,进入壁垒,调控价格的成本,政府行为等,以便深入的分析市场中的企业如何组织以及它们如何在这样现实世界中竞争。

产业组织分析和微观经济学之间还有一个方面的区别:相对于微观经济学,产业组织分析所涉及的财政政策问题的研究是深奥和基础的。这些问题关系到政府对工商企业的政策。政府对工商企业的政策包括反托拉斯政策、规则和工商企业的公共所有权,反之只有产业组织分析才特别关注反托拉斯政策。在什么类型的市场上,企业才有能力行使垄断势力——控制价格?在什么类型的市场上,卡特尔才能运行?在什么类型的市场上卡特尔才会崩溃?用这样的方法,公司的行动能够使市场环境缺乏竞争吗?回答是,政府能够针对它做什么?政府应该针对它做什么?对政府来说,有没有办法为竞争建立规则,以便改善市场运行的绩效?

任何怀疑公共政策对工商企业重要性的人,都应该注视1973年10月之后石油输出国家组织(OPEC)对世界经济的影响。价格理论在分析公共政策、工商企业的行为和厂商绩效的过程中发挥着基础性的作用,但是只有在产业组织学中,这些问题才能处于研究的中心地位。

二、产业组织学派

在美国,有两种思想流派的争论长期主导着产业组织学的分析。发源于哈佛大学的结构—行为—绩效学派认为,垄断势力的个体行动是许多市场中的持续性特征。依此观点,妨碍市场有效运行的最严重的障碍,是某些公司所采取的策略性行为,它阻止了另一些公司在价值基础上的有效竞争。通过这种诱人的策略性行为,公司可以获得和保持控制产品价格的市场势力。这一观点的政策含义就是:政府应该制定一种相对的高水平竞争政策,目的是限制策略性行为。

另一种思想流派追溯其来源应该是芝加哥大学,这一学派采取与哈佛学派十分不同的学术立场,芝加哥学派认为,除非有一些很高强度的干预,一个公司所能够做的任何事情,其他任何平等有效的公司同样也能够做到。依此观点,垄断势力的主要来源是政府对市场的干预。政府有目的或者愚蠢的干预,都会阻止一些公司与另一些公司之间的有效竞争,形成相对于另一些公司的竞争优势。除公开的合谋必须禁止外,政府对于试图改善市场绩效的事情,所能够做的和应该做的都很少,他们主张采取一种自由放任的政策。

竞争是效率和创新的推动力,但众所周知的是,既得利益获得者希望的却是更少的而不是更多的竞争,对其他人宣传竞争,而对自己则寻求保护以避免竞争,这种事情在经济生活中太平常了。这样的保护时常被合理化。经济学家早就批评这样自相矛盾的讨论,并通过反托拉斯法来保护有效竞争,以达到较低的价格、更高的效率、更快的产出增长和更强的创新能力的理想状态。

1. 哈佛学派

经济学家关注具体市场势力的个体行为的传统,至少可以追溯到200多年前的经济学巨人亚当·斯密,他写道:"从事相同贸易的人们,即使在结婚和转移时,也很少聚在一起,就是碰到一起,他们的会谈也常是掩人耳目的阴谋,或是提高价格的诡计"。

关注这一焦点问题的经济学家后来发展了产业经济分析中著名的"结构—行为—绩效"(S—C—P)范式,关于这个范式最简单的图示可以参见图5-3。根据这个基本观点,市场结构决定市场中企业的行为,同时公司的行为又决定了市场绩效的各个方面。

(1) 结构 你可能会回忆起经济学家所说的完全竞争模型,假设在一个市场中有许多的买者和卖者,交易的是标准化的产品,处于免费且容易进入的条件,具备完全和充分的知识。偏离这种完全竞争条件的市场,可以用下述的构成市场结构的基本要素来描述。

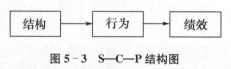

图5-3 S—C—P结构图

(2) 卖者的数量和规模分布。一种竞争性市场包括了许多的买者和卖者,它们谁也不能影响价格。从社会的观点来看,一种竞争性产业在这种条件下是有效的:在一种长期竞争性产业中将会以价格等于机会成本的方式供给产品。相反,垄断市场经济由单一的卖者供给,它就能够限制产出,并把价格提高到生产的机会成本以上。一些愿意支付产品生产成本的消费者就不能够得到它。经济学家坚信,像这种限制产出的垄断,是一种无效的组织生产的方式。在现实市场运行中,经常是有很少几个卖者像一个垄断者那样行事,这种市场是我们特别要给予关注的。关于卖者规模分布的问题,我们关心的是那种有一个非常大的卖者和若干小的卖者的市场结构,在这种市场中,大的卖者也有可能像一个垄断者而不是像具有若干大致平均规模的企业那样行事。

(3) 买者的数量和规模分布在经济学中,对市场中买方的数量和规模的研究有很长的历史传统,尽管与供给面的市场势力问题相比较,它所产生的公共问题要少得多。在这里一个具有重要影响的是抵消市场势力的理论。这个理论的要点大概是说,一个市场中一部分势力的集中,将会引起这个市场中另一部分均衡势力的集中。当少数大的买者与少数大的卖者进行时价还价时,如汽车制造者购买钢铁、橡胶轮胎时,对卖者来说,要把其价格持续地提高到边际成本以上时非常困难的,所以买者的数量和规模分布,就是影响市场行为和市场绩效的一个非常重要的市场结构要素。

(4) 产品差别度在完全竞争的简单模型中。相互竞争的对抗性企业出售的是高度标准化的产品。实际上这在现实世界中是不可能出现的事情。任何产品在品种、等级、规格、花色、交货期、信用条件等方面,总是会有一定程度上的差别,最起码处于供给方的企业在地理位置上会有差别。随着产品差别化程度增加,不同生产者的产品之间就越来越难以替代,每一个生产者就越来越有可能像一个垄断者那样行事。因此产品差别化可能会使竞争产业的效率下降,产品差别化的内涵是十分复杂的。

(5) 进入条件经济学家关于进入条件分析,集中在影响一个公司进入市场决策的不同因素上。一个公司究竟多大才能有效率生产?一个公司究竟投资多大才能开始运营?如果一个公司进入一个市场但是失败了,它的投资有多少可以通过出售资产得以收回,有多少将会沉淀在市场中?如果要成功地运营,需要什么样的销售努力?已经进入的公司对新进入的竞争者将会如何反应?

进入条件有利于解释市场运行中公司的数量和规模分布。由于进入条件在已经进入的公司与能够进入的公司之间决定潜在竞争的性质,所以它不但会通过其效应影响市场结构,也会以自己的方式影响市场绩效。

(6) 行为当竞争不完全时,公司行为就成为一个非常有兴趣的课题,在完全竞争的市场上,一个公司可以以市场价格卖出它所有想出售的产品,但是仅仅是以市场竞争价格。在这种环境中,公司没有动力去限制,去对竞争者所做的事情做出应有的反应,或者对新的进入行为进行有效的阻止。在一个无成本进入和容易进入的竞争性市场中,企业具有合谋的动力,但是任何这种合谋的企图都注定要失败。在一个竞争性产业中,即使所有的小公司都能够协调成为一个卡特尔,新公司也照样能够进入市场。这与不完全竞争时的情况有很大的不同。

(7) 合谋在 OPEC 之后的时代,也完全没有必要因为产业组织学家的利益而为合谋进行辩护。如果名义上独立的公司可以协调其行为,它们就可以限制团体的产出,并把其产品的价格提高到边际生产成本以上,如此每一个公司就能够增加自己的利润。

但是通过把价格提高到边际成本以上,一个卡特尔就创造了这样一种环境:每一个成员都有增加产量的刺激,新公司也有进入市场的刺激。如果卡特尔成员相互欺骗,每个成员都偷偷增加其产量,价格将会下跌,限产的企图就会失败。如果新公司进入市场,卡特尔将不得不削减自己的产量,或者总产量将增加,控制价格的企图就会归于失败。在这两种情况下,合谋是否能够得以保持,主要取决于市场结构中的关键变量,如公司的数量和规模分布,产品差别化以及进入条件。

(8) 策略性行为在不完全竞争的市场中,已有的生产者可能会阻止新公司的进入。它们可以通过压低价格来达到目的,使新公司的进入变得没有吸引力。这种情况仅仅对低效率的公司有损害,社会却会得到低价格的收益,因此这种竞争的对抗是社会意义上的受益。

另一方面,对已经建立的公司而言,在竞争方法上有多样化的选择。如可采取提高实际和潜在竞争对手的成本,包括垂直一体化,垂直约束,广告,研究开发,掠夺性定价等,这些策略性行为不是社会意义上的变益,特别是它们涉及浪费性的投资时更是如此。

(9) 广告与研究开发广告和研究开发是具有多面性的现象。它们将形成产品差别化,可能会使现有公司在一定程度上操纵潜在竞争者的进入决策。但广告也具有信息传递的功能。在一定程度上可以改善市场绩效,实际上一个新公司可以刊登广告,让潜在的顾客知道它已经出现的信息,所以广告是新公司竞争的工具。

类似的,社会经常从研究开发中获益,研究开发导致新产品出现(产品创新),或者以更有效率的方式生产现有产品(工艺创新)。新产品和新的生产技术本质上都是技术进步,都是令人满意的市场绩效的因素。

(10) 绩效在竞争性市场中(长期均衡),价格等于生产的边际成本时需求的数量等于供给的数量,这时生产是有效率的。所有的公司都使用相同的技术,不能够有效率地使用有效技术的公司在短期内会发生利益损失。在长期内公司会消失。由于假设对有效的技术具有完全和完善的知识,因此技术进步问题不适合完全竞争模型。当市场问题是不完全竞争时,判断市场绩效就远非如此简单。

(11) 获利能力在完全竞争条件下,公司的投资仅仅能够获取正常回报。

经济利润(高于正常回报的利润)是公司追求和保持市场势力的理由。在不完全竞争的市场中,公司必然会获得一些经济利润。但是利润越是接近于正常回报,限制产出在竞争水平以下就越少,价格就越接近于边际成本,市场绩效也越好。

(12) 一个远离竞争威胁的公司必然对市场变化作出缓慢的反应。市场势力有时将会显示出资源配置的浪费。高的成本利高的价格,这使我们应该把效率作为判断市场绩效的重要因素。

(13) 进步从严格意义上说,上面所讨论的效率都是一种静态效率——无论是否限制产出提高价格,只要以最低成本进行生产。进步或者动态效率涉及技术进步的速度问题。经济学家对此有一个难以达成一致的看法,即市场势力与技术进步之间是一个两难选择。我们应该允许公司去垄断以鼓励其创新吗?如果必须这样做,那么我们应该怎么做?

(14) 相互关系图5-3所描述的线性的结构—行为—绩效模型只能够推测非常简单的因果关系。从我们对这一模型简要的讨论中可以发现,产业关系远非如此简单。经济理论界对这一模型存在很大的争议,主要焦点集中在市场结构、行为、绩效中的相互关系,能不能反映现实世界中的市场关系(见图5-4)、结构、行为、绩效中的关系是复杂的和交互的,在一定的需求和技术条件下,结构和行为相互决定;如图5-4所示,结构影响行为,但是行为如策略性行为也影响结构。结构和行为共同决定绩效。销售努力也是行为要素,反馈回来影响需求。绩效对技术和结构也会产生反馈的影响。进步创造了有效的技术。获利能力决定结构,进入市场的吸引力大小,对市场结构具有动态的效应。

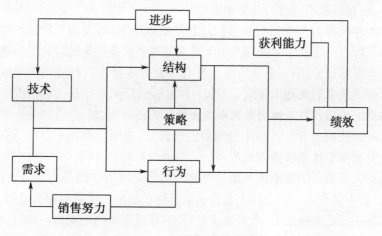

图5-4 结构行为绩效关系

(15) 方法论在结构—行为—绩效传统的研究框架中,一直具有强烈的经验味道。二战早期,对单一产业的研究占据统治地位。后来的研究上比较多地利用了统计技术,去验证不同结构和行为及绩效,特别是对获利能力的决定作用,研究工作涉及了单一时点的许多产业,跨时期的许多产业,以及跨时期的单一产业问题,这种经验的方法绝不是偶然的。它反映了这样一种信念:一种抽象的方法尽管对定义重要问题有很大作月,但是对于这些问题的回答是没有什么帮助的。

从历史上看,结构—行为—绩效的分析方法特别注重从经验观察中获取结论和命题,这与产业组织学领域中其他的主要研究方法具有很大的不同,这些方法往往强调把理论作为产业分析的基础。

2. 芝加哥学派

哈佛学派强调市场势力的个体行动是糟糕的市场绩效的来源。其他经济学家认为,垄断或者反竞争行为的主要来源,可能是政府对市场的干预。亚当·斯密对此也十分关注:"作为在贸易或者制造业中的一个秘密,垄断权力无论是授予个人还是贸易公司,都具有同样的效应。垄断者通过保持经常性的存货不足……在其自然价格以上销售商品"。实际上,亚当·斯密所写作的《国富论》在很大程度上反映了他对18世纪英国政府支持的垄断的商业体系的怀疑。

一个政府对其所意愿的市场绩效所能够做的事情,就是不参与,要让市场力量自动起调节作用。这一直是著名的芝加哥学派的产业组织学说追求的政策主张。本书所说的芝加哥学派,代表了一种学术思想传统而不是一个地理概念。近年来芝加哥学派产业组织学的主要的研究工作,主要分布地区除了芝加哥之外,还在洛杉矶、剑桥、马萨诸塞等。

芝加哥学派的产业组织学办法总是基础理论上的,强调一种特别的理论。当结构—行为—绩效学派把完全竞争看成是观察产业行为的最合适的透镜时,芝加科学派却认为,不完全竞争模型具有重要的解释力,"在应用性领域,芝加哥学派的追随者们强烈地倾向于假设:在足够的反面证据缺乏的情况下,可以把观察到的价格和数量作为其长期均衡价值的良好近似"。

这种方法所包含的并不十分明确的假设是,垄断势力并不存在,它反映了这样一种看待个休垄断势力的观点——如果没有政府支持,个体垄断势力一定是短暂的。芝加哥学派承认垄断是可能的但是又极力争辩说它的存在更多的是推论,而不是肯定。对已经收到的显示其存在的报告也带有相当疑问。那些认为证据确实的垄断案例,通常也是短暂的,在相当短的时期内,只要保证进入自由就能够消除它们对价格和数量的影响。

芝加哥学派通常否认已有的公司对其他已建立的公司,或者对潜在的进入者,能够具有行使成功的策略性行为的可能性。在图 5-5 中,芝加哥学派的研究框架明确地表明,技术和自由进入这两个因素决定市场结构,特别是自由进入保证了最优的行为和绩效。

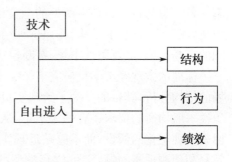

图 5-5　芝加哥学派研究框架

这里除了没有假定具有完全和完善的知识外,其他的假定和结果都与基本的竞争模型一致。芝加哥学派认为,尽管在短期内这种关系可能更为复杂,但是除非政府有意或者无意地妨碍进入,这种偏离竞争模型的情况不可能期望一直持续下去。带着这种偏离竞争模型至多是短暂的强烈而鲜明的观点,芝加哥学派对结构—行为—绩效的研究框架进行批评,就是毫不令人惊奇的事情了。芝加哥学派的经济学家强烈地推崇他们自己的研究方法和标准,尤其是认为经验的研究必须与标准的价格理论的含义相一致。总之,芝加哥学派的经验研究一直主要致力于批评结构—行为—绩效的研究传统。

除此之外,产业组织还有新产业组织学派。从 20 世纪 70 年代中期到 80 年代中期,理论的产业组织学一直是所有经济学领域中最活跃的部分。由此产生了研究不完全竞争市场的对策理论模型,不仅代替了产业组织学中作为主流经济学的结构—行为—绩效学派的分析范式,而且宣告了芝加哥学派的老化,使产业组织学的经验研究领域产生了重大的改革。

当代产业组织学关注寡头垄断市场中的市场结构、公司行为和市场绩效。从本质上来说,所研究的仍然是结构—行为—绩效学派所强调的同样问题,主要考虑在不完全信息和需求条件下行为的发生机制和均衡机制。这是历史的 S—C—P 方法的变形运用。这些研究集中在不完全竞争市场,显示出一个重大信号,标志着对产业组织学的芝加哥学派的扬弃。

研究产业经济学的理论基础本质上是为了理解现代产业经济学。随着研究的深入,我们将介绍在产业经济学中使用的基本经济模型,以及对这些模型的经验验证,同时给出这些研究对工商企业的公共政策的含义。

三、市场结构分析

任何市场运行都是市场参与者综合作用的结果,这些参与主体包括提供同类产品或服务的生产者、提供替代性产品或服务的生产者、愿意并有能力购买这些产品或服务的消费者,甚至还包括市场的潜在进入者和上游产业的供给者。各个参与者在市场中所处的地位以及对市场运行的影响程度就构成一个市场(或者说产业)的结构,按照这种结构的差异我们可以将各个市场划分为不同的市场类型,如竞争性市场、垄断性市场或兼具竞争和垄断因素的市场。

标准的微观经济学也研究市场结构,但它更侧重于完全竞争和完全垄断市场的结构分析,其目的是为了给现实世界提供一面镜子,看看现实市场距离竞争性一般均衡的要求还有哪些不足,从理论模型的完美性出发,微观经济学宁愿采用理想化的假设,而不愿贴近现实。与此相反,产业组织学为了能更好地解释和预测现实问题,宁可放弃模型的完美性,逐步放松苛刻的、理想化的假设,以便为企业制定竞争战略、政府制定公共政策提供现实的理论基础。如果说微观经济学注重的是"彼岸"世界的市场结构的话,那么产业组织理论则是研究"此岸"世界的市场格局。

(一)市场的定义和划分标准

在许多场合我们都会使用市场这个名词,并且赋予它不同的内涵,例如我们提到农贸市场时,它是指交易发生的场所,有着明确的空间和方位,是一种狭义的、有形的市场;当我们提到市场调节、市场交易时,市场是指一种抽象的机制,一个社会范围内买卖双方的关系的总和,它主要用一般均衡的分析,不考虑特定产品或服务的供求关系,这也就无助于产业内部结构的深入考察。因此,上述这些市场定义都不是产业组织学所要研究的范畴。

在产业组织学探讨的市场中,各个厂商总是瞄准相同的客户群,彼此之间为争夺和扩大订单展开激烈的竞争,而对于这一市场上的客户或消费者来说,不同厂商的产品都能提供相同或类似的主观满足。从这一意义上说,长虹集团的彩电是满足消费者娱乐观赏的偏好,而可口可乐公司的可乐产品则是满足消费者饮用的需要,显然两者并不处于同一个市场,但是有很多产品我们无法准确地界定它们究竟满足消费者哪一类偏好,譬如说可口可乐与百事可乐存在竞争关系,同处于一个市场,这是没有人否认的,但是可口可乐与农夫山泉矿泉水是否也同处于一个市场呢?这就会存在意见分歧。那么进一步追问,可口可乐和和路雪冰淇淋是否应划分在同一市场当中?这就会产生更大的分歧。由此看来,市场应如何定义是产业组织理论首先触及的难题。

市场定义不能过于狭窄也不能过宽,过于狭窄的定义与现实是背离的,因为在实际经济生活中大多数厂商并不拥有绝对的垄断权,一旦一种商品提价,消费者总是转向寻找相近的替代品以满足此类需求,替代品显然构成与该商品的竞争关系。当然市场定义也不能过宽,因为任何两个商品之间或多或少都会存在替代关系,哪怕只是潜在的、无穷小的替代比率,尤其是对于消费品而言,无论是衣食住行哪类商品,都是为了满足消费者的主观偏好,假如彩电价格上升,消费者为维持主观效用不变,也可能节约耐用消费品的开支,而增加对食品、衣着的消费,这时可口可乐的需求也就可能上升,如果根据这种微弱的替代关系就把彩电和可口可乐划归为相同的市场,那么显然彩电与轿车、彩电与柴油机……也将处于同一市场上,推而广之,似乎所有厂商彼此之间都存在竞争关系,即便是通用汽车公司这样销售额位居第一的巨型企业在这一市场上也将作为小规模厂商出现,相应地,各国政府就无须制定任何反垄断政策,这种市场的定义显然是过于宽泛了。

目前占主导地位的市场定义是指同一产品(服务)或相近替代品买卖关系的总和。判定依据是测度任何两种商品之间的需求交叉弹性,若需求交叉弹性为正值,则两种商品为替代品;若需求交叉弹性为负值,则两种商品构成互补关系。当任意两种商品的交叉弹性为较大的正值时说明一种商品的价格变动会对另一种商品的需求产生较为显著的影响,由此判断这两种商品同属一个市场,但在实际操作中什么样的交叉弹性才为较大,仍缺乏明确的标准,引发产业组织学者较多的争论,经验上较为一致的看法是,先从给定的商品开始,然后考察该商品的替代品,再考察这些替代品的替代品,以此类推,直到发现替代品链中有明显的差别,这种替代性的明显变动就成为区分商品是否同属于一个市场的界限(罗宾逊,1933)。而美国的横向兼并指南则提供了更为细致的方法:当某商品的价格上涨 5% 时,如果消费者会部分转向其他替代商品,则这些替代商品就被视为与该商品处于同一市场。

由于市场定义存在经验上的困难,为方便起见,在产业组织学中经常把产业(行业)等同于市场,产业经济分析实质上就是对市场组织、行为和绩效的分析。为了揭示一个产业内部竞争、合作或垄断的关系,人们一般都对产业门类作出细分,避免将不相关的产业或服务划分在同一个市场当中,混淆问题的所在。一般说来,产业分类越细,就越是以产品为标准划分产业,也就越接近于产业组织学所要研究的市场。

尽管在绝大多数情况下,产业被视为市场的同义词,但是在进行特定市场的实证研究时,我们也要注意三方面的问题:(1)产业分类主要是依据生产技术是否存在差别,而市场划分则是根据用户的需求,因而同处于一个产业门类的产品,如果消费者认为彼此之间不能相互替代,也不能划分成同一个市场;(2)当企业开展多元化经营时,它生产的产品可能分属于多个产业,但是在统计工作中我们是将企业的生产价值总额、营业利润等归入其主营产品(业务)所处的产业,这就导致在产业内部厂商的市场势力被高估,而另一些产业的市场竞争力则被低估;(3)定义市场还要考虑地理区位的影响,当有类似性能的产品在不同的地理位置出售,而且产品的跨地区的流动面临很高的区域行政壁垒或者高昂的运输费用时,我们也不能把这些产品看作是从属于同一个市场,而必须从地理区位的角度进行市场定义。市场和产业之间的细微区别表明:尽管在进行产业组织一般性问题的研究时,人们可以把产业当作市场的替代性概念,但是分析特定市场的运行格局时,我们必须加以具体分析而不能简单地套用产业的分类和统计资料。

(二)影响市场结构的主要因素

市场的运行是需求和供给两股力量共向推动、相互作用而形成的,现有和潜在的各个参与者在市场中所处的地位以及对市场运行的影响程度就是产业组织理论所分析的市场结构。影响市场结构的因素:买者和卖者的数量及分布、产品差别的程度、进入的壁垒或障碍、厂商的规模经济收益、纵向一体化的效应、市场需求的增长速度和价格弹性等,其中主要的为前三个因素。

1. 买卖双方的规模和分布

产业内部组织既包含买者也包括卖者,买方与卖方各自的规模和分布状况反映他们在市场中的地位和他们砍价能力,如果购买是大批量、集中进行的,则市场交易就会向有利于买者的方向倾斜,如果供给掌握在少数生产者手中,则他们对市场价格的操纵能力就会大大增强,买方也就被置于不利的地位,交易向有利于卖者的方向进行。由于在国民经济的大多数产业中买方力量较为分散,难以形成少数买者支配市场运行的格局,加上买方的统计资料很难获得,因而除了少数特殊的产业之外,我们一般不考察买方的规模和分布,仅仅考察卖方的数员、规模及分布状况。影响市场中卖方规模和分布的主要因素有:

(1)市场容量的变化

一般说来,市场容量的扩大会降低单个或少数几个大企业在整个产业供给比重。这是因为随着市场规模的扩大,一方面会抵消企业通过自我积累或购并扩张所形成的市场集中。另一方面会为新企业的进入创造了商机,并为产业内小企业的规模成长提供了可能,从而有助于强化卖者之间的竞争,降低少数大企业的市场份额。相反,当市场容量缩小、需求停滞时,实力雄厚的大企业为了争夺有限的市场需求,往往借助于价格竞争或兼并收购行动,挤占竞争对手,迫使低效、弱小的企业从市场退出,同时激烈竞争所导致的较低收益率也抑制了潜在竞争对手的进入。整个产业供给能力倾向于向优势企业集中,单个或少数几个大企业的相对份额会有所上升。

(2)规模经济效应

所谓规模经济是指企业扩张一种产品的生产规模,其长期平均成本会趋于降低,产出效率得到提高,进而具备大规模生产的经济性。规模经济的出现主要得益于:产品生产通常要发生一定量的固定成本;生产规模的扩大会促成企业内部的业务分工;规模扩张还有助于实现存货经济;在原材料、零部件的购买方面,大批量采购足以形成较强的讨价还价能力;此外,在一些生产过程和运输过程,生产和运输能力与容器的体积和比例关系。自19世纪后期开始,规模经济始终是推动现代产业成长和扩大的核心因素之一。

(3) 范围经济收益

当两种(或两种以上)产品联合生产比各自单独生产更能节约成本时,我们就说这种生产作业方式有"范围经济收益";范围经济的产生一方面源于生产技术的整合效应,另一方面也源于交易费用的节约。倘若一个产业内部或相关产业存在显著的范围经济收益,那就表明从事一体化或多角化经营的企业更富有效率,更能获取市场竞争的优势地位,这样一来一方面该产业内生产单一产品的、小规模企业很难生存,另一方面这种成本优势也为潜在竞争对手的进入设置了障碍。致使实力雄厚的大企业在市场竞争中稳居操纵和支配地位。

(4) 追求垄断的战略性行动

任何企业都天然具有垄断的动机,在市场竞争中他们总是力图排挤竞争对手,巩固和扩大本企业的市场占有率,限制产业内的竞争行为,以谋取高额垄断利润。这些追求垄断的厂商行为在现实之中往往与厂商追求规模经济的行为交织在一起,共向推动卖方的市场力量向个别企业集中。

(5) 政策与法律环境

政府的经济贸易政策以及相关的法律条款都会对市场结构产生影响,其中有些政策或法律会促进市场的集中,相反,有些政策或法律则会抵消或抑制市场集中的趋势。

2. 产品的差别化

产品差别化又称产品差别或产品差异,是指产业内相互竞争的企业生产的同类商品,由于在商品的物理性能、销售服务、信息提供、消费偏好等方面存在着差异,从而导致产品不完全替代关系的状况。

产品差别一般分为两大类:"真实"的产品差别和"人为"的差别。"真实"的产品差别指自然特性的差异,比如两种不同品牌的牙膏,其实际化学性能具有差异。人为的产品差别是指产品内容相同,但包装材料、商品名称、销售地点以及广告费用等特性不同。然而无论产品差别如何区分,在产业组织分析中,我们判断的标准则是依据消费者的主观性立场,也就是说即使产品从客观属性上看没有差别,但只要消费者认为它们有所不同,那就是存在差别。

相反,即便产品客观属性存在差异,但只要消费者认为它们完全相同,那么在市场竞争中这些厂商的产品就是同质、无差别的,彼此之间完全可以替代。

概括而言,形成产品差别的主要原因有以下几个方面:产品的物理性差异;买方主观性想象差异;公司或销售商提供的服务或互补产品的数量和特性差异,包括顾客培训或咨询服务等售后服务等;买方的认识偏差;销售的地理差异;特殊的消费需求差异。

产品差别化是企业获取竞争优势的手段。在垄断竞争的市场结构中,企业可以通过生产差别化的产品避开直接的价格竞争,使消费者对于所偏爱的某些产品特性而支付溢价,从而企业面临一条向下倾斜的剩余需求曲线,在产品的价格决定中,厂商便具有一定市场势力,市场竞争因此也拥有了不完全性。

产品差别与市场集中度、进入壁垒、价格行为有着密切的关系,并最终影响市场绩效,主要表现在图 5-6。

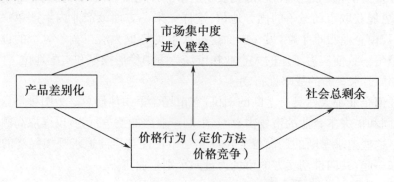

图 5-6 产品差别化与市场行为和绩效的关系

3. 进入与退出壁垒

首先来看进入壁垒。单从语义上说,进入壁垒是指在市场中创建一个新企业所面临的障碍性因素。然而这种定义对产业分析来说几乎没有意义,因为在任何一个产业中要创办新企业都要添置相应的设备、建造厂房或租用门面,并启用所需的工人,这些支出无疑都是新企业创业的成本或障碍,按此定义不仅每个行业都存在进入壁垒,而且每个在位企业和新进入企业都承担了壁垒,这就无法分析为什么有些产业容易进入,而另一些产业难以进入？目前学术界对进入壁垒的定义大致可分为三类:一是认为产业内已有厂商相对于潜在进入者所具有的优势,这一优势使得在位者将价格持续地提高到边际成本以上而不引发新厂商的进入,二是认为市场进入壁垒仅指新进入企业才必须承担而在位企业无须承担的(即额外的)生产成本(Stigler)。第三种观点认为它专指用于保护在位者利益的限制性制度或政策。可以看出,这三种定义外延有大有小,侧重的角度也有所不同,其中第三种定义意指只有政府的政策或法律制度才构成进入壁垒,涉及的外延最小,而第一个定义的外延则显得过宽,因此在产业组织研究中大多沿用斯蒂格勒的第二种定义。即把进入壁垒看作是新进入企业与在位企业竞争过程中所面临的不利因素,进入壁垒的大小既反映了市场内已有企业的优势大小,也反映了潜在进入企业所面临的劣势程度。总体上看,形成进入壁垒的主要因素有:

(1) 规模经济壁垒

规模经济显著的产业会给潜在进入企业设置一种进退维谷的困境。如果进行小规模生产,则不能享有规模扩状所带来的成本节约,企业缺乏竞争力,难以和已有企业进行竞争。倘若一开始就试图按经济规模生产,则会造成行业供给大大增加,进而难以获得与生产能力相适应的市场份额,产品价格大幅度下滑,使进入得不偿失,这两种状况都不是进入者所期望的。在成熟的市场经济体制下,钢铁、化工、汽车、电子等产业之所以能在较长时期内维持寡头生产格局很大程度上应归结为规模经济壁垒。

(2) 绝对优势壁垒

所谓绝对优势壁垒是指现有企业在原材料的采购和控制、技术专利、分销渠道以及与客户的密切合作等资源获得方面具备优势,掌握一个或多个至关重要的资源,这些优势与企业的生产规模无关,却是潜在进入者无法与之比拟和竞争的,构成了新企业进入市场的障碍,因而称为绝对优势壁垒。

4. 必要资本限量

必要资本限量是指企业进入市场时所必须投入的最低限度资本量。必要资本限量越大,新企业筹资就越困难,进入市场的障碍也就越大。即使是金融市场可以提供所需的资金,新企业也必须充分考虑到投资的前景及失败时的资产处置问题。事实上,一个需要巨额投资的产业往往要购置专用性设备或生产线,一旦投资失误这些专用性设备、装置就无法转卖或远低于原价出售,造成大量无法收回的沉没成本损失,这些退出障碍反过来也会提高企业对投资风险的预期,致使新企业进入难以发生。在市场结构性障碍中,必要资本限量往往与规模经济壁垒密切相关、共同作用,但在理论分析时必要资本限量侧重于反映筹资的难易,而规模经济壁垒则主要反映新进入企业在扩大规模、降低成本与获取市场份额之间的两难选择。

5. 产品差别壁垒

购买者对现有企业的产品已经产生强烈偏好的状况下,新进入企业为了改变消费者的消费习惯,获取客户,建立消费者对自己产品的忠诚度,必须支出巨额的促销费用,包括广告开支,改进包装、设计以及开展促销活动等;尽管产业内已有企业为留住客户,也要支付宣传促销费用,但是客户"先入为主"的消费观念和已有厂商在创立商标信誉的"先发优势"往往导致新进入企业在促销上必须支付更高的溢价,这一额外的促销费用就构成了该产业的进入壁垒。

6. 阻止和驱除进入者策略

一般说来,在行业利润率较高或需求增长速度较快的产业最容易诱发新企业的进入。为了降低该产业对潜在进入者的吸引力,在位企业往往主动采取暂时性降价策略,在挤垮现有竞争对手的同时,阻止和消除外部潜在的进入威胁。对市场成长性较快的产业,在位企业可以根据对市场需求的预测,常常保持一定的过剩生产能力,以减少需求增长对新企业的诱感。在位企业的这些竞争战略构成了阻止新企业进入的行为性市场壁垒。

7. 政策及法律的制度性壁垒

在市场运行过程中政府肩负着解决市场失灵和推动产业结构升级的重任,它在干预经济活动中所采取的政策或法律手段客观上形成了某种制度性壁垒。例如为防止自然垄断行业的重复投资、过度进入,政府会对企业经营资格作出限制性规定,实施进入管制政策等。

需要指出的是,就某一具体的产业而言,它的进入壁垒绝非单一的因素所决定,往往是上述多个因素综合作用的结果。从长期来看,潜在进入企业可以突破某些制度性和结构性壁垒,设法进入市场;对在位企业而言,如果长期期限很长,也会满足于这段时期内的巨额利润,不会以损失经济利润为代价阻止或驱除潜在的竞争对手。

与进入壁垒相关联的另一个问题是市场的退出壁垒。所谓退出壁垒是指市场内已有企业在发现更高盈利机会积极转产时,或者经营业绩不佳被迫退出时,会面临退出的种种障碍性因素。譬如说,企业固定资产专用性较强,转交、转用的可能性就较小,沉淀成本的损失就很大。在国外,企业解雇职工会遭到工会的抵制,大大增加了解雇的难度和费用等。一些学者在实证研究中发现,市场的进入壁垒与退出壁垒是高度相关的,高进入壁垒同时也伴随着高退出障碍。这是因为构成结构性壁垒的因素,如规模经济要求、最低资本限量、绝对成本优势等,同时也会增加资本沉淀的风险。而政府干预经济活动所形成的制度壁垒也会起到限制现有企业退出的作用。

一般说来,一个产业进入和退出壁垒都高,则会强化现有企业对市场价格和产量的支配力,形成垄断性市场结构;与之相反,产业的进入和退出壁垒都很低,整个市场结构就富有竞争性;而进入壁垒低、退出壁垒高,则会导致市场中卖方集中度降低,市场竞争无法实现劣势企业和过剩生产能力的有效清除,产业潜伏着过度竞争的危险。

四、市场行为

市场行为在产业组织中具有重要的作用,在不同的市场结构中组织行为是不同的。在博弈论的工具下,市场行为的分析有了较大的发展。这种分析和微观经济学的分析大同小异。主要是对于寡头垄断市场的行为分析。

在寡头垄断市场中,非合作寡头垄断市场主要有古诺模型、伯特兰模型、埃奇沃斯模型、斯坦克尔伯格模型等这些模型分别从竞争行为的时间、工具、信息等方面入手分析市场中企业的竞争行为。并且得出这些竞争行为的均衡状态。

合作寡头垄断主要是讨论寡头企业合作的基础、条件和合作的临界点。这些讨论对于分析产业中的非价格竞争行为具有重要的意义。

在垄断竞争模型中,目前比较成熟的有:代表性消费者模型、塞洛普圆周模型、豪泰林模型等。这些模型对于分析在垄断竞争市场中的企业行为具有重要的作用,尤其是博弈论在这种市场结构中的应用,弥补了原来分析工具的不足。

除此之外,产业组织论还探讨企业的价格性竞争行为和非价格性竞争行为,价格性竞争行为研究比较成熟的有阻止定价、掠夺性定价、价格歧视、非线性定价等。非价格竞争行为包括广告、技术进步、并购、纵向和横向一体化等。

由于这些知识点在微观经济学中已经讲述,又由于篇幅的原因,就只把一个框架告诉大家。

参 考 文 献

刘志彪,等. 现代产业经济学. 北京:高等教育出版社,2009

第六章 总供给和总需求理论

本章教学目的和要求

深入理解宏观角度总需求和总供给的内涵;掌握总需求曲线和总供给曲线的推导过程;了解相关经济因素对总供给和总需求影响的基本特征;灵活运用总需求—总供给模型解释并解决现实经济发展问题。

本章教学要点

1. 总需求函数内涵和总需求曲线推导
2. 总供给函数内涵和总供给曲线推导
3. 总需求—总供给模型及其变化情况讨论

关键词

总需求函数　总供给函数　总需求—总供给模型

第一节 总需求函数

一、总需求的含义

总需求是指社会在一定价格水平下所愿意购买的产品和服务的总量,它包括国内居民对产品和服务的需求、企业购买的产品和服务需求、政府采购产品与服务的需求以及外国购买本国产品和服务的净需求。

二、总需求函数

总需求函数可以表示为:$Y=AD(P)$,相应的总需求曲线是反映总需求与物价水平之间关系的一条曲线,它向右下方倾斜,表示的是总需求与物价水平呈反方向变动关系。即在既定的收入条件下,价格总水平提高使得个人持有的财富可以购买到的消费品数量下降,从而消费减少。反之,当价格总水平下降时,人们所持有财富的实际价值升高,人们会变得较为富有,从而增加消费。总之,价格总水平与经济中的消费支出呈反方向变动关系。具体可以用实际余额效应、利率效应和汇率效应说明价格水平对总需求的影响。

1. 实际余额效应

实际余额效应是物价水平的变动,通过对实际财产的影响而影响实际消费。当物价水平上升时,实际财产减少,消费减少;当物价水平下降时,实际财产增加,消费增加。消费是总需求的一个组成部分。这样,物价水平就与总需求反方向变动,即物价水平下降,实际财产增加,消费增加,总需求增加。反之,亦反之。这种关系可以表示为:

物价水平(↑)→实际财产(↓)→消费(↓)→总需求(↓)

2. 利率效应

所谓利率效应是指一般价格水平的变化通过影响实际货币供给,并通过实际货币供给进而影响利率,最终影响投资。例如,随着价格水平的下降,实际货币供给将增加(实际货币供给通常定义为名义货币供给与价格水平之比)。实际货币供给增加,意味着人们手里持有的货币量超过了他们的需要。于是,他们将抛弃货币而购买债券,结果引起债券价格上升和利率下降。利率下降刺激投资增加,从而总需求增加。从实际货币供给增加到总需求增加,可以简单地看成是 LM 曲线右移的结果。这种关系可以总结为:

物价水平(↑)→实际货币量(↓)→利率(↑)→投资减少(↓)→总需求(↓)

3. 汇率效应

汇率效应就是物价水平通过对汇率的影响而影响净出口。影响一国汇率的重要因素之一是利率。在资本自由流动的情况下,资本从低利率地区流向高利率地区。当一国利率上升,高于世界利率水平时,资本流出,这就需要把本国货币换为国外货币,这样,在外汇市场上,对外国货币的需求增加,从而汇率上升,汇率上升使净出口减少。由于净出口是总需求的一部分,从而净出口减少,总需求减少。这种关系归纳起来就是:

物价(↑)→利率(↑)→汇率(↑)→净出口(↓)→总需求(↓)

三、总需求曲线的推导

1. IS-LM 模型推导总需求曲线

如图 6-1(a),IS 与 LM 相交,当价格水平下降时,意味着实际货币供给增加,故 LM 曲线向右移动,这使得均衡产出水平增加了,这样,价格水平 P 和产出 Y 的对应关系必然是反方向变动的。同时,价格水平的变化对储蓄和投资均不会产生影响,故 IS 曲线的位置也不会移动。也可以综合图 6-1(a)、(b)说明如何从 IS-LM 模型图中得出总需求曲线 AD。

从以上关于总需求曲线推导中看到,总需求曲线表示社会的需求总量和价格水平之间反方向的关系,即总需求曲线是向右下方倾斜的。向右下方倾斜的总需求曲线表示,价格水平越高,需求总量越小;价格水平越低,需求总量越大。总需求曲线向下倾斜的经济解释是,在名义货币供给量保持不变时,价格水平上升使实际货币供给量减少,使货币市场出现超额货币需求,从而使利率提高。伴随着利率的提高,投资支出下降,进而导致产出下降。相反,较低的价格水平使货币市场出现超额货币供给,从而使利率下降。伴随着利率的下降,投资支出提高,进而导致产出提高。

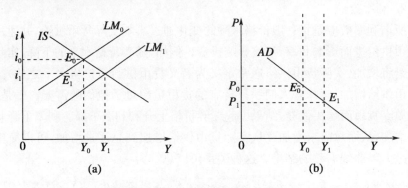

图 6-1　IS-LM 模型推导总需求曲线

2. 代数法推导总需求曲线

总需求函数的表达式:在 IS、LM 表达式中消去利率 r 即可。

$$IS: s(Y) = i(r) \text{ 或}: -a + (1-b)Y = e - dr \tag{6.1}$$

$$LM: L_1(Y) + L_2(r) = M/P \text{ 或}: kY - hr = M/P \tag{6.2}$$

消去 r 得:

$$Y = \frac{Md}{h - bh + kd} \cdot \frac{1}{P} + \frac{ah + eh}{h - bh + kd} \tag{6.3}$$

四、总需求曲线的斜率

总需求曲线的斜率反映了既定价格水平变动所引起的总需求与国民收入的不同变动情况,可以用图 6-2 来说明这一点。

当总需求曲线斜率小时,既定的价格变动所引起的总需求与国民收入的变动大,这就是当总需求曲线为 AD_0 时,总需求与国民收入的变动为 Y_0Y_2;当总需求曲线斜率大时,既定的价格变动所引起的总需求与国民收入的变动小,这就是当总需求曲线为 AD_1 时,总需求与国民收入的变动为 Y_0Y_1。

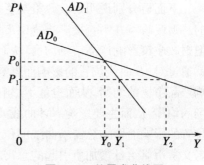

图 6-2 总需求曲线图

因此,总需求曲线的斜率越大,一定价格水平变动所引起的总需求与国民收入变动越小;总需求曲线的斜率越小,一定的价格水平变动所引起的总需求与国民收入变动越大。

五、总需求曲线的移动

总需求曲线是由 IS-LM 模型决定的,所以,IS 曲线和 LM 曲线的位置也就决定了总需求曲线的位置,IS 曲线和 LM 曲线的移动也会改变总需求曲线的位置。当物价水平不变时,仍有许多影响总需求曲线的因素,可以把这些因素总结如表 6-1 所示。

表 6-1 影响总需求相关因素比较

增加总需求的因素	减少总需求的因素
利率下降	利率上升
预期的通货膨胀率上升	预期的通货膨胀率下降
汇率下降	汇率上升
预期的未来利润增加	预期的未来利润减少
货币量增加	货币量减少
总财产增加	总财产减少
政府对物品与劳务的支出增加	政府对物品与劳务的支出减少
税收减少或转移支付增加	税收减少或转移支付减少
国外收入增加	国外收入减少

表 6-1 中各种因素对总需求的影响会使总需求曲线的位置移动。我们知道,财政政策的变动会改变 IS 曲线的位置,货币政策的变动会改变 LM 曲线的位置,因此,总需求曲线位置的决定与变动就要受财政政策与货币政策的影响。

下面再分别说明财政政策与货币政策是如何决定总需求曲线的位置移动的。财政政策并不直接影响货币市场均衡,从而也就不影响 LM 曲线的位置。但财政政策影响产品市场均衡,从而主导影响 IS 曲线的位置。这样,财政政策就通过对 IS 曲线位置的影响而影响总需求曲线的位置。货币政策并不直接影响产品市场的均衡,从而也就不影响 IS 曲线的位置。但货币政策影响货币市场的均衡,从而主要影响 LM 曲线的位置。这样,货币政策就通过对 LM 曲线位置的影响而影响总需求曲线的位置。应该指出的是,在价格不变的情况下,名义货币供给量增加所引起的总需求曲线的移动与名义货币供给量的增加是同比例的。由于实际货币供给量度取决于名义货币供给量和价格水平,所以,如果价格水平的上升与名义货币供给量和价格的增加是同比例的,那么,名义货币供给量的变动就不会引起实际货币供给量的变动。

第二节 总供给函数

一、总供给的含义

总供给是经济社会的总产量(或总产出),它描述了经济社会的基本资源用于生产时可能有的产量。一般而言,总供给主要是由生产性投入(最重要的是劳动与资本)的数量和这些投入组合的效率(即社会的技术)共同决定的。

二、总供给函数

总供给函数是指总供给(或总产出)和价格水平之间的关系。在以价格为纵坐标,总产出(或总收入)为横坐标的坐标系中,总供给函数的几何表示为总供给曲线。总供给曲线表明了价格与产量的相结合,即在某种价格水平时,整个社会厂商所愿意供给的产品总量。所有厂商所愿意供给的产品总量取决于它们在提供这些产品时所得到的价格,以及它们在生产这些产品时所必须支付的劳动与其他生产要素的费用。因此,总供给曲线反映了要素市场(特别是劳动市场)与产品市场的状态。

三、短期总供给曲线——凯恩斯模型

这里短期的含义指的是指名义工资保持相对不变的时间区间。凯恩斯主义总供给曲线是一条水平的总供给曲线。这表明,在既定的价格水平时,厂商愿意供给社会所需求的任何数量产品。凯恩斯的总供给曲线如图 6-3 所示。

从图中可以看出,此时总供给曲线 AS 是一条水平线。水平的总供给曲线表明,在现行的价格水平下,企业愿意供给任何有需求的产品数量。之所以存在这种情况,是因为凯恩斯认为,当社会上存在较为严重的失业时,厂商可以在现行工资水平之下得到它们所需要的任何数量劳动力。当仅仅把工资作为生产成本时,这就意味着生产成本不会随产量的变动而变动,从

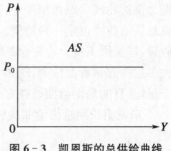

图 6-3 凯恩斯的总供给曲线

而价格水平也就不会随产量的变动而变动。厂商愿意在现行价格之下供给任何数量的产品。隐含在凯恩斯主义总供给曲线背后的思想是,由于存在着失业,企业可以在现行工资下获得他们需要的任意数量的劳动力。他们生产的平均成本因此被假定为不随产量水平的变化而变化。这样,在现行价格水平上,企业愿意供给任意所需求的产品数量。

应该指出的是,这种情况仅仅存在于失业较为严重时,例如 20 世纪 30 年代大危机时期的情况。因此,它仅仅是一种特例。凯恩斯提出这种观点与他的理论产生于 20 世纪 30 年代大危机时期和运用了短期分析方法是相关的。

四、长期总供给曲线——古典模型

如果说凯恩斯主义总供给曲线显示的是一种极端情形,那么图 6-4 所给出的所谓古典总供给曲线则是另外一种极端情形。

可以看出,古典总供给曲线是一条位于充分就业产量水平上的垂线。这表明,无论价格水平如何变动,总供给量都是固定不变的。古

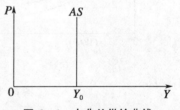

图 6-4 古典总供给曲线

典总供给曲线基于下面的假定:货币工资具有完全的伸缩性,它随着劳动力供求关系的变化而变化。当劳动市场存在超额劳动供给时,货币工资就会下降。反之,当劳动市场存在超额劳动需求时,货币工资就会提高。简单地说,在古典总供给理论的假定下,劳动市场的运行毫无摩擦,总能维护劳动力的充分就业。既然在劳动市场,在工资的灵活调整下充分就业的状态总能被维持,因此,无论价格水平如何变化,经济中的产量总是与劳动力充分就业下的产量,即潜在产量相对应。这也就是说,因为全部劳动力都得到了就业,即使价格水平再上升,产量也无法增加,即国民收入已经实现了充分就业,无法再增加了。故而总供给曲线是一条与价格水平无关的垂直线。

鉴于长期内,经济是可以实现充分就业的,因此,古典总供给曲线也称为长

期总供给曲线。但在短期中,经济并不一定总处于充分就业状态,因此,这种古典总供给曲线也是一种特例。值得指出的是,虽然垂直的总供给曲线所依赖的假设,即货币工资具有完全的伸缩性,受到凯恩斯及其追随者们的指责,但现在大多数西方学者都认为,这条垂直的总供给曲线可以作为长期的总供给曲线。于是,垂直的总供给曲线在宏观经济学中又被称为长期总供给曲线。下面用图6-5来说明长期总供给曲线较严格的推导。

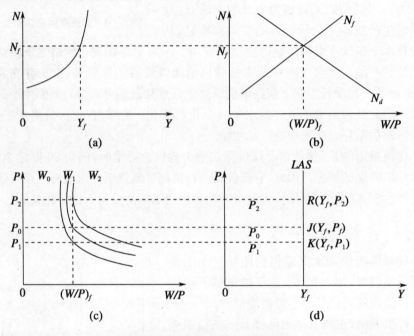

图 6-5 长期总供给曲线推导图

假定使劳动市场达到均衡时的价格水平和货币工资分别为 P_0 和 W_0,相应地,均衡的实际工资为 $(W/P)_f$,按照古典经济理论的说法,此时均衡的就业量就是充分就业下的就业量 N_f。将 N_f 代入生产函数,在(a)图中就可得到产出量 Y_f,这一产量正是前面所说的充分就业产量。由于产量度 Y_f 对应于价格水平 P_0,从而在(d)图中可以得到点 $J(Y_f, P_f)$。如果价格水平从 P_0 下降到 P_1,在货币工资可变假定下,货币工资将不能维持在原来的 W_0 水平。因为在货币工资为 W_0 下,价格水平的下降使得实际工资提高,这将导致对劳动的过剩供给。而可变的货币工资因劳动的过剩供给将会下降,因为工人们为了得到工作而互相竞争。于是,在图 6-5 的(c)图中,货币工资曲线将从 W_0 下降到 W_1。为使劳动市场恢复均衡,货币工资的这种下降同价格水平的下降是成比例的。因此,以前存在的实际工资 $(W/P)_f$ 得以维持不变。在这一实际工资的基础上,就业量仍等于 N_f,从而 Y 仍等于 Y_f,在图 6-5 中的(d)图,可得到点 $K(Y_f,P_1)$。

类似地,如果价格水平从 P_0 上升到 P_2,则有伸缩性的货币工资就会从 W_0 上升到 W_2,以使劳动市场恢复均衡,这时就业量仍为充分就业下的就业量 N_f,从而相应的产量也就是充分就业下的产量 Y_f,于是在图 6-5 的(d)图中又得到点 $R(Y_f,P_2)$。用同样的方法,可以考察低于 P_1 和高于 P_2 的其他所有价格水平的情况。在每一价格水平上,有伸缩性的货币工资都会调整到充分就业的实际工资确定时为止。因此,对任何价格水平,产量都是充分就业的产量。

将图 6-5 中(d)图的各点连接起来,便可得到一条位于潜在产量或充分就业产量 Y_f 上的垂线 LAS,这就是长期总供给曲线。以上两种特殊的总供给曲线的差别在于所根据的假设不同。凯恩斯主义总供给曲线所根据的假设是,当存在失业时,工资变动不大或根本不能变(即工资具有刚性),从而失业会持续一段时期。古典总供给曲线所根据的假设是,工资具有完全的伸缩性,可以适应劳动供求关系的变动而迅速变动,从而通过工资的调节可以使劳动市场总处于充分就业的均衡状态。这两种情况实际上都不多见,所以,正常的总供给曲线介于这两种特例之间,是一条向右上方倾斜的线。

五、常规的总供给曲线

对于总供给,西方学者大都同意存在总供给曲线的说法,但是对于总供给曲线的形状,却有着不同的看法。水平的总供给曲线和垂直的总供给曲线都被认为是极端的情形。很多经济学家认为,在短期现实的总供给曲线更多地表现为是向右上方倾斜的曲线。

总供给水平与价格水平同方向变动反映了产品市场与要素市场的状况。具体来说,产品市场上价格上升时,厂商可以为生产要素支付更高的报酬,从而就可以使用更多的生产要素,生产更多的产品。

六、总供给曲线的移动

与总需求曲线的移动相比,使总供给曲线移动的因素相对来说比较复杂,这里只能作简要的说明。自然的和人为的灾祸,技术变动,工资率的变化、生产能力的变动,等等。总供给曲线的位置是不断变动的,这种变动说明了在既定价格水平之下,总供给量的变动。

第三节 总需求—总供给模型

一、总需求—总需求模型

总供给—总需求模型是将总需求曲线和总供给曲线结合在一起来说明均衡国民收入与均衡的价格水平如何决定的一个模型,可以用图6-6来说明总需求—总供给模型。

在图6-6中,总需求曲线 AD 与总供给曲线 AS 相交于 E,此时总需求等于总供给,国民经济处于均衡状态,E 点对应的 Y_0 即为均衡国民收入,均衡的价格水平为 P_0。与 IS-LM 模型不同的是,总需求—总供给模型综合考虑了产品市场、货币市场和劳动市场三个市场的均衡,同时也分析了国外对于本国的需求情况(即净出口 $X-M$ 部分),因而更加接近现代宏观经济体系的实际运行情况,对于一个对外开放国家的经济运行状况也更有解释能力。

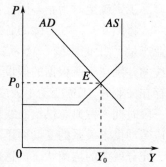

图6-6 总需求—总供给模型(1)

二、总需求变动对国民收入与价格水平的影响

由于总供给曲线由三个部分组成,所以运用总需求—总供给模型分析总需求变动对国民收入和价格水平的影响时,必须考虑到总供给曲线的不同情况,依据总供给曲线的不同情况,可以将其分成三种情况:

1. 资源未充分利用阶段

此时经济运行一般处于萧条时期,经济萧条时期是指实际国民收入水平低于潜在国民收入的时期。由于大量资源闲置,因而此时总供给曲线的形态是一条水平直线,即第二节中的短期凯恩斯主义总供给曲线。

在图6-7中,AS 为水平直线,与 AD_0 相交于 E_0,决定了国民收入为 Y_0,价格水平为 P_0。此时如果总需求增加,即总需求曲线

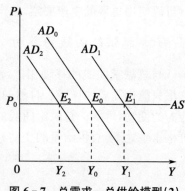

图6-7 总需求—总供给模型(2)

从 AD_0 向右上方平行移动到 AD_1,决定了新的国民收入为 Y_1,而价格水平仍为 P_0,这就说明了总需求的增加使国民收入由 Y_0 增加到 Y_1,而价格水平不变。相反,如果总需求减少,即总需求曲线从 AD_0 向左下方平行移动到 AD_2,AD_2 与 AS 相交于 E_2,决定了国民收入为 Y_2,价格水平还是为 P_0,这表明总需求减少使国民收入从 Y_0 下降到 Y_2。总之,在有大量资源闲置的情况下,总需求增加会导致国民收入增加,总需求减少会导致国民收入减少,而价格均保持不变。

2. 资源接近充分利用阶段

此即短期总供给曲线阶段,在这种总供给曲线下,总需求的增加会使国民收入增加,价格水平也上升;总需求的减少会使国民收入减少,价格水平也会下降。也就是说,总需求的变动引起国民收入与价格水平的同方向变动。图6-8中,AS 为短期总供给曲线,AS 与 AD_0 相交于 E_0,决定了国民收入为 Y_0,价格水平为 P_0。如果总需求增加,总需求曲线由 AD_0 移动到 AD_1,这时 AD_1 与 AS 相交于 E_1,决定了国民收入为 Y_1,价格水平为 P_1。这就表明,总需求增加使国民收入由 Y_0 增加到 Y_1,使价格水平由 P_0 上升为 P_1。如果总需求减少,总需求曲线由 AD_0 移动到 AD_2,这时 AD_2 与 AS 相交于 E_2,决定了国民收入为 Y_2,价格水平为 P_2,这表明,总需求减少使国民收入由 Y_0 减少到了 Y_2,使价格水平由 P_0 下降为 P_2。

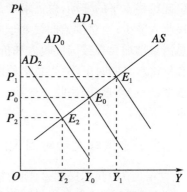

图6-8 总需求—总供给模型(3)

3. 资源充分利用阶段

此即长期总供给曲线阶段,由于资源已得到了充分利用,总供给曲线为一条垂直于横轴的直线,所以总需求的增加只会使价格水平上升,而国民收入不会变动;同样,总需求的减少也只会使价格水平下降,而国民收入不会变动,即总需求的变动会引起价格水平的同方向变动,而不会引起国民收入的变动。可用图6-9来说明这种情况。

在图6-9中,AS 为长期总供给曲线,AS 与 AD_0 相交于 E_0,决定了充分就业的国民收

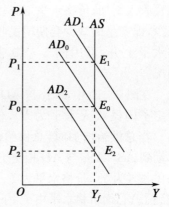

图6-9 总需求—总供给模型(4)

入水平 Y_f，价格水平为 P_0。如果总需求增加，总需求曲线由 AD_0 移动到 AD_1，这时 AD_1 与 AS 相交于 E_1，决定了国民收入仍为 Y_f，价格水平为 P_1。这就表明，总需求增加使价格水平由 P_0 上升为 P_1，而国民收入仍为 Y_f。如果总需求减少，总需求曲线由 AD_0 移动到 AD_2，这时 AD_2 与 AS 相交于 E_2，决定了国民收入仍为 Y_f，价格水平为 P_2。这就表明，总需求减少使价格水平由 P_0 下降为 P_2，而国民收入仍为 Y_f。

综合上面的三种情况，总需求变动会对国民收入和价格水平产生如下影响：当总供给曲线处于水平阶段时(凯恩斯主义总供给曲线)，总需求变动不会引起价格水平的变动，总需求增加会导致国民收入增加，总需求减少会导致国民收入减少；当总供给曲线处于向右上方倾斜阶段时(短期总供给曲线阶段)，总需求增加会导致国民收入和价格水平同时上升，总需求下降会导致国民收入和价格水平同时下降；当总供给曲线处于垂直阶段时(长期总供给曲线)，总需求变动不会引起国民收入变动，总需求增加，价格水平增加，总需求下降，价格水平下降。

三、总供给变动对国民收入和价格水平的影响

第二节中我们提到过，凯恩斯主义总供给曲线和长期总供给曲线是两种极端情况，现实经济中较常见的是短期总供给曲线。因此，在讨论总供给变动对国民收入和价格水平的影响时，通常只讨论短期总供给变动的情况。

短期总供给是会变动的，这种变动同样会影响国民收入与价格水平。在总需求不变时总供给的增加，即产量的增加会使国民收入增加，价格水平下降；而总供给的减少，即产量的减少会使国民收入减少，价格水平上升，可用图 6-10 来说明这种情况。

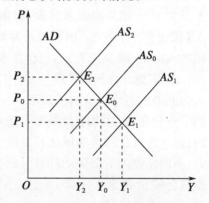

图 6-10 总需求—总供给模型(5)

在图 6-10 中，AS_0 与 AD 相交于 E_0，决定了国民收入水平为 Y_0，价格水平为 P_0。当总供给增加时，总供给曲线由 AS_0 移动到 AS_1，AS_1 与 AD 相交于 E_1，决定了国民收入为 Y_1，价格水平为 P_1。这表明由于总供给的增加，国民收入由 Y_0 增加到了 Y_1，而价格水平由 P_0 下降为 P_1。当总供给减少时，总供给曲线由 AS_0 移动到 AS_2，AS_2 与 AD 相交于 E_2，决定国民收入为 Y_2，价格水平为 P_2。这表明由于总供给减少，国民收入由 Y_0 减少到了 Y_2，而价格水平由 P_0 上升为 P_2。

四、经济萧条与繁荣分析

西方主流学派经济学家试图用总供给曲线和总需求曲线来解释宏观经济波动。他们把向右上方倾斜的总供给曲线称为短期总供给曲线,把垂直的总供给曲线称为长期总供给曲线。根据长期总供给曲线、短期总供给曲线以及其与总需求曲线的相互关系对经济波动做出如下的解释:

从短期总供给曲线不变,总需求曲线变动来看,总需求水平的高低决定了一国经济的萧条和繁荣状态下的均衡水平。如图 6-11 所示,在图中,Y^* 为充分就业条件下的国民收入,在此点垂直的曲线 LAS 就是长期总供给曲线。SAS 为短期总供给曲线,AD 为总需求曲线。假设经济的初始均衡状态为 E 点,即 AD 与 SAS 的交点,这时国民收入为 OY,价格水平为 OP。显而易见,国民收入 OY 小于充分就业的产量 Y^*。这意味着国民经济处于萧条状态。但是,如果政府采取刺激总需求的财政政策,则 AD 曲线会向右方移动。在商品、货币和劳动市场经过一系列调整后,经济会移动到新的短期均衡点,比如随着 AD 曲线的右移,SAS、LAS、AD 三条曲线相交于同一点,即达到充分就业的均衡点。如果在政府采取扩张性宏观经济政策的同时,市场上另有强烈刺激总需求扩张的因素,则 AD 曲线有可能移动到充分就业产量 Y^* 所代表长期总供给曲线右方的某一点,如与 SAS 曲线相交于 E' 点。这时,均衡的国民收入为 OY',大于 OY^* 点。这表示经济处于过热的繁荣状态。这说明引起国民经济由 E 点移动到 E' 点的原因是需求的变动。这时市场价格上升到 OP' 点,此时为通货膨胀与经济增长同时出现的状况。总之,经济的总需求的扩张可以使社会就业水平和总产出水平提高,但经济扩张一旦超过潜在的充分就业的国民收入时,则会产生经济过热和通货膨胀。

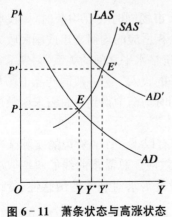

图 6-11 萧条状态与高涨状态

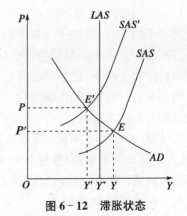

图 6-12 滞胀状态

五、经济滞胀分析

在总需求曲线不变的情况下,当成本上升、劳动生产率下降或生产要素供给下降时,短期总供给曲线将向左上方移动,即总供给曲线从 SAS 移动到 SAS′。这时,总供给曲线与总需求曲线相交的均衡点则从 E 点移动到 E' 点,其均衡产出从 Y 减少到 Y',价格水平从 P 上升到 P',形成产出下降而价格水平上升的格局,如图 6-12 所示。相反,当由于成本下降等因素使短期总供给曲线向右下方移动时,会造成产出水平上升而价格水平下降的格局。

当短期总供给曲线向左移动,会造成产出下降和价格上升的局面,这种事件也被称为滞胀。这种情形一般是由于成本突然大幅上涨所引起的,又称之为供给冲击。当滞胀现象发生后,没有一种比较好的政策选择。一种做法是,不加任何干预。在这种情况下,产品与劳务在一段时间内仍被压低在 Y'。但是,随着时间的推移,工资、利率、价格的不断调整,最终将使短期总供给曲线回到 SAS。例如,低产出和高失业诱使工人的工资下降的压力。较低的工资又会使总供给曲线向右移动。这样,产出又会接近于潜在产出,价格水平将重新下降。但是由于价格黏性因素,这个过程相当漫长,因此整个经济会面临一段较长的衰退。

另一种做法是通过扩张性的财政政策或货币政策,促进总需求曲线向右移动,以此来抵消短期总供给曲线移动的影响。通过政策调节,经济可以避免长期衰退,但是社会必须付出通货膨胀的代价。

本 章 小 结

1. 总需求曲线表明了在产品市场和货币市场同时实现均衡时,国民收入与价格水平的结合,描述了与每一物价总水平相适应的均衡支出或国民收入的关系的图形。总需求函数是指产出(收入)和价格水平之间的关系,它表示在某个特定的价格水平下,经济社会需要多高水平的收入。它一般同产品市场与货币市场有关,可以从产品市场与货币市场的同时均衡中得到。总需求函数的几何表示称为总需求曲线。

2. 总需求曲线向右下方倾斜的原因主要有以下三个:货币的实际余额效应(庇古效应)、利率效应(凯恩斯效应)、税收效应。总需求曲线的斜率取决于这样一些因素:货币需求对利率的敏感性、投资需求对利率的敏感性、货币需求对收入的敏感性和乘数。

3. 总供给曲线表明了价格与产量的相结合,即在某种价格水平时,整个社会的厂商所愿意供给的产品总量。总供给曲线有三种情况:"短期的凯恩斯总供给曲线""长期的古典总供给曲线"和"常规总供给曲线"。

4. 影响总供给曲线的移动的因素:成本变化、生产技术进步、风险承受能力和环境变化。

5. 在有大量资源闲置(凯恩斯陷阱)的情况下,总需求增加会导致国民收入增加,总需求减少会导致国民收入减少,而价格均保持不变。在古典情形下,资源已得到充分利用,总供给曲线为一条垂直于横轴的直线,所以总需求的增加只会使价格水平上升,而国民收入不会变动。短期总供给曲线阶段,总需求的增加会使国民收入增加,价格水平也上升;总需求的减少会使国民收入减少,价格水平也会下降。

思考与练习

一、单项选择题

1. 在货币工资不变的情况下,随着物价水平上升,实际货币供给量(　　)。
   A. 增加,从而实际国民生产总值的需求量增加
   B. 增加,从而实际国民生产总值的需求量减少
   C. 减少,从而实际国民生产总值的需求量增加
   D. 减少,从而实际国民生产总值的需求量减少

2. 其他条件不变的情况下,下列情况(　　)引起总需求曲线向右方移动。
   A. 物价水平不变时利率上升　　　B. 货币供给量增加
   C. 税收增加　　　　　　　　　　D. 物价水平下降

3. 长期总供给曲线(　　)。
   A. 向右上方倾斜　　　　　　　　B. 向右下方倾斜
   C. 是一条垂线　　　　　　　　　D. 是一条水平线

4. 技术进步会引起(　　)。
   A. 短期总供给曲线和长期总供给曲线都向右方移动
   B. 短期总供给曲线和长期总供给曲线都向左方移动
   C. 短期总供给曲线向右方移动,但长期总供给曲线不变
   D. 长期总供给曲线向右方移动,但短期总供给曲线不变

5. 如果经济处于低于充分就业均衡水平,那么,总需求增加就会引起(　　)。
   A. 物价水平上升和实际国民生产总值增加
   B. 物价水平上升和实际国民生产总值减少

C. 物价水平下降和实际国民生产总值增加

D. 物价水平下降和实际国民生产总值减少

6. 价格水平上升时,会(　　)。

A. 减少实际货币供给并使 LM 曲线右移

B. 减少货币供给并使 LM 曲线左移

C. 增加实际货币供给并使 LM 右移

D. 增加实际货币供给并使 LM 左移

7. 当(　　)时,总需求曲线更平缓。

A. 投资支出对利率变化较敏感

B. 支出乘数较小

C. 货币需求对利率变化较敏感

D. 货币供给量较大

8. 其他条件不变的情况下,(　　)引起总需求曲线(　　)。

A. 政府支出减少　　　右移

B. 价格水平上升　　　左移

C. 税收减少　　　　　左移

D. 名义货币供给增加　右移

9. 总需求曲线交于短期总供给曲线向右上方倾斜的区域时称为(　　)。

A. 充分就业均衡

B. 低于充分就业均衡

C. 通货膨胀

D. 滞胀

二、名词解释

1. 总需求　2. 总供给　3. 实际就业量　4. 充分就业量　5. 充分就业收入

三、简答题

1. 总需求曲线为什么向右下方倾斜?

2. 物价水平持续上升的原因是什么?

四、论述题

试说明主流学派经济学家是怎样用总供求分析法说明经济的"滞胀"状态的?

五、计算题

1. 设 IS 曲线的方程为 $r=0.415-0.0000185Y+0.00005G$，LM 曲线的方程为 $r=0.00001625Y-0.0001(M/P)$。其中 r 为利率，Y 为收入，G 为政府支出，P 为价格水平，M 为名义货币供给量。试导出总需求曲线，并说明名义货币供给量和政府支出的变动对总需求曲线的影响。

2. 设总量生产函数 $Y=F(K,L)$，其中，Y 代表总产量，K 代表总资本量，L 代表总劳动量。试说明，如果规模收益不变，则按人口（或劳动）平均的产量唯一地取决于按人口（或劳动）平均的资本。

3. 如果总供给曲线为 $Y_s=500$，总需求曲线为 $Y_D=600-50P$，
(1) 求供求均衡点；
(2) 如果总需求上升 10%，求新的供求均衡点。

六、案例分析题

石油危机的影响

历史上的石油供应危机

第一次石油危机（1973—1974 年）

1973 年 10 月第四次中东战争爆发，为打击以色列及其支持者，石油输出国组织的阿拉伯成员国当年 12 月宣布收回原油标价权，并将其基准原油价格从每桶 3.011 美元提高到 10.651 美元，国际市场上的石油价格从每桶 3 美元涨到 12 美元，上涨了 4 倍，从而触发了第二次世界大战之后最严重的全球经济危机。

持续 3 年的能源危机对发达国家的经济造成了严重的冲击。美国的工业生产下降了 14%，GDP 下降了 4.7%；日本的工业生产下降了 20% 以上，GDP 则下降了 7%；欧洲 GDP 下降了 2.5%。

危机之后，以美国为首的一些发达国家组成了国际能源机构，应对可能出现的石油危机。这个机构要求成员国必须保持相当于前一年 90 天进口原油的储备量。

第二次石油危机（1979—1980 年）

1978 年底，伊朗爆发革命后伊朗和伊拉克开战，石油日产量锐减，引发第二次石油危机。危机中石油产量从每天 580 万桶骤降到 100 万桶以下，全球市场上每天都有 560 万桶的缺口。油价在 1979 年开始暴涨，从每桶 13 美元猛增至 1980 年的 35 美元。这种状态持续了半年多，此次危机成为 20 世纪 70 年代末西方经济全面衰退的一个主要诱因。

危机带来了全球性的高通胀。西方国家以高利率抑制高通胀使得美元短

期利率在1980至1983年间维持在12%至14%,引发了第一次拉美债务危机。也使得一些产油国希望借助石油出口收入来推动工业化的梦想破灭。欧佩克国家逐渐意识到,发展经济以致工业化并不单纯由资本推动,与其将石油开采出来换成不断贬值的美元以及不断缩水的美元资产,不如长期储存于地下。危机导致西方主要工业国经济出现衰退,据估计,美国GDP下降了3%左右。

两次石油危机令西方各工业大国至今仍然心惊肉跳。两次石油危机而引发的全球全面性质的经济危机对各国都有破坏影响,但是由于西方主要工业国由于对石油的过于依赖,所受的影响最大。也正是这种依赖使得富藏石油的中东成了兵家争夺之地,以色列能够在几次中东战争中得到美国的支持,其含义自然不言而喻。

第三次石油危机(1990年)

1990年爆发的海湾战争——专家形容海湾战争更是一场石油战争。当时任美国总统的老布什表示,如果世界上最大石油储备的控制权落入萨达姆手中,那么美国人的就业机会、生活方式都将蒙受灾难。对美国而言,海湾石油是其"国家利益"。直接导致了世界经济的第三次危机。来自伊拉克的原油供应中断,油价在三个月内由每桶14美元急升至42美元。美国经济在1990年第三季度加速陷入衰退,拖累全球GDP增长率,在1991年降到2%以下。

随后,国际能源机构启动了紧急计划,每天将250万桶的储备原油投放市场,油价一天之内暴跌10多美元,欧佩克也迅速增产。因此,这次高油价持续时间并不长,与前两次危机相比,对世界经济的影响要小得多。

蜜蜂的寓言与总需求决定理论

凯恩斯认为,在短期中决定经济状况的是总需求而不是总供给。这就是说,由劳动、资本和技术所决定的总供给,在短期中是既定的,这样,决定经济的就是总需求。总需求决定了短期中国民收入的水平。总需求增加,国民收入增加;总需求减少,国民收入减少。

18世纪初,一个名叫孟迪维尔的英国医生写了一首题为《蜜蜂的寓言》的讽喻诗。这首诗叙述了一个蜂群的兴衰史。最初,蜜蜂们追求奢侈的生活,大肆挥霍浪费,整个蜂群兴旺发达。后来它们改变了原有的习惯,崇尚节俭,结果蜂群凋敝,终于被敌手打败而逃散。

这首诗所宣扬的"浪费有功"在当时受到指责。英国中塞克斯郡大陪审团委员们就曾宣判它为"有碍公众视听的败类作品"。但在200多年之后,这部当时声名狼藉的作品却启发凯恩斯发动了一场经济学上的"凯恩斯革命",建立了现代宏观经济学和总需求决定理论。

在20世纪30年代之前,经济学家信奉的是萨伊定理。萨伊是18世纪法国经济学家,他提出供给决定需求,有供给就必然创造出需求,所以,不会存在生产过剩性经济危机。这种观点被称为萨伊定理。但20世纪20年代英国经济停滞和30年代全世界普遍的生产过剩和严重失业打破了萨伊定理的神话。凯恩斯在批判萨伊定理中建立了以总需求分析为中心的宏观经济学。

凯恩斯认为,在短期中决定经济状况的是总需求而不是总供给。这就是说,由劳动、资本和技术所决定的总供给,在短期中是既定的,这样,决定经济的就是总需求。总需求决定了短期中国民收入的水平。总需求增加,国民收入增加;总需求减少,国民收入减少。引起30年代大危机的正是总需求不足,或者用凯恩斯的话来说是有效需求不足。凯恩斯把有效需求不足归咎于边际消费倾向下降引起的消费需求不足和资本边际效率(预期利润率)下降与利率下降有限度引起的投资需求不足。解决的方法则是政府用经济政策刺激总需求。包括增加政府支出的财政政策和降低利率的货币政策,凯恩斯强调的是财政政策。

在凯恩斯主义经济学中,总需求分析是中心。总需求包括消费、投资、政府购买和净出口(出口减进口)。短期中,国民收入水平由总需求决定。通货膨胀、失业、经济周期都是由总需求的变动所引起的。当总需求不足时就出现失业与衰退。当总需求过大时就出现通货膨胀与扩张。从这种理论中得出的政策主张称为需求管理,其政策工具是财政政策与货币政策。当总需求不足时,采用扩张性财政政策(增加政府各种支出和减税)与货币政策(增加货币供给量降低利率)来刺激总需求。当总需求过大时,采用紧缩性财政政策(减少政府各种支出和增税)与货币政策(减少货币量提高利率)来抑制总需求。这样就可以实现既无通货膨胀又无失业的经济稳定。

总需求理论的提出在经济学中被称为一场"革命"(凯恩斯革命)。它改变了人们的传统观念。例如,如何看待节俭。在传统观念中,节俭是一种美德。但根据总需求理论,节俭就是减少消费。消费是总需求的一个重要组成部分,消费减少就是总需求减少。总需求减少则使国民收入减少,经济衰退。由此看来,对个人是美德的节俭,对社会却是恶行。这就是经济学家经常说的"节约的悖论"。"蜜蜂的寓言"所讲的也是这个道理。

凯恩斯重视消费的增加。1933年当英国经济处于萧条时,凯恩斯曾在英国BBC电台号召家庭主妇多购物,称她们此举是在"拯救英国"。在《通论》中他甚至还开玩笑地建议,如果实在没有支出的方法,可以把钱埋入废弃的矿井中,然后让人去挖出来。已故的北京大学经济系教授陈岱孙曾说过,凯恩斯只是用幽默的方式鼓励人们多消费,并非真的让你这样做。但增加需求支出以刺激经济则是凯恩斯本人和凯恩斯主义者的一贯思想。

那么,这种对传统节俭思想的否定正确与否呢?还是要具体问题具体分析。生产的目的是消费,消费对生产有促进作用,这是人人都承认的。凯恩斯主义的总需求分析是针对短期内总需求不足的情况。在这种情况下刺激总需求当然是正确的。一味提倡节俭,穿衣服都"新三年旧三年缝缝补补又三年",纺织工业还有活路吗?这些年当我国经济面临需求不足时政府也在努力寻求新的消费热点,说明这种理论不无道理。

当然,这种刺激总需求的理论与政策并不是普遍真理。起码在两种情况下,这种理论并不适用。其一是短期中当总供给已等于甚至大于总需求时再增加总需求会引发需求拉动的通货膨胀。其二是在长期中,资本积累是经济增长的基本条件,资本来自储蓄,要储蓄就要减少消费,并把储蓄变为另一种需求——投资需求。这时提倡节俭就有意义了。

凯恩斯主义总需求理论的另一个意义是打破了市场机制调节完善的神话,肯定了政府干预在稳定经济中的重要作用。战后各国政府在对经济的宏观调控中尽管犯过一些错误,但总体上还是起到了稳定经济的作用。战后经济周期性波动程度比战前小,而且没有出现30年代那样的大萧条就充分证明了这一点。

世界上没有什么放之四海而皆准的真理。一切真理都是具体的、相对的、有条件的。只有从这个角度去认识凯恩斯主义的总需求理论才能得出正确的结论。其实就连"蜜蜂的寓言"这样看似荒唐的故事中不也包含了真理的成分吗?

思考题:
(1) 怎样看待节俭与浪费?
(2) 总需求调节和政府有什么关系?

第七章 发展经济学理论

本章教学目的和要求

学习和掌握发展经济学的主要观点,了解经济发展的基本条件,把握发展中国家二元经济结构的基本特征,自觉运用所学知识分析我国作为发展中社会主义大国在现代化建设过程中所涌现出的各种问题。

本章教学要点

1. 经济增长与经济发展的关系
2. 以人为本的经济发展观的主要内涵
3. 发展中国家的二元经济结构及其理论

关键词

经济增长 经济发展 以人为本 二元经济结构

发展研究源远流长,在亚当·斯密、大卫·李嘉图等古典经济学家思想中就蕴含着丰富的经济发展思想。但作为一门独立的经济学科,发展经济学是伴随着二战后殖民主义瓦解和发展中国家独立进程而兴起的,它特别强调发展中国家的国情和实际,冲破经济学原先单一的传统理论框架,旨在于揭示发展中国家的经济发展规律。20世纪四五十年代,发展经济学先驱学者张培刚、刘易斯、钱纳里、吉利斯、舒尔茨等人提出了一系列经济发展的理论和观点。着眼于农业国的工业化发展实际,开出了许多解决发展问题的药方。尽管基于时代和理论视野的局限,这些理论有许多不完善的地方,但对于发展中国家的经济发展还是具有重要参考价值的。80年代以来,与我国的改革开放形势相适应,发展经济学在我国蓬勃兴起,引起学术界的极大关注,并随之出现了大量研究论著。随后,发展经济学成为了我国财经类专业的十大主干课程之一。究其原因,社会主义中国乃是发展中国家,在快速经济增长过程中出现了诸如劳动人口的大规模流动、二元结构、贫富分化、区域不均衡增长、国际发展不公平待遇等发展中国家通常遇到的问题。囿于篇幅,本章拣选发展经济学的几个基本问题作了相应论述。

第一节 经济增长和经济发展

当今社会,到处充斥着"增长"和"发展"的词句,人们已经开始混淆二者,但其实增长和发展的内涵并不完全相同。西尔斯(Seers)提出,经济增长可能不仅无法解决社会和政治难题,某种类型的增长可能反而会引起这些难题。考察一国的发展状况,要看贫困是否减少,失业和收入不平等状况是否好转。如果这三方面中有一个或两个,甚至全部都在恶化,那么无论如何也不能认为这个国家是在发展。

一、经济增长和经济发展的含义和实质

在早期的西方经济学文献中,"增长"和"发展"两个概念常常被替代使用。如威廉·A.刘易斯在《经济增长理论》、沃尔特·罗斯托于《经济成长过程》等文章中都是以经济增长为题的,但是涉及的问题主要是现在公认的经济发展问题。

经济增长(Economic Growth)是指社会财富即社会总产品量的增加。经济发展,通常指一个国家或地区按人口平均的实际福利增长过程,它不仅是量的扩张,也意味着质的变化,包含了经济结构、社会结构的创新,社会生活质量和投入产出效益的提高。经济发展是在经济增长的基础上,一个国家或地区经济结构和社会结构持续高级化的创新过程或变化过程。

按照发展经济学的理论,综合各个经济学家的观念,全面而准确的经济发展含义,至少包含以下几个方面:(1)人均国民生产总值(或国民收入)和人均实际收入在一个较长时期内持续而稳定地增长。(2)包括社会公共设施、自然环境和社会环境在内的居民生活环境得到改善。(3)生产要素的数量不断增加,能够满足社会总产出持续、稳定增长的需要。(4)经济结构合理化、高级化。(5)社会结构不断完善,收入分配机制不断完善。(6)社会事业、环境与经济增长相适应,形成一个良性的循环系统。(7)文化发展能够跟得上经济的发展,新的适应经济社会发展的价值观能够成长发展起来。(8)经济运行和调控机制不断完善。

二、经济发展与经济增长的区别和联系

经济增长与经济发展是既有区别又有联系的两个指标,经济增长是经济发展的基础和必要条件,也就是说没有经济增长就没有经济发展。但是经济增长

并不一定会导致经济发展。世界银行《1996年人类发展报告》就列举了五种有增长而无发展的情况：无工作的增长、无声的增长、无情的增长、无根的增长和无未来的增长。

但是，另一方面，经济增长与经济发展的联系又是极为紧密的。经济增长是经济发展的基本动力，是其必要的物质条件和基础，没有增长，发展将成为无本之木。同样地，经济发展是经济增长的目标和归宿。没有发展，长期的持续增长也是不可能的。不能离开经济发展这一宗旨而一味追求经济增长速度，那样会导致经济发展的比例失调和社会剧烈动荡。

因此，经济增长是经济发展的前提和基础，经济发展是经济增长的目标和归宿。一般来说，有发展就必然会有增长，但有增长未必一定会有经济发展。广义的发展经济学包含了增长经济学的理论。经济增长与经济发展的对比如表7-1所示。

表7-1　经济增长与经济发展的差异对比表

	概念内涵	学科角度
经济增长	比较纯粹的经济问题，侧重反映和体现财富与产出量的增加	侧重研究某种成熟状态的经济进步的动态化问题
经济发展	除了关注经济增长所关注的问题，还关注社会一般关系的发展变化问题，涉及到很多非经济方面的问题	关心一个国家或地区从落后状态向发达状态过渡的经济演变过程

三、经济增长与经济发展的度量指标

如何对经济发展进行度量，是发展经济学中的一个重要课题。

首先，衡量经济增长的通用指标是国民生产总值（GNP）或国内生产总值（GDP）的增长率。国民生产总值（GNP）是指一个国家在一定时期内（通常为一年）生产的以货币表现的全部最终产品和劳务的总和。国内生产总值（GDP）是指一个国家在本国领土内在一定时期内所生产的最终产品和劳务的总和。二者的关系可用如下关系式表示：

GNP＝GDP＋本国得自国外的要素收入－外国得自本国的要素收入

GNP或GDP的增长率是指按不变价格计算的一个国家在一段时期内GNP或GDP增加的部分与原有数额的比率。但是，由于各国GNP或GDP基数存在差异，换言之，高收入国家的增长率有可能会低于低收入国家的增长率，所以这个数值也并不能代表一切。

其次，衡量经济发展的指标体系要比经济增长的指标体系复杂许多，需要多维度的指标。

1. GDP 系列指标

目前，衡量发展的主要指标仍然是 GNP 或者 GDP 及其相关指标。能够比较简洁明了地反映一国的财富水平，但是也具有很大的局限性。

第一，由于计价货币、汇率的原因很难反映出国家之间经济发展水平的差距。目前国际上一般采用美元作为统一的计价货币，而由于大量非贸易商品的存在使得美元在穷国的购买力要大于在富国的购买力，使得穷国的人均生产总值易被低估。

第二，无法充分地反映收入分配情况。人均 GDP 相近国家的收入分配情况可能会千差万别，财富集中在少数人手里和财富分配在大多数人手里的社会状况是不一样的，这一点 GDP 相关指标无法反映。

第三，不能反映经济增长过程中所付出的社会代价。环境污染、生态失衡、人口膨胀等现象并不能在 GDP 及其相关指标中体现，而这些问题明显对于经济增长和发展是有影响的。也就是说，GDP 并不能反映经济增长的效益。

第四，不能反映出人们福利水平的变化。人们享受到的福利与 GDP（或 GNP）的变化方向不一定一致。例如，GDP 与人们的闲暇是呈现反方向变化的。另外，福利有时候更多的是主观感受。

另外，GDP 指标也会忽略自给自足的商品和劳务，而目前发展中国家很多商品和劳务都没有用来交换，这也无形之中低估了发展中国家的经济增长和发展状况。

2. 洛伦茨曲线与基尼系数

收入分配情况历来就是衡量经济发展水平的重要指标，而在现代发展经济学中，洛伦茨曲线和基尼系数是人们度量收入分配差距的主要指标。

(1) 洛伦茨曲线

洛伦茨曲线，是由美国统计学家洛伦茨（M. O. Lorenz）率先提出的（见图 7-1）。首先，画一个矩形，矩形的高衡量社会财富的百分比，将之分为五等份，每一等份为 20 的社会总财富。在矩形的长上，将 100 份家庭从最贫穷者到最富裕者由左向右排列，也分为 5 等份，第一个等份代表收入最低的 20 份家庭。在这个矩形中，将每一百份的家庭所有拥有的财富的百分比累计起来，并将相应的点画在图中，便得到了洛伦茨曲线。通过洛伦茨曲线，可以看出不同国家、不同阶层的收入差别状况，或者同一阶层、同一国家在不同时期的收入差别变动状况。

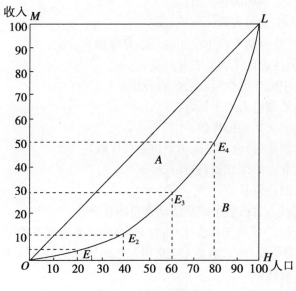

图 7-1 洛伦茨曲线

(2) 基尼系数

基尼系数是意大利经济学家克拉多·基尼(K. Gini)根据洛伦茨曲线的性质提出的衡量收入分配平均程度的指标。

从图形上来说,就是洛伦茨曲线与对角线所包围的面积(如图所示 A),和 $A+B$ 面积之比,数值范围在 0 至 1 之间。基尼系数越大,表示收入分配差别越大,反之则越小。国际惯例,基尼系数在 0.2 以下表示分配"高度平均",0.2~0.3 之间表示"相对平均",0.3~0.4 之间表示"相对合理"。国际上把 0.4 作为贫富差距的警戒线,0.4~0.6 表示"差距较大",超过 0.6 则意味着"高度不平均"。而基尼系数存在着不能反映个别阶层的收入分配变动情况,对低收入阶层收入比重的变化不敏感等缺陷。

3. 综合发展指标体系

由于 GDP 指标和基尼系数的这些缺陷,许多学者设立了综合指标体系,其中影响最大的是联合国社会发展研究所提出的 16 项综合发展指标:

(1) 出生时的预期寿命;

(2) 两万人以上地区人口占总人口的百分比;

(3) 人均每日消费的动物蛋白质;

(4) 中、小学注册入学人数;

(5) 职业教育入学比例;

(6) 每间居室平均居住人数；

(7) 每千人中读报人数；

(8) 从事经济活动人口中使用电、水、煤等地百分比；

(9) 每个男性农业工人的农业产量；

(10) 农业中成年男性劳动力的百分比；

(11) 人均消费电力的千瓦数；

(12) 人均消费钢的公斤数；

(13) 能源消费(折合为人均消费煤的公斤数)；

(14) 制造业占 GDP 的百分比；

(15) 人均对外贸易额；

(16) 工薪收入者占整个经济活动人口的百分比。

其中，(1)至(7)项属于社会指标，(8)至(16)项属于经济指标。这套指标体系的优点是较为全面，缺点则是无法集中起来形成一个单一的、概括性的指标。

4. 人类发展指数

人类发展指数(HDI)是联合国为了全面而简单地衡量经济发展水平而提出的，由三项指标组成：

a. 出生时的预期寿命。

b. 社会教育水平。该指标是一个复合指标，由成人识字率(占 2/3 权重)和初、中、高等教育入学率(占 1/3 权重)组成。

c. 人均收入。人均收入高于 5 000 美元购买力平价(1992 年)的，要做一定的调整：更高的收入给予更小的权重，这是因为收入的边际效用递减。

然后对这三项指标分别打分，然后取三项分数的平均值，就可以得到一个国家的 HDI 指数。根据 HDI 得分可以分为三组：低人类发展指数(0.00～0.50)，中等人类发展指数(0.51～0.79)，高人类发展指数(0.80～1.00)。它不仅包含 GNP 的增长，也包含了其分配状况信息。中国 1999 年的 HDI 排位是第 87 位，属于中等人类发展水平国家。

世界上的发展中国家有 150 多个国家和地区，发展层次差别巨大，有的诸如海湾石油输出国、韩国、新加坡这样的发展中国家实际发展水平或人均国民收入已接近西方发达国家，像中国、俄罗斯、巴西、印度这些世界新兴经济体的国际影响力也不亚于一些发达国家，但大多数发展中国家从上述各种指标来看，处于十分落后和贫穷的状态。即便是经济发展速度较快的发展中国家，就整体经济发展质量和科技实力来看，与发达国家相比，仍然存在相当大的差距。中国已经是公认的崛起中的大国和世界第二大经济体，但我们的人均国民收入水平、城市化水平、受教育水平、常规技术水平、经济社会协调发展水平等诸多方面,仍大大落后于发达国家。

第二节 以人为本的经济发展

经济学起源于对人类生存层面的关注,其研究视觉有一个从狭到广、从"物本"到"人本"的历史转变过程。传统发展经济学主导的发展观具有明显的物本偏狭性,其所谓的"经济增长"偏重于生存自由赖以实现的物质财富和市场收入效用,而没有顾及社会和精神层面自由实现的条件,其所研究的经济结构、制度变迁、社会福利等问题都未能从人本主义出发予以研究。而随着时代的发展,各界人士和专家全方位参与,使得经济学家们在思考和研究经济问题和现象时,逐渐从过去的物本主义向人本主义发展。

一、人本主义经济学的理论内涵

1. 人的生存及生活质量是人本主义经济学最根本的价值前提

古典经济学家亚当·斯密等人以浓厚的人文主义精神来展开对经济问题的理论阐述,认为人的需求和自利本性是人类经济活动的基本动因,这种人文传统只在规范经济学中留存下来。现阶段的人本主义经济学认为,时代迫切需要超越以自我为中心的价值观,树立社会价值观,实现真正的自我,最大地开发人的潜力。经济活动中最宝贵的资源是人,"经济就等于人,人能开发自身"。以人为本的经济发展观更加关注人的发展和需要而不是金钱和财富。人的生命和生活的质量是人本主义经济学最根本的价值前提。

2. 人的需要是人本主义经济学的理论出发点

人本主义经济学依据马斯洛的需要层序性理论,认为人类的需要或价值观念会发生变化,从低层次的生理需要逐渐向更高层次的社会和精神需要转变。对于需要和需求的划分,是经济学从非人本主义向人本主义转变的转折点。目前很多经济发展与制度安排都偏离了"以人为本"的人本主义宗旨,甚至走向了反面,这是非常不可取的。经济学要适用于人,就必须引入心理学,使研究的出发点着重于人。

3. 人的动态成长是人本主义经济学的理论主线

人本主义经济学对于理性经济人进行了批判,它认为经济人并非永远都是理性的,存在着非理性。人本主义经济学把人看成是有着各种生理需要,有着向更高的生存层次发展的内在潜能的完整的人。马斯洛提出一种研究整体个人的整体分析方法,这是一种人本主义的方法,因为它强调人的积极品质,人本主义经济学从个体的角度强调人的潜质的生长与发展,从社会的角度强调人是动态的社会、文化过程中的组成部分,动态成长贯穿于人本经济学的始终。

4. 幸福能力是人本主义经济学的目标指向

人本主义经济学关注的是生命的价值,而不是金钱财富。埃奇沃斯提出了幸福能力问题,他认为幸福能力是有差异的。庇古以"幸福能力是同等的"为基础大力倡导福利原则,而罗宾斯对此持严厉批评的态度,他认为幸福能力是有差异的。接着,哈罗德在英国经济协会上的讲话亦赞成幸福能力是同等的。幸福是人类面临的最复杂的问题之一,经济学发展过程中已经有很长时间忽略了对于幸福的关注。经济学研究的对象是人,因此人类的幸福应该是经济学研究的题中之义。

二、绿色GDP:经济发展目标的校正

目前来说,衡量经济发展的主要指标体系仍然是GNP或者GDP及其相关指标,能够比较简洁明了地反映一国的财富水平。而以人为本的经济发展指标则需要对于GDP相关指标加以改进,用绿色GDP及其相关指标进行替代。所谓"绿色GDP",就是指一个国家或地区市场经济活动在扣除了土地、森林、矿产、水等自然资源以及生态、自然和人文环境等因素影响之后的最终结果。其实,它在实质上接近于萨缪尔森所提出的"经济净福利"。绿色GDP占总的GDP的比例越高,就代表国民经济活动越正面,对于环境等的负面影响就越小,经济发展的可持续性就越强。

近年来,由于我国经济发展过程中对于环境的污染和资源的浪费越来越严重,所以在国民经济核算中引入绿色GDP指标很有必要。这对于贯彻科学发展观,提高人们的生活水平,推进经济的可持续发展具有相当重要的意义。绿色GDP从2005年起已经开始纳入地方政府政绩考核指标。

但是由于相关的具体核算指标体系和方法的不成熟,实施起来还有一段路要走。很多学者提出更广泛意义上的改进GDP指标,将绿色GDP的核算范围扩大到自然生存环境以外的物质基础甚至精神层面。有些学者则认为可以将"绿色GDP"核算扩展到"绿色核算",建立面向微观和宏观的双层次的绿色核算体系。

三、以人为本的经济发展的度量指标体系

中共十六大提出了全面建设小康社会,其基本标志是"经济更加发展、民主更加健全、科教更加进步、文化更加繁荣、社会更加和谐、人民生活更加殷实"。不仅仅关心经济的增长,更加关心人民的幸福,把以人为本贯穿于经济发展当

中。在这样的情况下,一些专家学者围绕"全面建设小康社会"的战略目标设计了相关的度量指标。

1. PREEST 系统

学者魏一鸣等人以人口—经济为主体系统,以资源—环境为生存支持系统,将科技子系统作为实现对立双方相互融合、相互协调的支撑平台,形成一个动态开放的复杂系统。并结合了全面建设小康社会这一背景,构建了相应的指标体系。

(1) 人口子系统,包括人口规模指标、人口素质指标和生活水平指标;

(2) 资源子系统,包括资源规模指标、资源效益指标和资源潜力指标;

(3) 经济子系统,包括经济总量指标、经济结构指标和经济潜力指标;

(4) 环境子系统,包括环境质量指标、生态环境指标、污染与灾害指数和生态治理指标;

(5) 科技子系统,包括科技资源指标、科技投入指标和科技产出指标。

进一步地,可以按照指标权重对各个子系统进行主成分分析,对整个系统采取层次分析法,计算各项综合发展指数。但是这个模型的具体指标还需要进一步完善和研究。

2. 中国社科院体系

中国社科院构建的全面建设小康社会的指标体系有 5 大类 28 个指标组成:

a. 社会结构和生产条件(城镇人口占总人口比重、第三产业从业人员占总的从业人员比重、非农增加值占 GDP 比重、出口额占 GDP 比重、教育经费占 GDP 比重);

b. 经济与科教发展指数(人均 GDP、人均社会固定资产投资额、国有企业总资产贡献率、城镇实际失业率、研发经费占 GDP 比重、人均教育经费、每万元专利受理量);

c. 人口素质(人口自然增长率、每万人职工拥有专业技术人员、每万人口在校大学生数、大专以上文化程度人口数占六岁以上人口数比重、每万人口医生数、平均预期寿命);

d. 生活质量和环境保护(恩格尔系数、人均生活用电量、每百户拥有电话数、每百户拥有电脑数、工业三废处理率、农村引用自来水人口比重);

e. 法制及治安(每万人口刑事案件立案率、每万人口治安案件复审率、每万人口拥有律师数、每 10 万人口交通事故死亡人数)。

此外,还设计了 4 个方面 27 个具体指标用以衡量农村全面建设小康社会水平的指标。这个指标体系较简单地反映了我国全面建设小康社会的一些情况,但是分类及指标之间的逻辑关系并不是很明确。

以人为本,就是要把人民的利益作为一切工作的出发点和落脚点,不断满足人们的多方面需求,促进人的全面发展。换句话说,就是在经济发展的基础上,不断提高人民群众物质文化生活水平和健康水平,尊重和保障人权,不断提高人们的思想道德素质、科学文化素质和健康素质,创造人们平等发展、充分发挥聪明才智的社会环境。坚持以人为本,既是经济社会发展的长远指导方针,也是实际工作中必须坚持的重要原则。

物质是基础,要满足人们多方面的需求和实现人的全面发展,必须有相应的物质基础和社会条件。但是这并不是一蹴而就的过程,需要循序渐进。若是一味地追求物质财富而忽略了人的需求,那就是本末倒置了。要处理好人民群众的根本利益和具体利益、长远利益与眼前利益的关系。着力解决关系人民群众切身利益的突出问题是坚持以人为本的发展观的重中之重。做好增加就业、加强社会保障的工作,使得人民群众能够依靠自己的努力有饭吃;积极帮助城乡特殊困难群众解决生产生活问题,使得生活有困难的人群能够得到社会的关心和帮助;纠正城乡土地征收过程中侵蚀人民利益的现象,拒绝土地成为地方政府牟利的工具;纠正拖欠和克扣职工工资的现象,保障职工取得劳动报酬的权利;改革医疗保障系统,杜绝乱收费现象,使得人民群众能够解决看病难的问题,强健体魄为建设社会主义做贡献。

第三节 二元结构的现代化

1954年,美国经济学家刘易斯(Lewis)在《曼彻斯特学报》发表了题为"劳动力无限供给条件下的经济发展"一文,该文被认为是关于系统阐述二元经济理论的最早文献。刘易斯在文中指出"二元经济是发展中国家在发展过程中最基本的经济特征"。在典型的发展中国家,有相当一部分人口居住在农村,而这部分人口中的绝大多数人又以传统方式的农业生产为主。农业占国民生产总值的比重往往也较高,一方面是景象繁荣的现代化大都市,另一方面是贫穷落后的农业村庄。正是在这样一种现实面前,发展经济学家试图解释造成这一现状的原因,并找到破解二元经济结构的方法。

一、二元经济内涵与特征

判断一国的现代化程度通常有两个指标:一个是现代产业部门的产值占GDP的比重大小;另一个是劳动力中非农业劳动者占总劳动力的比值。以美国为例,2007年美国非农业部门的产值占GDP的比重高达99.1%,非农业劳动者占总劳动力的比重则达到了99.4%。而我国同期两指标值分别为88.7%和59.2%,也就是说美国的农业部门通过总人口的0.6%创造了0.9%的GDP,而我国农业部门则需要40.8%的总人口去创造仅仅11.3%的国内生产总值。

刘易斯(1954)认为所谓二元经济是指在发展中国家发展过程中出现的现代"资本主义部门(Capitalist Sector)"和传统的"非资本主义部门(Non-capitalist Sector)"同时并存的经济现象。现代资本主义部门是指那些资本家以利润为谋取目标,并为此使用可再生资本和雇用劳工的经济;与此相对应,非资本主义部门则是指不使用可再生资本,不雇用劳工,也不谋取利润的那一部分经济——即本地原有的传统部门或"自雇部门"。刘易斯的观点可以概括为:二元经济就是"传统"和"现代"部门的共存。当然到底什么是传统,什么是现代,可能会有不同的理解。

传统的部门往往被认为是农业部门,它们生产所有社会都生产的产品。而现代的部门则是工业部门,主要生产制造业产品。同时,传统可能意味着使用劳动密集型的技术,并使用比较简单的工具。相反,现代部门则往往使用资本密集型的新技术。最后,从概念层次上来看,传统意味着经济组织的传统模式主要是依靠家庭而不是使用付薪劳动力,总产出也不通过工资和利润的形式来进行分配,而是以每个家庭成员都得到一定比例的方式来进行分配。相反,现代部门主要按照资本主义的方式来生产,大规模的使用付薪劳动力,目标也是为了创造经济利润。

一般认为二元经济结构是指发展中国家现代化的工业和技术落后的传统农业同时并存的经济结构(传统经济与现代经济并存)。即在农业发展还比较落后的情况下,超前进行了工业化,优先建立了现代工业部门。传统部门与现代部门的二元性特征大致表现为以下几个方面:

1. 技术市场的二元性

所谓技术二元性是指在发展中国家,现代工业部门与传统农业部门在生产技术上的对比。实际上,在刘易斯提出劳动二元理论之前,本杰明·H·希金斯就已经提出了"技术二元论",以生产函数的差异来表示传统农业部门与现代工业部门的差别。

希金斯指出传统农业部门的生产函数具有可变技术系数的特点,即劳动力和资本两者是可以相互替代的。但是,就其要素禀赋而言,劳动力是相对丰富的生产要素,而资本则相对不足,因此其生产技术属于劳动密集型。而在现代工业部门中,生产函数具有固定技术系数的特点,也就是说资本和劳动在生产过程中不可替代,只能按固定要素配比进行生产。在生产中,如果实际的资本劳动比不等于固定技术系数,则无论资本和劳动的相对价格如何变动,现代工业部门都会出现失业。因此,我们会看到在发展中国家一边是拥有先进技术的现代工业部门,如现代通信、计算机和航天技术等;另一边是落后的传统农业部门,生产上可能仍然是沿用一种"刀耕火种"的古老模式。

2. 劳动二元性

劳动二元性主要表现在两部门之间的城乡收入差距上。在传统农业部门就业的劳动者收入普遍较低,基本只能维持最低的生活保障。而在现代工业部门的劳动者一般拥有较高的工资。刘易斯将造成这一差距的原因归纳为以下几点:第一,城市的生活费用比农村高,相对于农村居民而言,城市居民需要支付较高的水电、房租、食物等费用。第二,农业劳动者习惯了乡村那种闲散、自由的生活方式和工作环境,一旦迁入城中,便置身于一个高节奏、受约束的生活和工作环境中,在心理上会难以接受,因此城市高收入中有一部分是出于弥补这种心理成本因素的考虑。

3. 资本市场的二元性

资本市场的二元性表现为利率在有组织的资本市场上和在无组织的资本市场上有很大区别。现代工业部门的企业能以非常优惠的条件和很低的利息在有组织的金融市场上获得银行贷款,而传统农业部门中的农民和手工业者则很难获得这类市场上银行和其他金融机构的资助。他们只能在无组织金融市场上从一些高利贷者的手中取得高息贷款。

4. 区域二元性

区域上的二元性是发展中国家二元经济结构的空间表现。在发展中国家,现代工业部门往往集中在一个或少数几个地区,而余下的空间则是传统农业部门滞留的不发达落后地区。最早提出区域二元理论的是瑞典经济学家缪尔达尔(Karl Gunnar Myrdal,1957),缪尔达尔把刘易斯的部门二元结构论延伸到区域空间领域,认为区域间经济发展水平的差距造成了经济的不平等,而经济的不平等又进一步加剧了区域间经济发展水平的差距,如此不断"循环"和"累积",最终形成地区间、国家间在地理上的二元结构。

二、二元经济的产生与演化

二元经济现象是发展中国家经济发展过程中必然会出现的一种经济现象。发展中国家的经济发展之路实质上就是从这种二元经济结构向现代一元经济结构的过渡。发展中国家普遍出现的二元经济结构既有其内部原因,也有外部因素的影响,包括历史条件、地理环境、国际分工、社会文化等多个方面。

(一)刘易斯模型

模型的假设:第一,经济由两部门组成,即农业部门和现代部门;第二,农业部门只使用劳动和土地作为生产要素,工业部门只使用劳动和资本作为要素投入;第三,土地和劳动力总数固定;第四,农业部门的劳动力过剩;第五,生产技术条件不变。

在以上假设前提下,传统农业部门的边际生产率为零或负数,劳动者在最低工资水平下提供劳动,因而存在无限劳动供给。城市工业部门工资比农业部门工资稍高些,且这一工资水平维持不变。由于两部门工资的差异,会诱使农业剩余人口向城市工业部门转移。经济发展的关键是资本家对剩余价值的使用,当资本家用其进行投资时,现代工业部门的资本量就增加了,从农业部门吸收的剩余劳动也随之增加。当剩余劳动力消失时,劳动的边际生产率也提高了,且与工业的边际生产率保持一致,这时经济中的二元结构便消失了。如图7-2所示,横轴OL表示工业部门的劳动力,纵轴OP表示工人的边际生产率和工资,OW表示工业部门的现有工资水平,$d(k_1)$、$d'(k_2)$、$d''(k_3)$则分别表示不同资本水平下的劳动边际生产率曲线(其中,$k_1 > k_2 > k_3$)。

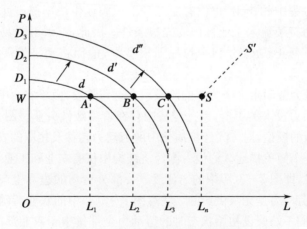

图7-2 基于刘易斯模型的描述图

当资本为k_1时,劳动的边际生产率曲线为d,工业部门将雇用OL_1数量的劳动。此时,工业部门的总产量为OL_1AD_1,其中工资为OL_1AW,WAD_1则是资本家所获的利润。如果资本家将全部利润都进行投资,则资本总量将上升至

k_2,劳动边际生产率曲线也随之外移到 d',工业部门雇用劳动增加到 OL_2。随着资本积累和雇用劳动数量的增加,资本家的利润进一步提高。假设利润继续用于资本积累,则农业部门的劳动力将进一步得到转移。从理论上讲,这一过程将一直持续到农业中的全部剩余劳动力都转移完。此时,工业部门的劳动供给曲线将不再是水平状态的 WS,而是向右上方倾斜的 SS' 段。这意味着劳动力已成为经济增长中的稀缺要素,而农村人口单纯向城市流动的过程也到此结束。

刘易斯模型包含了两种含义:第一,现代城市部门的资本积累能够带来固定比例劳动力就业的增加,而没有考虑劳动力节约型的技术进步会使得资本积累所创造的就业机会并不是同步增加的情况;第二,认为农业部门在工业化过程中起着消极作用,忽视了农业对工业发展的重要作用。这两点使得其理论为人们所诟病,直到1979年刘易斯发表《农业对经济发展的重要性》一文才对其忽视农业作用性的观点进行了修正。

(二)费景汉—拉尼斯模型

1961年,美籍华裔经济学家费景汉(John C. H. Fei)与拉尼斯(G. Ranis)在其合写的论文《经济发展的一种理论》(A Theory of Economic Development)中,提出了关于农业经济向工业经济转型发展的理论,在经济学界被称为"Fei-Ranis"模型。费景汉与拉尼斯认为刘易斯没有足够重视农业在促进工业增长过程中的作用,也没有注意到由于农业生产率提高而带来的产品剩余是劳动力持续流入工业部门的先决条件。因此,二者对刘易斯的二元经济理论进行了修正,在费景汉—拉尼斯模型中,他们将经济发展过程分为了三个阶段:

第一阶段为劳动生产率为零的阶段。在这一阶段,由于农业中的劳动边际产出低于劳动力投入的工资,因此经济中存在着隐蔽性失业。图7-3基于费景汉与拉尼斯的模型,对二元经济演化中的劳动力转移及相应的农业剩余变化过程给出了一个简单描述。假设一国经济结构中仅有农业和工业,则在经济发展的第一阶段,即图7-3(a)中的 AB 段。一部分劳动的边际生产率为零或接近于零,因而劳动力是无限供给的。注意图7-3(a)中的农业劳动力是从右向左数的,但我们不妨假设初始状态时的劳动力全部集中于农业部门,且农业部门实行制度工资,农业劳动力按最低水平分配农产品,以此来分析劳动力不断从农业部门流入工业部门的结果。

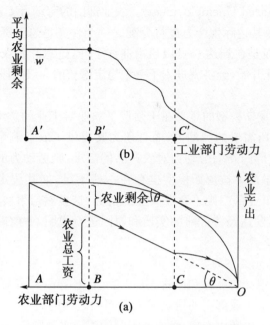

图 7-3 基于费景汉—拉尼斯模型的描述图

在第一阶段由于农业劳动力过剩,因此当隐蔽性失业的劳动力向工业部门转移时,农业部门支付的总工资会沿着图 7-3(a)中的对角线而下降,而农业总产量并不会受影响。这时农业生产剩余便出现了,在图 7-3(a)上则表现为农业生产函数与工资对角线的垂直距离。农业剩余的出现可以满足转移到工业部门的劳动力对粮食的需求,这就好比每个工人都背着自己的食物离开农业部门(纳克斯,1953)。在这一阶段农业部门的人均收入没有变化,工业部门的工资也保持不变。当剩余劳动力完全转移到工业部门时,农业部门的总产出将开始下降,此时经济发展进入第二阶段。在图 7-2(b)中我们画出了农业的平均剩余,在存在劳动剩余的阶段,平均剩余恒等于 $\bar{w}$。

第二阶段为劳动边际生产率大于零但小于不变制度工资的阶段。在图 7-3(a)中表现为 BC 段,这时工业部门的工资如果仍为原来的水平,那么转移的工人将无法补偿其流出造成的农业产出损失,因为平均农业剩余已经低于农业平均工资。这种情况所导致的直接结果就是食品价格的上升,农村与城市之间的贸易条件开始不利于工业发展。为了补偿这种价格的变化,工业工资就必须上升。

第三阶段为劳动边际率大于不变制度工资的阶段,即图 7-3(a)中的 CO 段。此时,农业部门已不存在隐蔽失业劳动力,即拉尼斯和费景汉所说的"伪装的失业者"(Disguised Unemployment)。农业部门的劳动者工资不再取决于制度工资,而是按照其边际生产力进行分配。一个含义是总工资仍在下降,但不再是匀速下降,而是在到达 C 点以后沿曲线下降,这意味着农业已经转为"商业化农业"。由此开始,经济就进入了一个稳定增长的高级阶段,二元经济结构特征也随之消失。

费景汉—拉尼斯模型的意义在于强调了农业对工业的贡献不仅仅在于为工业部门提供了所需要的劳动力,而且还为其提供了农业剩余。如果农业剩余不能满足工业部门新增劳动力对农产品的需求,则劳动力的转移将会受到抑制。当然,费景汉—拉尼斯模型也存在一些不足,如其假定农业部门存在剩余劳动力,而工业部门则不存在失业的情况,这显然与事实不符。此外,该模型也未能对不发达经济停滞的实质和原因进行说明,并忽略了货币和价格因素的作用。

(三)解释二元经济的其他模型

出于对古典主义的反思和改进,乔根森(Jogenson,1967)在纯粹的新古典主义框架内探讨了工业部门的增长与农业部门之间的关系。他认为工业部门的工资收入应等于边际生产率,而农业部门的工资水平则应等于劳动的平均产出。劳动力在两部门之间可以自由转移,工业的发展取决于"农业剩余"和人口规模,因此,农业是经济发展的基础。

美国经济学家托达罗(Todaro)在 1970 年提出了一个基于预期收入的人口流动模型(托达罗模型),以此来解释发展中国家城市普遍存在的失业和乡村人口向城市流入两者并存的现象。托达罗认为一个农业劳动者在决定是否迁入城市时,不仅取决于城乡之间的实际收入差距,而且还会考虑城市的失业状况。其政策含义为:依靠工业扩张不可能解决好发展中国家的失业问题,因此所有人为扩大城乡收入差异的措施都必须取消,而大力发展农业经济才是解决城市失业问题的根本出路。

需要说明的是,上述模型都把二元经济结构的演化放置于完全的市场机制基础之上。在发达国家,二元结构消亡是通过漫长曲折的自我演进,并在市场机制作用下才得以实现的。而大部分发展中国家早已不存在这些有利条件,它们大多都面临着经济起飞和市场培育的双重历史使命。

三、二元经济在中国

从历史角度来看,中国二元经济结构的形成既是经济发展的必经阶段,也是中国特殊的赶超型经济发展战略的产物,前者体现经济发展的一般规律,后者则显示了中国特色。目前,我国城乡二元经济结构主要表现为:第一,城市经济以现代化的大工业生产为主,而农村经济以典型的小农经济为主;第二,城市的道路、通信、卫生和教育等基础设施发达,而农村的基础设施落后;第三,城市的人均消费水平远远高于农村;第四,相对于城市,农村人口众多。

(一)我国二元经济经历的几个阶段

新中国成立以来,我国的二元经济结构虽有较大的改进,但二元经济结构的特征依然比较明显,实现二元经济转换任重而道远。按照我国二元经济演化的特征,可以将其发展历史大致分为两个阶段:

1. 1949—1978年重工业优先发展的二元经济结构强化阶段

我国作为后发展国家开始工业化时,欧美等先发展国家已经完成了工业化,从而使我国的工业化不得不面对较高的技术起点和国际竞争压力。同时,建国初期特殊的国际政治经济环境,迫使我国长期保持重工业发展的优先地位。由于重工业的资本有机构成高,其发展对就业的贡献率低,因此难以提供较多的就业机会,从而制约了农村剩余劳动力的转移。加上在这期间投资大量向工业生产倾斜(见表7-2),使得城市基础设施建设严重滞后,这些都极大地阻碍了我国城市化的进程。城市化滞后又制约了第三产业的发展,进一步加大了农村剩余劳动力转移的难度,使我国农村人口与土地的矛盾难以缓解。

表7-2 1952—1978年我国投资结构变化(用现价计算)

年份	基本建设总投资(亿元)					基本建设投资结构(%)			
	合计	农业	轻工业	重工业	其他	农业	轻工业	重工业	其他
"一五"	611.58	41.83	37.47	212.79	295.62	7.1	6.4	36.2	50.3
"二五"	1307.0	135.71	76.59	651.71	342.08	11.3	6.4	54.0	28.3
1963~1965	499.45	74.46	16.47	193.71	173.25	17.6	3.9	45.9	32.6
"三五"	1209.1	104.27	42.62	498.89	330.25	10.7	4.4	51.1	33.8
"四五"	2276.4	173.08	103.03	874.94	612.86	9.8	5.8	49.6	34.8
1976~1978	1259.8	136.13	74.76	624.49	424.42	10.8	5.9	49.6	33.7

资料来源:林毅夫.《中国的奇迹:发展战略与经济改革》.上海三联书店,1994。

2. 双重二元经济结构的形成与发展阶段(1979~)

1978年,改革开放政策给中国经济注入了强大的活力,同时也使得中国二元经济结构发生了一定程度的变化,随着我国农村工业化的发展,原来的农业和工业二元经济逐渐转变成城市经济、农业经济和农村工业经济并存的双重二元经济结构。其中,第一重为全国范围内的二元经济,第二重则为农村内部的二元经济,农村工业经济为一元,农村农业经济则为第二元①。总之,我国目前正处于双重二元经济并存的阶段,而明确这一点对我国制定长远经济发展战略将具有重要的意义。

(二) 走出二元经济

二元经济的现代化离不开工业化,而工业化的过程又必然伴随着城市化,当前我国正处于城市化发展的高速阶段,这在某种程度上为实现二元经济结构的消亡提供了条件。我国现有农村工业企业经营分散,且重复建设较多,总体效益欠佳,从而制约了二元经济结构的转化进程,这在另一方面也反映了我国的城市化建设长期滞后于工业化发展。因此,要实现二元经济走向现代化,就必须加速我国的城市化进程,进一步推动城乡一体化和新型城镇化的发展。城市化指的是人口向城市集中的过程,而城镇化则是指农村人口向县域范围内的城镇集中和农业人口就地转移为非农业人口的过程。在工业化基础上将两者有机结合的新型城镇化发展模式显然更符合我国当前的基本国情。

第四节 经济发展的基本条件

经济发展需要各方面的条件,如国家的稳定,人们对经济发展的迫切需要以及宽松的国际形势等。早期的发展经济学提出的"唯工业化论"、"唯资本化"和"唯计划化"论,都高度重视资本在经济"起飞"阶段的关键作用。随着经济的深入发展,人力资本、金融资本和科学技术的作用越来越大。但从根本上来说,经济发展起码需要充足的自然资源、高素质的人力资本、科学技术的发展和健全的制度四个基本条件。

一、充足的自然资源是经济发展的基础条件

自然资源,是指存在于自然界而可为人类利用的自然要素。[1]自然资源通过人们的加工,能够产生经济价值,是社会生产必须的条件。任何生产活动都离不开自然资源。自然资源可分为三类,不可再生资源、可更新资源和可再生资源。第一类不可再生资源主要是指金属矿藏、核燃料和化石燃料等。这些资源的形成时间较长,且需要在特别的自然环境下。而随着人们不断的开采,这些资源的储量不断减少,最后枯竭。第二类可更新资源是指生物资源,分为植

---

① 关于中国双重二元经济结构的多种论述具体见陈宗胜《经济发展中的收入分配》,上海三联书店和上海人民出版社,1994。

物资源、动物资源和微生物资源。这些资源具有生命发育生长过程,他们之间具有特殊的关联和平衡关系,一旦这种自然的平衡关系遭到破坏,将导致一些物种灭绝。第三类可再生资源,是指太阳辐射、风、水力、地热和温泉等,可持续的供应。自然资源对经济发展的影响表现在以下两个方面。

第一,自然资源是经济活动存在和发展的物质基础。对于经济发展,这些自然资源有三方面的价值。首先是直接作为商品在市场上进行交换,如煤矿开采出来的煤原料可直接进入市场进行交易。其次是不能在市场上进行交换但具有潜在的间接价值,如森林提供防护、减灾、净化和涵养水源的生态价值。最后是满足人们精神文化和道德需求的资源价值,如自然景观、珍稀物种和其他自然遗产的价值。经济的发展,需要在自然资源的承载能力之下进行。如果经济发展的速度超过自然资源的供给,就会导致经济发展的速度受到自然资源的限制。源源不断的自然资源支持,是经济快速、稳定发展的必备条件。

第二,自然资源储量的状况决定了经济发展的速度与质量、结构与效益。自然资源的丰富情况,一定程度上决定了其经济状况。如沙特阿拉伯和科威特,丰富的石油资源给国家创造了财富。但自然资源与经济发展不能用简单的因果关系来概括,世界上的发达国家并不都是自然资源丰富的国家,自然资源的不足可以通过充裕的资本和先进的技术来克服。对于发展中国家来说,没有充裕的资本和先进的技术,自然资源的丰富是经济发展的一大助力,发展中国家需要对本国的自然资源进行合理充分的利用,最大限度地促进经济发展。

经济的发展需要自然资源,但自然资源具有稀缺性,使用自然资源需遵循四个原则以保证自然资源的持续供应和经济的可持续发展。首先,保证自然生态的平衡。由于经济的高速增长,使得生态遭到破坏,产生温室效应、冰山融化,一些物种灭绝,自然灾害频繁发生,这些都不利于经济发展。生态的稳定能不断提供自然资源,促进经济的持续发展。其次,与资源的再生增殖与换代补给相适应。自然资源的利用需在新增殖数量的范围内,过度的开采自然资源,会使得自然资源的枯竭,不利于自然资源的持续利用。再次,充分利用自然资源,达到自然资源的最大利用率。一些自然资源是不可再生的,可以通过其他资源的替代,缩短枯竭的时间,延长利用,如水电代替煤炭的使用。最后,注重自然资源的保护。环境具有自我净化的功能,污染超过了环境的自我净化能力,就会对人类生存带来恶劣影响,发展经济的同时须注意环境的保护。

二、人力资本是经济发展的必备力量

经济发展归根到底是人的活动,是人及生存环境的发展,人是社会生产力诸因素中具有决定性意义的因素。丰富的廉价劳动力是发展中国家经济发展的一大优势。但劳动者的劳动态度、工作成绩、工作质量、创新能力、独立工作能力、动手能力、解决问题能力、自学能力和知识水平等,都对经济发展具有较大的影响。具有较高素质的劳动者,是发展中国家经济发展的必备力量。这里的人力资本主要指具有较高素质的劳动者。

关于人力资本的研究主要有舒尔茨的人力资本理论。他在20世纪50年代中期指出了劳动者素质对经济发展具有推动作用。传统的经济学理论往往强调劳动者的数量,而忽视劳动者的质量,即劳动者的素质。"人力资本"的提出解决了传统理论不能解释的三个问题。第一,传统理论认为,资本-劳动力比率将随经济的增长而提高,而与统计资料显示的相反。人力资本对经济增长的影响较大,传统理论没有考虑人力资本,就不能说明资本-劳动力比率随经济的增长而提高。第二,传统理论认为,国民经济的增长与资源消耗的增长是同步进行的,但统计资料显示国民收入远大于投入的土地、物资、劳动力等资源的总量。这之间的差值可以由规模收益和人力资本来解释,人力资本带来的技术进步促进经济发展。第三,战后工人工资大幅度增长。这也可以由人力资本来解释。

人力资本可以推动经济发展的原因有三个。一是劳动者知识的增长和经验的积累将极大地提高人们对客观事物的洞察力,从而使自己的经济活动行为顺乎客观规律的要求,按客观规律办事,降低或缓和人与自然之间的矛盾摩擦和由此所造成的损失。二是因为劳动者素质的提高引起科学的进步、新技术的发明和制度创新,从而导致要素投入状况的改变及其使用效率的提高。三是因为教育的普及和文明程度的提高,使劳动者的责任心、社会感相应提高,价值观念向着有利于经济发展的方面转化。人力资本的提高在经济发展中占重要地位。

人力资本对经济发展的促进作用表现在三个方面。首先,劳动者素质的提高引起物质资本、资金和技术投入使用效率的提高。使得产出量大于物质资本、资金和技术投入量。其次,劳动者素质的提高引导物质资本、资金和技术投入的增加,如扩大要素投入的范围,增加要素投入的种类,利用国外资源等,导致产出量增加。劳动者的素质提高,则可以利用国外的先进技术和管理模式等推动本国经济的发展。最后,劳动者结构的改变和劳动者素质的普遍或部分提高,引起劳动者使用得更加合理及其使用效率的提高。

人力投资收益率的计算是舒尔茨理论的基本问题。人力资本形成需要教育、医疗保健费用等的人力投资。人力投资可由各项培养费用来表示,收益可由其创造的价值来表示。人力投资收益率可由创造的价值和培养费用的比值来表示。计算某阶段教育的收益率公式为:本阶段教育收益率=(本阶段毕业生收益－前阶段毕业生收益)/本阶段的教育费用,收益可由收入来表示。不考虑通货膨胀因素的影响和货币的时间价值,最简单总结描述舒尔茨的人力资本模式为:

1. 人力资本形成模式

人力资本＝各种用于劳动者的投资＋劳动者在受教育期间的放弃收入

2. 人力资本收益模式

人力资本收益率＝(受教育后的收入－受教育前的收入)/所花费的人力资本投资

3. 人力资本对国民经济的贡献模式

人力资本贡献率＝(总人力资本×人力资本平均收益率)/国民生产总值

发达国家经济发展的实践证明,随着经济的发展,人力资本投资收益率在不断提高,而物质资本投资的收益率却在下降,所以,重视和加强人力资本投资,提高劳动者的健康和教育水平,便成为经济发展的关键。

对于发展中国家来说,提高劳动者素质可以通过提高本国的教育投资和进行国际间的人才交流来实现。人才交流包括请进来和走出去两方面。请进来是根据国内经济发展的需要,从国外聘请具有某种专长的专家、学者到本国来从事某种工作和科学研究,或从事教育,作短期的学术交流、讲座与报告等,以弥补国内人才方面的不足或某些领域的知识短缺。走出去就是根据本国人才培养和经济发展的客观需求,将国内具有一定知识水平、技术才能的人,或者是具有智力开发潜力与基础的人力,有计划有目的地派往其他国家学习、进修、深造或进行短期的学术交流,学成后回国工作,以便更好地为国内经济建设服务。

然而,发展中国家在人才交流方面容易出现外流的情况。国家可以通过三方面的措施来避免出现人才外流的情况。一是给知识分子、科技人员良好的收入待遇和生活条件。使走出去的人才创造的价值与其收入成正比例。二是给知识分子、科技人员良好的工作条件,并有效地保护知识产权。三是创造宽松的政治环境,形成百家争鸣的学术氛围。人才外流是发展中国家的巨大损失,须引起发展中国家的高度重视。

三、科学技术进步是经济持续高速发展的保证

科技进步可以缩短生产时间,减少生产成本,提高生产效率,促进经济持续高速发展。科技进步对经济发展的推动作用体现在六个方面。第一,科技进步可以减少对自然资源的依赖,提高经济发展的稳定性,增强国民经济在国际市场上的竞争能力。技术进步促进新能源、新材料的发现和应用,以及降低消耗、

节约投入,必然使本国经济提高"抗干扰"能力,促使经济持续稳定发展。第二,自动化、机械化逐步代替人力,使劳动生产率大幅度提高,而且自动化和机械化的日益进步,也使资本收益率越来越高。第三,技术进步使劳动者的素质不断提高,劳动者能够掌握越来越复杂的技术、工程知识、操作能力不断提高。第四,技术进步使工艺、产品质量提高,产品的花色品种不断增加,丰富了人们的生活内容,改善了消费质量和消费结构,有利于提高劳动者的积极性。第五,在原材料和能源方面的技术创新,一方面使能源和原材料消耗减少,另一方面大大提高了其使用效率,从而使生产的投入越来越节约,而产出水平越来越提高,为经济效益的提高奠定了基础。第六,技术进步改变了人们的文化观念、工作方式、生活方式、组织方式和管理方式,使人们的思想观念现代化,给经济增长的内容创造了新的社会形式。

国家促进技术进步可以从重视教育、完善知识产权保护、加强对技术发明的政策和资金的扶持力度与加强对外来技术的消化和吸收方面着手。技术进步短期内的效果不明显,但从长期来看,对经济的发展具有的推动作用,因为科技是生产力。但科学技术需转化成生产力才能促进经济持续高速发展。科学技术转化成生产力可分为四个步骤。首先,科学技术人员发明新技术。然后,企业家进行创新将新技术引进生产和市场中。接着,超额利润的引诱和竞争的压力使其他企业家纷纷仿效最先采用新技术的企业。最后,整个社会形成创新高潮,于是科研成果扩散到整个社会生产领域中。

通常,在发展中国家科学技术转化为生产力的过程中一般会遇到六方面的困难。第一,发展中国家收入水平低,财政困难往往对科研投入形成制约,再加上传统观念认为科学研究不产生直接生产力,是非生产性产业的陈腐观念,往往忽视对科研的投资,使科研机构和团体缺乏足够的研究经费,也就难于产生科研成果。第二,发展中国家缺乏一个如熊彼特所说的"企业家"阶层,或者这一阶层的力量很小。企业经营者缺乏"企业家精神",他们宁愿生产传统的陈旧产品,或者干脆投资于不动产、动产等流动性较强的非生产性项目(这就是投资的流动性偏好),也不愿冒创新的风险,因而科研成果难以在生产过程中推广运用。第三,发展中国家的收入水平低,也使新技术产品的市场需求过小。如果政府不给予扶持,或寻求出口,则新技术产业产品势必因市场容量过小而缺乏销路。第四,科技市场的信息封闭及科研机构同企业生产互相脱节也造成科学技术转化成生产力困难。因信息封闭,一些科研机构发明了新产品,而另一些科研机构可能正在为发明该新产品而"攻关",至于企业,可能对新产品并无兴趣,而有兴趣的又不知道该新技术产品已经问世。第五,科研、技术和操作等方面的人员素质状况可能不能适应新技术对这些人员的要求。第六,发展中国家的科技市场、专利制度可能不健全,不少国家没有保护发明者、创新者利益的专利制度,从而严重影响技术创新的积极性。

由于科学技术转化为生产力存在困难,发展中国家需制定合理有效的政策,推动经济发展。第一,建立有利于高技术产业发展的市场环境。可以通过建立知识产权评估和交易体系、发展创新型中小企业服务体系和完善有利于创新的技术标准体系,形成良好的技术发展市场环境。第二,推动高技术产业优惠政策由区域政策向产业政策转变。调整以往按区域确定高技术产业税收优惠范围的做法。要根据不同时期产业发展的需要,选择重点领域或产品,制定与国际惯例接轨的阶段性优惠政策。针对不同产业的特点,制定明确的产业技术政策,规定鼓励、允许和限制使用的技术,并辅以相应的保障措施。第三,完善各类政策工具,提高政府服务质量。改进国家推动高技术产业发展的计划,进一步完善税收政策,建立有利于高技术产业发展的法制环境,运用采购政策,支持高技术产业发展。第四,完善高技术产业投融资体制。调整政府投资结构,提高资金使用效益,发展创业投资,培育创业投资机制,加强引导,广泛吸引社会投资,建立和完善高技术产品出口融资体系。第五,吸引培养人才,激励创业、创新。改革人事制度,制定吸引国内外科技专家、企业家参与高技术研究开发和高技术企业创业的优惠政策,形成开放、流动、人尽其才的用人机制。

四、制度是经济平稳发展的环境保证

制度是规范人们行为的规则体系,影响人们的思维方式,并制约人们的行为,进而影响社会的走向。制度对经济发展的作用有降低交易成本和加强人们之间的合作。制度的产生为解决交易费用提供了一个有效的途径,如获取市场信息所付出的费用、谈判和经常性契约的费用以及经济制度运行的费用。而且,制度有利于增强人们的信任,加强人们的合作。制度健全的社会简化了人际交往关系,使信息顺利传递,一些机会主义行为也得到监控。

科斯1937年发表了《企业的性质》,自此开始了新制度经济学派。后来,诺斯提出了经济增长和发展的关键因素是制度,一种提供适当的个人刺激的有效制度是促进经济增长的决定性因素,而在制度因素中,财产关系的作用最重要。诺斯指出制度生产、交换与分配的基本的政治、社会和法律规则,制度安排是支配经济单位之间可能合作与竞争方式的规则,而制度本身是"一整套规则,它遵循的要求和合乎伦理道德的行为规范,用以约束个人的行为",并提出了构建有效率的新制度的基本(理想)标准或原则使新机制(制度)下个人收益率与社会受益率相等或接近。

新制度经济学关于经济发展的观点可概括为四点。第一,只有在制度安排使生产性努力有利可图时,才会出现经济增长。这一判断的前提是基于制度先于行动这一假设,即有什么样的制度就有什么样的行为,便产生什么样的经济结果。第二,在制度安排中,最重要的是财产权的界定。保证所有的财产所有者都能自由进入市场,进行自愿公平的交易。第三,由于承担保护财产权利的主要是国家,所以国家在经济发展中的作用十分重要。国家要设计一套能迎合支持者和竞争者的财产权结构,以便获得政治租金最大化,而且在第一个目标所规定的财产权结构内,国家还可以通过减少交易费用,以促进社会产出的最大化,从而增加国家的税收。第四,制度是决定经济发展的一个不可缺少的因素,而且是最根本的因素。新制度经济学家认为,即使没有要素投入增加和技术进步,单是制度创新就能带来生产效率的提高。这是因为制度创新降低了经济活动的总成本。技术创新可以降低直接的生产成本,而制度创新则是会降低交易成本,所以一样会促进经济成长。其次,虽然经济增长理论罗列了众多影响经济增长的因素,但未能说明发展的最终根源。

制度对经济发展的作用是毋庸置疑的。良好的经济制度使市场规范有序进行,人们的收益得到保障,有利于经济平稳发展,所以,制度是经济平稳发展的环境保证。发展中国家的经济体制可分为资本主义市场经济、社会主义市场经济和社会主义计划经济。

发展中国家经济体制改革包括财产制度、分配和福利制度、政府职能和农村土地制度的改革。财产制度方面的改革主要是降低国有经济的比重,大力发展私营经济,允许居民购买股票,给予私人投资、企业投资、外国投资优惠政策。分配和福利制度的改革主张将分配和劳动、储蓄、投资等紧密挂钩,将福利缩小在政府能够承担的限度之内,以不发生财政赤字和通货膨胀为宜。国家将不再干预工资分配,劳动、技术、资本、土地等要素按照各自的贡献,参与收入的分配。政府职能的改革要求政府在那些市场发挥作用较好的领域少干预,以强化市场对经济的调节作用,激励效率和创新。在许多发展中国家,政府职能的改革有助于国有企业民营化。农村土地制度的改革是使农民对土地有一定的权属。将农村土地私有化,土地为农民的财产,允许农村土地交易,并将土地与保障挂钩。

在我国,十八届三中全会确立的深化体制改革的方针,必将为制度创新与经济转型发展开辟更广阔的前景。

总而言之,影响经济发展的因素很多,诸如资本、土地、劳动力、自然资源等是经济发展的常规条件,而人力资本、知识与科学技术、教育与文化、制度与管理等则是经济发展的关键条件。在21世纪的当代经济发展中,人们越来越减轻对前者的依赖,而后者的作用越来越大。信息技术革命浪潮引发的科技进步,进一步推动人类社会进入全球化发展的新时代。这也为发展中国家充分利用国际分工,实现跨越式发展,提供了难得的历史机遇。

思考与练习

一、名词解释

经济增长,经济发展,以人为本,二元经济结构

二、分析讨论题(简答题)

1. 发展经济学的演变及其各阶段主要理论是什么?
2. 经济增长和经济发展概念的区别与联系是什么?
3. 简析我国二元经济结构的特点。
4. 经济发展的基本条件有哪些?

本章推荐阅读书目

[1] 阿瑟·刘易斯. 经济增长理论. 北京:商务印书馆,1991

[2] 张培刚. 发展经济学教程. 北京:经济科学出版社,2001

[3] 周天勇. 新发展经济学. 北京:经济科学出版社,2001

[4] 吉利斯. 发展经济学. 北京:经济科学出版社,1989

[5] 萨·阿明. 不平等的发展. 北京:商务印书馆,1990

第八章 经济增长理论

本章教学目的和要求

掌握经济增长的基本含义和特征,认识经济增长的相关模型,学习经济增长的影响因素,了解促进经济增长的相关政策,理解经济波动和经济周期。能够自觉运用所学知识分析中国经济增长的状况、影响因素、相关政策等的经济问题。

本章教学要点

1. 经济增长的含义及度量
2. 经济增长的影响因素
3. 促进经济增长的政策
4. 经济波动和经济周期

关键词

经济增长　增长政策　经济周期　经济波动

如果按照本书第三章《厂商理论》中的短期和长期概念,可以将宏观经济学分为两部分,一部分是短期视角,一部分是长期视角。前面第六章的《总供给和总需求理论》属于短期视角,即此时影响经济增长的可变量,如劳动等是可以变的。本章的《经济增长理论》则属于长期视角,即此时经济增长的其他变量如技术水平等也是可以变的。不同国家或地区经济增长的差异表现为这些国家或地区间巨大的财富差距以及居民生活水平的显著不同,这是经济增长带给我们的直观感受。而除了这种直观感受,研究什么因素造成了经济增长的差异也是经济增长理论的重要部分。

本章首先对经济增长进行概述,解释经济增长的含义、特征及其与经济发展区别;然后简要介绍经济增长相关理论和模型;第三节分析经济增长的影响因素;在此基础上第四节总结了促进经济增长的相关政策;最后第五节介绍了与经济增长密切相关的经济波动和经济周期。

第一节 经济增长概述

一、经济增长的含义和特征

"经济增长"这一短语是我们日常生活中经常听到和说到的。它给人们留下的最浅层感觉通常是：收入会增加；就业机会会增多；生活会更幸福；社会福利会更好；国家综合实力会进一步提升等。用较为学术性的术语来说，经济增长指在一个较长的时间跨度上，一个国家人均产出（或人均收入）水平的持续增加。经济增长率的高低体现了一个国家或地区在一定时期内经济总量的增长速度，也是衡量一个国家或地区总体经济实力增长速度的标志。经济正增长一般被认为是整体经济景气的表现。

一般认为，美国经济学家库兹涅茨对经济增长的定义较为全面，即"一个国家的经济增长，可以定义为给居民提供种类日益增多的经济产品的能力长期上升，这种不断增长的能力是建立在先进技术及所需要的制度和意识的相应调整基础之上的"。他认为，这个定义有三个组成部分：（1）经济增长集中表现在经济实力的增长上，而这种经济实力的增长就是商品和劳务总量的增加，即国民生产总值的增加。如果考虑到人口的增加和价格的变动，也可以说是人均实际国民生产总值的增加。然而要注意的是，经济增长仅仅是国民生产总值的增加，而不是其他。例如，经济增长并不等于社会福利或个人幸福的增进，而只是其增进的基础。（2）技术进步是实现经济增长的必要条件，即只有依靠技术进步，经济增长才是有可能的。（3）经济增长的充分条件是制度与意识的相应调整，即只有社会制度与意识形态适合经济增长的需求，技术进步才能有用武之地，经济增长也才有可能。

二、经济增长的度量

对一国经济增长速度的度量，通常用经济增长率来表示。设 ΔY_t 为本年度经济总量的增量，Y_{t-1} 为上年所实现的经济总量，则经济增长率（G）就可以用下面公式来表示：

$$G = \Delta Y_t / Y_{t-1}$$

经济增长的核算通常依靠 GDP、GNP 等统计数据。基本方法一般以 GDP 作为经济总量，然后以本年度的 GDP 总量来对比往年的 GDP 总量，从而得出经济增长的百分比。由于 GDP 中包含了产品或服务的价格因素,所以在计算 GDP 时,就可以分为,用现价计算的 GDP 和用不变价计算的 GDP。用现价计算的 GDP,可以反映一个国家或地区的经济发展规模;用不变价计算的 GDP 可以用来计算经济增长的速度。

如果一个国家的国内生产总值增长为负数,即当年国内生产总值比往年减少,就叫做经济衰退。通常情况下,只有当国内生产总值连续两个季度持续减少,才被称为经济衰退。

经济增长是一个马拉松比赛,经济增值率之间较小的差别将导致两个国家或地区在若干年后的巨大差异。因此,对于一个国家而言,保持长期稳定的经济增长显得格外重要,有道是量变引起质变,经济增值率的逐年累积将带来一国经济的腾飞。

在研究经济增长中,存在一个拇指法则,即 70 除以增值率即为经济总量翻一番所需的年数。利用这一法则,我们可以计算出一国在一定时期内按某一经济增长率实现一定的经济目标所需时间,或者在一定期限内实现某一经济增长目标所需的经济增长率。

三、经济增长与经济发展的区别

如果说经济增长是一个"量"的概念,那么经济发展就是一个比较复杂的"质"的概念。从广泛的意义上来说,经济发展不仅包括经济增长,而且还包括国民的生活质量,以及整个社会经济结构和制度结构的总体进步。总之,经济发展反映了一个经济社会的总体发展水平,虽然高数值的经济增长率是经济发展的目标之一,但经济发展是一个复杂的问题,所以单纯的高增长率并不能代表经济发展的最佳状态。经济增长仅仅是经济发展的其中一方面,是实现经济发展的手段,而经济发展则是经济增长的最终目的。

以中国为例,其在经济增长和经济发展两个层次上的水平是有明显差距的。中国经济在过去 30 多年的增长非常显著,确实值得我们自豪。但是过去 30 年,中国 GDP 平均每年增长 9% 是具有追赶性质的。中国经济增长快是因为起点非常低。从时间上讲,当一国还处于人均 GDP 低于世界平均水平的情况下,如果能够利用国际上已有的技术和生产方式,是可以实现持续高增长的。但是,我们也要看到,尽管我们追赶了 30 多年,目前人均 GDP 水平仍然低于世界平均水平,我国国民的平均生活水平还远远落后于发达国家。我国一直保持着较高的经济增长速度,然而反映一国综合国力的经济发展却处在一个较低的水平。

四、经济增长对中国的影响

每一个硬币都有正反两面,任何一件事也都是有利有弊的。经济增长能带来一国财富的增加,就业机会的增多,国民生活水平的上升等,但像其他任何事情一样,经济增长也是有其弊端的,是需要付出一定代价的。下面我们具体讨论一下经济增长对我国整体的影响。

(一) 经济增长对我国的良性作用

第一,经济增长能带来我国经济总体水平和综合国力的提升,增强一国在国际大舞台上的地位,拥有更多的话语权。中国作为一个最大的发展中国家,其与资本主义发达国家在国民生产总值的总量和人均量方面还存在着较大的差距。只有实现较快的经济增长,才有望逐步赶上并最终超过它们。

第二,经济增长能提高我国人民的生活水平以及生活质量,增加人们生活的幸福感。只有实现经济较快的经济增长,才能增加我国的财富总量,一方面,通过增加政府支出水平,加大社会保障的投入力度,能提高我国居民的福利水平;另一方面,经济的较快增长能够较快地增加人民群众的收入,带动其消费水平,提高人民群众的生活水平。

第三,经济增长能缓解我国的失业问题。一些经济学家用奥肯定律来描述说明 GDP 变化和失业率变化之间存在的一种稳定的关系。这一定律认为,GDP 每增加 2%,失业率大约下降 1 个百分点。这种关系并不是十分严格,但说明了国家的经济增长有助于增加该国的就业机会,减少失业人口。经济增长可以刺激社会的有效需求,包括投资需求和消费需求,投资和消费需求的增加,势必会增加企业投资和产品产量的增加,从而会增加劳动力的需求,在一定程度上缓解就业压力。

第四,经济的较快增长将增强国内企业的实力,打造属于我国的民族品牌。科学技术进步往往内涵于经济增长中,而科技进步对企业的发展至关重要,它能使国内企业逐步摆脱对国外先进技术的依赖,拥有自己的核心技术,创造一流的产品,从而吸引国民购买其产品,进一步巩固民族企业在本国的地位,如此形成良性循环。

(二) 经济过度增长的弊端

经济增长固然对我国有不少好处,但所谓过犹不及,经济的过度增长对国家的长期可持续发展是有很多不利之处的。特别是以"高污染、高消耗"为代价的经济增长会导致严重的环境污染问题和资源匮乏问题。污染问题容易发生却不易治理,其治理所耗费的成本可能相当于甚至超过该经济增长带来的国家财富的增加,破坏我国的可持续发展。因此,国家必须采取合理的经济增长方式,制定适度的经济增长目标,保持经济的长期稳定健康发展。

第二节 经济增长相关模型、理论

一、哈罗德—多马经济增长模型

哈罗德—多马经济增长模型是以凯恩斯的有效需求理论为基础,考察一个国家在长时期内的国民收入和就业的稳定均衡增长所需条件的理论模型。哈罗德—多马模型是经济增长理论中的经典模型,它奠定了现代经济增长理论的基本框架,体现了经济增长理论研究在宏观经济学中的作用,是对凯恩斯主义的重要补充和完善。

英国经济学家哈罗德与美国经济学家多马分别于20世纪40年代末提出了经济增长模型。他们在著作中提出的经济增长模型在形式上极为相似,因而西方学者将两者并称为哈罗德—多马模型。由于两者中哈罗德模型被认为具有较丰富的内容,故以该模型作为二者的代表。该模型以凯恩斯的收入决定论为理论基础,在凯恩斯的短期分析中加入了经济增长的长期因素,主要研究了产出增长率、储蓄率与资本产出比三个变量之间的相互关系,认为资本积累是经济持续增长的决定性因素。

(一)哈罗德—多马经济增长模型包括以下一些假定

(1)全社会所生产的产品只有一种,可为消费品,也可为资本品;

(2)只有劳动和资本这两种生产要素;

(3)产品的规模收益不变;

(4)不存在技术进步和资本存量的折旧。

(二)哈罗德集中的变量

三个主要变量:

第一个变量是储蓄率S,$S=X/Y$(X为储蓄量,Y为国民收入);

第二个变量是资本产出比率V,$V=K/Y$(K为资本存量);

第三个变量是有保证的增长率,即在S和V为已知时,为了使储蓄全部转化为投资所需要的产量增长率。为了实现稳定状态的经济增长,要求S、V和Gw这三个变量具备以下条件$Gw=S/V$。

其他变量:

L：劳动力；

ΔL：劳动力的增量；

ΔK：资本存量的增量；

ΔY：产出的增量；

n：固定的劳动力增速，即 $n=\Delta L/L$；

u：劳动对总产出的比率，$u=L/Y$；

v：不变的资本产出比，即 $v=K/Y$；

a：劳动生产率的增长率；

G：经济增长率；

Gw：Gw 表示有保证的增长率；

Ga：实际增长率；

Gn：自然增长率，是由人口和技术所决定的增长率；

sf：充分就业下的储蓄率；

vr：为在追求利润最大化条件下的理想的边际资本—产出比。

(三) 哈罗德模型基本方程

根据凯恩斯的收入决定论，只有当投资 I 与储蓄 S 相等时，经济活动才能达到均衡状态，则有：

$$I=S$$
$$I=\Delta K=S$$

由于假定资本存量不存在折旧，则资本存量的增量 $\Delta K=S$，

两边同除以产出增量 ΔY，可得：

$$\Delta K/\Delta Y=S/\Delta Y$$

因为 $v=\Delta K/\Delta Y$，且 $S=sY$，则进一步有：

$$v=sY/\Delta Y$$

令 $G=\Delta Y/Y$，可得哈罗德模型的基本方程：

$$G=s/v$$

G：经济增长率；s：储蓄率，即 $s=X/Y$（X 为储蓄量，Y 为国民收入）；v：资本产出比率，即 $v=K/Y$（K 为资本存量）

在多马的理论中以 I 和 ΔI 分别代表投资和投资增量，s 代表储蓄率，x 代表资本生产率或投资效率，$x=Y/K=1/v$。均衡经济增长率等于投资的增长率，多马的基本公式为：

$$Gw = \Delta I/I = xs$$

因此多马模型与哈罗德模型实质上相同。

(四) 哈罗德—多马经济增长模型内容分析

在 S 和 V 固定不变的情况下,只有储蓄全部转化为投资产量(Y)、资本存量(K)和投资(I)才能按增长率 Gw 年复一年地增长下去。投资具有双重效应。不仅能增加总需求,而且也能增加总供给,要使逐年的新投资所不断扩大的生产能力始终得到充分利用,则产量(或收入)应按固定不变的增长率逐年增长,哈罗德称这种增长率 Gw 为有保证的增长率,又称之为均衡增长率。

一个国家任何一年里实际上实现的增长率,哈罗德称之为实际增长率 G。为了使社会经济实际上能够均衡地增长,要求 $G=Gw=s/W$。在现实经济中,由于储蓄不一定全部转化为投资,或总需求与总供给不一定相等,所以 G 和 Gw 的完全一致仅是偶然的巧合,一旦实际增长率和有保证的增长率不一致时,在继后的时期里,将出现累积性的经济扩张($G>Gw$)或经济收缩($G<Gw$)。

哈罗德认为,自然增长率 Gn 和均衡增长率 Gw 的背离将使一个社会处于长期停滞或长期高涨的状况。

例如,$Gw>Gn$,这表明储蓄和投资的增长率(从而资本存量的增长率)超过了劳动力的增长率。在这种场合下,资本家将进一步缩减其投资,以致实际增长率 G 还小于有保证的增长率 Gw,将处于长期的经济萧条状态。

反之,假如 $Gw<Gn$,则表明现存资本设备处于极为充分的利用状态,因而提供了高额利润,由此将刺激资本家进一步进行新的投资。这样,社会经济将处于长期高涨的状态,甚至出现持续的通货膨胀现象。

(五) 长期充分就业且连续生产的经济所必需的条件

哈罗德模型用有保证的增长率、实际增长率和自然增长率三个概念分析了长期充分就业且连续生产的经济所必须要满足的条件:

(1) 经济必须在每一年使投资等于充分就业的储蓄,即经济的实际增长率必须等于有保证的增长率。如果投资份额低于充分就业时的储蓄率 sf,那么有效需求相对于充分就业必然是不足的。因此,经济长期均衡增长第一个必需的条件是:

$$Ga = Gw = sf/vr$$

这一条件的含义是,均衡增长将使充分就业的储蓄连续地被投资。

(2) 为保持连续充分就业,经济增长率必须等于自然增长率,即实际劳动力增长率加上劳动生产率的增长率。因此,经济长期均衡增长第二个必需的条件就是：

$$Ga = Gn = n + a$$

综上所述，一个经济只有当它的实际增长率 Ga 同时等于有保证的增长率 Gw 和自然增长率 Gn 时，才能实现连续的充分就业，实现经济长期均衡的增长。当 $Ga=Gw=Gn$ 时，经济增长便进入了"黄金时代"。

（六）对哈罗德—多马模型的评价

第一，模型继承了凯恩斯的基本思想而又加以发展，使静态的理论动态化、使短期的理论长期化，构成了后凯恩斯主义理论的重要内容。

第二，模型对发展经济学中产生了巨大影响，为发展中国家加快经济增长指明了方向。资本的匮乏阻碍了发展中国家经济的增长，只要有持续的资本形成，就会有持续的经济增长。

第三，模型的假设过多、过于严格。在现实经济中，储蓄不一定全部转化为投资，或总需求与总供给不一定相等，所以 Ga 和 Gw 的完全一致仅是偶然的巧合，一旦实际增长率和有保证的增长率不一致时，按照该模型的理论，在随后的时期里，将出现累积性的经济扩张（$Ga>Gw$）或经济收缩（$Ga<Gw$）。只有当 $Ga=Gw$ 时，投资才会按照维持不变的增长率所需要的数量进行。$Ga=Gw=Gn$ 作为经济实现充分就业和稳定增长的条件，这过于严格，过于理想化，实现起来很难，因此，经济学家将哈罗德—多马模型所描绘的稳定增长路径称为"刃锋"，也称为"刀刃上的均衡"，可以想象它的实现难度。正因为如此，索洛的新古典增长模型在承认资本的作用的同时，强调了技术进步的力量，另辟蹊径，使经济增长理论得以继续发展。

二、新古典增长理论

依据凯恩斯经济理论建立起来的哈罗德—多马模型虽然对经济长期稳定增长的条件作出了开拓性的分析，但他们所得到的"刀刃上的均衡"的增长途径的结论却不符合第二次世界大战后西方国家的实际情况。为了解决哈罗德—多马模型中经济增长的不稳定性，20世纪50年代美国经济学家 R. 索洛、J. 托宾等人运用新古典学派的边际生产力、生产函数等基本概念，提出了一系列类似的经济增长理论，统称为新古典增长理论。

他们认为，哈罗德—多马模型在宏观上扩展了凯恩斯主义理论的分析，但这种增长模型缺乏一定的微观基础，缺乏对生产要素的分析。因此，在新古典经济增长模型的分析中，一方面以凯恩斯理论为依据，不否认国家干预的重要性；另一方面在新古典学派的理论中寻求依据，建立自己理论的微观基础。

（一）新古典增长理论的假定和思路：

新古典增长理论的基本假定包括：

(1) 全社会只生产一种产品；

(2) 生产要素之间可以相互替代；

(3) 生产的规模收益不变；

(4) 储蓄率不变；

(5) 不存在技术进步；

(6) 人口增长率不变。

在上述条件下，由于不存在技术进步，且规模报酬不变，因此设经济的生产函数为：

$$Y=F(N,K), \quad Y/N=F(1,K/N)$$

为说明简便起见，假定全部人口都参与生产，那么上式说明，人均产量 Y/N 只取决于 K/N。用 y 表示人均产量，即 $y=Y/N$，k 表示人均资本，即 $k=K/N$，则生产函数可表示为下述人均形式：

$$y=f(k)$$

其中 $f(k)=F(1,k)$，图 8-1 表示了生产函数式的图形。

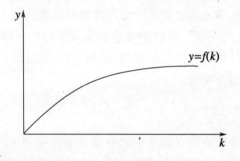

图 8-1　人均生产函数曲线

从图中可以看出，随着每个工人拥有的资本量的上升，即 k 值的增加，每个工人的产量也增加，但由于报酬递减规律，人均产量增加的速度是递减的。

根据增长率分解式，在假定(5)和(6)的条件下，产出增长率就唯一地由资本增长率来解释。下面就来细致地考察资本与产量的关系。

一般地，资本增长由储蓄（或投资）决定，而储蓄又依赖于收入，收入或产量又要视资本而定。于是资本、产量和储蓄（投资）之间建立了一个如图 8-2 所示的相互依赖关系。

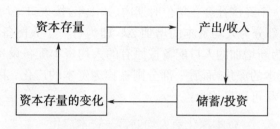

图 8-2　资本、产量和储蓄(投资)之间的相互依赖

在上述体系中,资本存量的变化对资本存量的影响是显著的,无须进一步说明。产出对储蓄的影响可以用储蓄函数来描述。因此,在上述体系中,需着重说明的是储蓄对资本存量的变化。

(二) 新古典增长模型的基本方程

在简单的两部门(包括家庭和企业部门)经济中,经济的均衡条件是:$I=S$,也就是说投资或资本存量的增加等于储蓄。而资本存量的变化等于投资减去折旧。

设 s 为储蓄率;k 为人均资本占有量;$y=f(k)$ 为人均形式的生产函数;n 为人口(或劳动力)增长率;Δk 为单位时间内人均资本的改变量,假定资本折旧率为固定不变的 $\delta(0<\delta>1)$。则资本存量的变化 ΔK 为:

$$\Delta K = I - \delta K$$

根据 $I=S=sY$,上式可写为:

$\Delta K = sY - \delta K$,两边同时除以劳动数量 N,有:

$$\Delta K/N = sy - \delta k \qquad ①$$

由于 $k=K/N$,所以 k 的增长率可以写成:

$$\Delta k/k = \Delta K/K - \Delta N/N = \Delta K/K - n$$

由于 $\Delta N/N = n$,

所以,$\Delta K = (\Delta k/k)K + nK$,两端同除以 N,则有

$$\Delta K/N = \Delta k + nk \qquad ②$$

将①式和②式合并,得

$$\Delta k = sy - (n+\delta)k$$

上式即为新古典增长模型的基本方程。

模型表明,一个经济社会在单位时期内(如1年)按人口平均的储蓄量被用于两个部分:一部分为人均资本的增加 Δk,即为每一个人配备更多的资本设备;另一部分是为新增加的人口配备按原有的人均资本配备设备$(n+\delta)k$。第一部分被称为资本的深化,而后一部分则被称为资本的广化。因此,新古典增长模型的基本方程可以表述为:

$$资本深化 = 人均储蓄 - 资本广化$$

(三)新古典增长模型中的稳态

在新古典增长模型中,所谓稳态是指一种长期均衡状态。在此状态下,人均资本达到均衡值并保持不变,在技术条件不变时,人均产量也达到稳定状态。所以,在稳态下,k 和 y 达到一个持久性的水平。要实现稳态水平,则 $\Delta k = 0$,此时人均储蓄恰好等于资本的广化。也就是说,新古典增长模型中的稳态的条件是:

$$sy = (n+\delta)k$$

新古典增长模型的稳态可以用图形来表示。如图8-3所示。

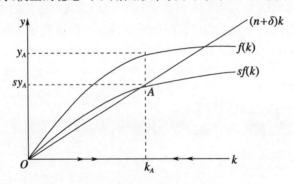

图8-3 经济增长的稳态

根据以上的分析,在稳态时,有 $sy=(n+\delta)k$,所以,在图8-3中,$(n+\delta)k$ 曲线和 $sf(k)$ 曲线必定相交。交点 A 所对应的人均资本为 kA,人均产量为 yA,这时人均储蓄恰好等于资本广化的需要 $syA=(n+\delta)kA$。

在 A 点左边,$sf(k)$ 曲线比 $(n+\delta)k$ 曲线高,表明储蓄高于资本广化的需要。因此,此时存在着资本深化。相反,在 A 点右边,人均储蓄无法满足资本广化的需要,所以,在 A 点以右,人均资本有下降的趋势。

（四）资本的黄金律水平

新古典增长理论,认为高的储蓄率导致高的人均产出水平。过高的储蓄率导致低的人均消费,而过低的储蓄率,人均产出低,人均消费也低,存在一个储蓄率水平使得人均消费取最大值,这个储蓄率下的人均资本就是资本黄金律水平。

从全社会的角度看,产出可以用于消费和积累两个方面。产出一定时,消费多了,积累就少了,反之亦然。所以,这里存在着一个如何处理积累和消费的关系问题。而这一问题的回答决定于人们对经济发展目标的认识。很多西方学者认为,经济增长是一个长期的动态的过程,因此,提高一个国家的人均消费水平是一个国家发展的根本目的。在这一认识下,经济学家费尔普斯于1961年找到了与人均消费最大化相联系的人均资本应满足的关系式,这一关系被称为资本积累的黄金律。

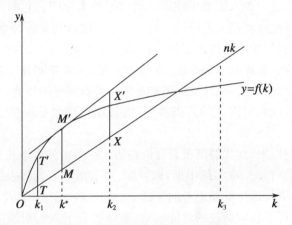

图 8-4 经济增长的黄金分割律

在图 8-4 中,横轴是稳态时的人均资本 k,纵轴表示与稳态相对应的人均产量、人均储蓄和人均消费。产出曲线满足资本边际报酬递减规律。由图可知,在稳态时,人均消费可以在图像上表示为曲线 $f(k)$ 与直线 nk(为了得出黄金分割律的最初形式,这里假定不存在折旧,即参数 $\delta=0$)之间的距离。从图中可以看到,如果一个经济体中选定一个较低的稳态人均资本水平,例如 k_1,则这时人均消费等于较小的距离 TT'。反之,若选择一个较高的稳态人均资本水平,例如 k_2,则这时人均消费仍然等于较小的距离 XX',这时的人均产出虽高,但人均消费(或投资)也较高,导致人均消费并不高。最后,若是选择很高的稳态人均资本水平,如 k_3,此时根本就没有任何产出可以用于消费了。

上述的分析表明,如果一个经济的发展目标是使得稳态人均消费最大化,则在技术和劳动增长率不变时,应该怎么样选择人均资本量呢?费尔普斯对这个问题做出了回答。费尔普斯的结论被称为资本积累的黄金律,基本内容:若使稳态人均消费达到最大,稳态人均资本量的选择应使资本的边际产品等于劳动的增长率。即

$$f'(k^*)=n$$

由黄金分割律可知,在稳态时若一个经济中人均资本量多于其黄金律水平,则可通过消费掉一部分资本使得人均资本下降到黄金律水平,从而提高人均消费水平。反之,亦然。

三、新增长理论

新增长理论也称为内生增长理论,是经济学的一个分支,它全力解决经济科学中一个重要且令他人困惑的主题:增长的根本原因。它的出现标志着新古典经济增长理论向经济发展理论的融合。这一融合的显著特点是,强调经济增长不是外部力量(如外生技术变化),而是经济体系的内部力量(如内生技术变化)作用的产物,重视对知识外溢、人力资本投资、研究和开发、收益递增、劳动分工和专业化、边干边学、开放经济和垄断化等新问题的研究,重新阐释了经济增长率和人均收入的广泛的跨国差异,为长期经济增长提供了一幅全新的图景。

近半个世纪以来,现代经济增长理论经历了一条由外生增长到内生增长的演进道路。在20世纪80年代中期,以罗默、卢卡斯等人为代表的一批经济学家,在对新古典增长理论重新思考的基础上,提出了一组以"内生技术变化"为核心的论文,探讨了长期增长的可能前景,重新引起了人们对经济增长理论和问题的兴趣,掀起了一股"新增长理论"的研究潮流。

(一)基本模型-AK模型

设函数 $Y=AK$,

其中,Y是产出,K是资本存量,A是一个常量,它衡量一单位资本生产的产出量。注意这个函数并没有反映出资本边际收益递减性质。

假设s为收入中用于储蓄和投资的比例,于是经济中的资本积累由下面的式子描述:

$$\Delta K=sY-\delta K$$

将这一关系式与$Y=AK$联系起来,进行一些运算可得:

$$\Delta Y/Y=\Delta K/K=sA-\delta$$

上述公式表明,只要 $sA>\delta$,即使没有外生技术进步的假设,经济的收入也会增长。

如果上面的式子中的 K 只包括通常意义下的经济中的厂房与设备存量,则资本边际收益递减是自然而然的。新增长理论的支持者认为,如果对 K 作出更广义的解释,资本边际收益不变(而不是递减)的假设会更合理。一些西方学者认为,知识是经济生产中的一种重要投入。如果把知识看作一种资本,与一般意义上的资本相比,假设知识表现出收益递减的性质就不太合理了。事实上,一些经济学家认为,存在着知识收益递增。若接受知识是一种资本的观点,那么,假设资本边际收益不变的新增长理论模型就更加合理地描述了长期经济增长。

上面的 AK 模型提供了一条内生化稳态增长的途径,即如果可以被累积的生产要素有固定的报酬,则稳态增长将被这些要素的积累率影响。从 $\Delta Y/Y=\Delta K/K=sA-\delta$ 可知,储蓄率 s 越高,产出增长率也越高。

(1) 罗默的模型

罗默把知识作为一个变量直接引入模型,同时也强调了知识积累的两个特征:第一,专业化知识的积累随着资本积累的增加而增加,这是由于随资本积累的增加,生产规模的扩大,分工的细化,工人能在实践中学到更多的专业化知识;第二,知识具有溢出效应,随着资本积累的增加,生产规模的扩大,知识也在不断流通,从而导致整个社会知识总量的增加。

在这一思想指导下,罗默建立了生产函数:

$$F_i = F(k_i, K, x_i)$$

式中,F_i 为 i 厂商的产出水平;k_i 为厂商生产某产品的专业化知识;x_i 为 i 厂商其他各生产要素的向量,表示整个社会的知识水平总和。

罗默模型强调了知识积累对经济增长的重要作用。

(2) 卢卡斯模型

卢卡斯把舒尔茨的人力资本理论和索洛的技术决定论的增长模型结合起来并加以发展,形成人力资本积累增长模型。

其模型为:

$$h'(t) = h(t)\delta[1-u(t)]$$

式中,$h(t)$ 表示为劳动技能的人力资本;$h'(t)$ 表示人力资本的增量;δ 表示人力资本的产出弹性;u 表示全部生产时间;δ 表示脱离生产的在校学习时间。

公式表明,当 $u=1$ 时,$h'(t)=0$ 时,即无人力资本积累;当 $u=0$ 时,则 $h(t)$ 按 δ 的速度增长,即 $h'(t)$ 达到最大值。由此可见,卢卡斯在模型中强调劳动者脱离生产、从正规或非正规的学校教育中所积累的人力资本对经济增长的作用。

（二）新增长理论的主要内容

新增长理论最重要的突破是将知识、人力资本等内生技术变化因素引入经济增长模式中,提出要素收益递增假定,其结果是资本收益率可以不变或增长,人均产出可以无限增长,并且增长在长期内可以单独递增。技术内生化的引入,说明技术不再是外生,人类无法控制的东西,而是人类出于自身利益而进行投资的产物。

以罗默、卢卡斯等人为代表,强调知识和人力资本是"增长的发动机"。因为知识和人力资源本身就是一个生产投入要素：一方面它是投资的副产品,即每一个厂商的资本增加会导致其知识存量的相应提高;另一方面知识和人力资本具有"外溢效应",即一个厂商的新资本积累对其他厂商的资本生产率有贡献。这意味着,每一个厂商的知识水平是与整个经济中的边干边学,进而与全行业积累的总投资成比例的。通过这种知识外溢的作用,资本的边际产出率会持久地高于贴现率,使生产出现递增收益。也就是说,任一给定厂商的生产力是全行业积累的总投资的递增函数,随着投资和生产的进行,新知识将被发现,并由此形成递增收益。因此,通过产生正的外在效应的投入（知识和人力资本）的不断积累,增长就可以持续。

（三）新增长理论的理论意义

首先,填补了西方经济理论中的空白。新增长理论将经济增长的源泉由外生转化为内生,从理论上说明知识积累和技术进步是经济增长的决定因素,并对技术进步的实现机制作了详细的分析,这些研究填补了西方经济理论中的空白。它将技术看做是经济系统的一个中心部分,是"内生"的。并且技术进步可以提高投资的收益,投资又使技术进步更有价值,形成一个良性循环,长期恒定地促进经济的增长。

其次,为经济持续的增长找到了源泉和动力。新增长理论将知识和人力资本因素纳入经济增长模型,为经济持续的增长找到了源泉和动力。古典增长理论学家大卫·李嘉图得出经济发展最终处于停滞的悲观结论。凯恩斯学派和新古典增长理论都认为一旦没有技术进步,经济发展也将停止。新增长理论则认为,专业化的知识和人力资本的积累可以产生递增的收益并使其他投入要素的收益递增,从而总的规模收益递增,这突破了传统经济理论关于要素收益的递减或不变假定,说明了经济增长持续和永久的源泉与动力。

再次,对于一些经济增长事实具有相当的解释力。例如,新增长理论证明了垄断竞争经济中均衡的存在,因为对新技术的垄断以及由此带来的超额利润提供了投资和技术研究的动力。以及由于知识和人力资本有外溢效应,高人力资本的发达国家资本利用率高,从而这些国家的物质资本收益率与人力资本收益率也将较高,因此,当生产要素可以在各国自由流动时,资本和人才可能会从发展中国家流向发达国家。此外,国际贸易可以使发展中国家利用国际上的先进技术,从而促进发展中国家的技术进步和经济增长,同时国际贸易也可能使发展中国家专业化于技术含量低的传统产品部门,从而对发展中国家的经济增长产生不利影响,等等。

最后,对制定经济政策产生重大影响。新增长理论认为,市场力量的作用不足以利用社会可能达到的最大创新潜力,一部分创新潜力被浪费了。政府有责任、有理由进行干预,这样做的结果是提高了经济增长率。但是,政策制定者们把注意力集中在经济周期上,忙于进行"微调"和寻求操纵"软着陆"的方法是不对的。因为支撑经济周期的是探索发现与创新过程。因此,政府应着力于能促进发展新技术的各种政策。如支持教育,刺激对物质资本的投资,保护知识产权,支持研究与开发工作,实行有利于新思想形成并在世界范围内传递的国际贸易政策,以及避免政府对市场的扭曲等。

新增长理论对经济增长和经济发展提出了许多深刻的见解,在经济学理论界和各国经济实践中产生了广泛的影响。新增长理论目前仍在继续发展,新的理论模型还在不断产生,一些严格的假设条件逐步被放宽,越来越多的新增长理论家开始将政策变量纳入新增长模型,一些学者则利用新增长模型的分析框架对各国经济增长作了经验分析。可以预见,通过这些研究,新增长理论将逐步成熟起来。

第三节 经济增长的影响因素

经济增长是一个复杂的社会经济现象。影响经济增长的因素很多,准确估计各种因素对经济增长的贡献,对实现经济稳定增长和制定促进经济增长的政策都是非常重要的。

表8-1反映了近几年世界主要国家的国内生产总值及其增长率。其中中国、印度等发展中国家这几年普遍呈现较快的经济增长速度,而美国、日本等发达国家的经济增速较缓慢。

表 8-1 近几年世界主要国家国内生产值及其增长率

国家 地区	国内生产总值（亿美元）	国内生产总值增长率(%)				
	2010	2005	2007	2008	2009	2010
中 国	58 782.6	11.3	14.2	9.6	9.2	10.3
中国香港	2 250.03	7.08	6.39	2.31	−2.67	6.81
孟加拉国	1 049.19	6.3	6.31	5.96	5.79	6.02
印 度	15 379.7	9.17	9.88	6.18	6.76	10.37
印度尼西亚	7 067.35	5.69	6.35	6.01	4.58	6.11
日 本	54 588.7	1.93	2.36	−1.16	−6.28	3.94
巴基斯坦	1 748.66	7.67	5.64	1.64	3.37	4.79
菲律宾	1 887.19	4.95	7.09	3.69	1.06	7.33
新加坡	2 226.99	7.38	8.78	1.49	−0.77	14.47
越 南	1 035.74	8.44	8.46	6.31	5.32	6.78
尼日利亚	2 168.03	5.39	6.97	5.98	6.96	8.39
墨西哥	10 391.2	3.18	3.25	1.5	−6.11	5.52
美 国	146 578	3.05	1.95		−2.63	2.83
阿根廷	3 702.69	9.18	8.64	6.79	0.84	9.16
巴 西	20 903.1	3.16	6.09	5.16	−0.64	7.49
法 国	25 825.3	1.96	2.32	0.09	−2.55	1.49
德 国	33 156.4	0.91	2.78	0.7	−4.67	3.5
意大利	20 551.1	0.66	1.48	−1.32	−5.22	1.3
荷 兰	7 832.93	2.05	3.92	1.88	−3.91	1.75
俄罗斯联邦	14 650.8	6.39	8.54	5.23	−7.8	3.96
澳大利亚	12 355.4	3.13	4.59	2.59	1.33	2.75

资料来源：国际货币基金组织数据库。

表 8-2 是我国各大城市从 2006 年至 2010 年的地区生产总值。从表格中可以清晰地看到，广东、上海、浙江、江苏、山东、河南、北京的地区生产总值居于高位。

表 8-2 2006 年至 2010 年地区生产总值

地区	地区生产总值（亿元）				
	2006	2007	2008	2009	2010
北京	8 117.78	9 846.81	11 115	12 153.03	14 113.58
天津	4 462.74	5 252.76	6 719.01	7 521.85	9 224.46
河北	11 467.6	13 607.32	16 011.97	17 235.48	20 394.26
山西	4 878.61	6 024.45	7 315.4	7 358.31	9 200.86
内蒙古	4 944.25	6 423.18	8 496.2	9 740.25	11 672
辽宁	9 304.52	11 164.3	13 668.58	15 212.49	18 457.27
吉林	4 275.12	5 284.69	6 426.1	7 278.75	8 667.58
黑龙江	6 211.8	7 104	8 314.37	8 587	10 368.6
上海	10 572.24	12 494.01	14 069.86	15 046.45	17 165.98
江苏	21 742.05	26 018.48	30 981.98	34 457.3	41 425.48
浙江	15 718.47	18 753.73	21 462.69	22 990.35	27 722.31
安徽	6 112.5	7 360.92	8 851.66	10 062.82	12 359.33
福建	7 583.85	9 248.53	10 823.01	12 236.53	14 737.12
江西	4 820.53	5 800.25	6 971.05	7 655.18	9 451.26
山东	21 900.19	25 776.91	30 933.28	33 896.65	39 169.92
河南	12 362.79	15 012.46	18 018.53	19 480.46	23 092.36
湖北	7 617.47	9 333.4	11 328.89	12 961.1	15 967.61
湖南	7 688.67	9 439.6	11 555	13 059.69	16 037.96
广东	26 587.76	31 777.01	36 796.71	39 482.56	46 013.06
广西	4 746.16	5 823.41	7 021	7 759.16	9 569.85
海南	1 044.91	1 254.17	1 503.06	1 654.21	2 064.5
重庆	3 907.23	4 676.13	5 793.66	6 530.01	7 925.58
四川	8 690.24	10 562.39	12 601.23	14 151.28	17 185.48
贵州	2 338.98	2 884.11	3 561.56	3 912.68	4 602.16
云南	3 988.14	4 772.52	5 692.12	6 169.75	7 224.18

续表 8-2

地 区	地区生产总值（亿元）				
	2006	2007	2008	2009	2010
西 藏	290.76	341.43	394.85	441.36	507.46
陕 西	4 743.61	5 757.29	7 314.58	8 169.8	10 123.48
甘 肃	2 276.7	2 702.4	3 166.82	3 387.56	4 120.75
青 海	648.5	797.35	1 018.62	1 081.27	1 350.43
宁 夏	725.9	919.11	1 203.92	1 353.31	1 689.65
新 疆	3 045.26	3 523.16	4 183.21	4 277.05	5 437.47

资料来源：中国统计局 2011 年鉴。

以下我们就来分析一下影响经济增长快慢的因素。这里的因素有很多，主要包括劳动力(或人口)、物质资本、人力资本、自然资源、技术进步、文化因素、制度因素等。

一、人口因素对经济增长的影响

到目前为止有关人口与经济关系之间的研究还不充分，人们对于人口增长对经济增长的影响还没有达成共识。关于人口增长对经济增长的分析，有马尔萨斯模型和克莱默模型等。

马尔萨斯模型主要认为，人口增长会导致劳动生产率降低，生态环境退化，社会总储蓄减少(投资率下降)，从而不利于经济增长。尽管技术进步可以加速经济增长，但是，如果人口无限制地增长下去，那么，技术进步的步伐将最终赶不上人口增长的速度，从长期的观点看，人口增长阻碍经济的增长。但其实马尔萨斯没有看到人类的创造性能够抵消人口增长的部分甚至全部不良影响。

马尔萨斯把人口增长看作生活水平提高的威胁，而经济学家迈克尔·克莱默提出世界人口增长是促进经济繁荣的关键驱动力。克莱默认为，如果有更多的人口，就会有更多的科学家、投资者和工程师对发明和技术作出贡献。作为这一假说的证据，克莱默指出，在漫长的人类历史中，世界增长率的增加是与世界人口紧密联系的。例如，当世界人口为 10 亿时(1 800 年左右出现这种情况)的世界增长率比人口仅为 1 亿时(公元前 500 年)快得多。

然而上述两种观点对人口增长与经济增长的关系的描述都还不全面，都存在着缺陷。

在1999年出版的《中国发展报告：社会与发展——中国社会发展地区差距研究》第4章中，胡鞍钢博士使用回归分析技术，根据我国30个省区市1979—1994年的有关数据，测算了发展的初始条件（即1978年的人均GDP）、区位条件、基础设施、资本投入、人口增长、人口质量等因素对经济增长（用人均GDP增长率表示）的影响。在4个多元回归方程中，人口增长率作为自变量之一，其回归系数均为负值，在-0.59至-0.36之间，于是得出结论：人口增长率每降低1个千分点，人均GDP增长率可提高$0.36\sim0.59$个百分点，并进而推论："人口自然增长率只要降低几个千分点就会明显促进人均GDP增长"。在我国（及绝大多数发展中国家），控制人口增长有利于经济发展，这一点毋庸置疑。但是，现有的研究还不能完全揭示人口与经济相互作用的内在机制，尚不能准确反映人口变动与经济增长有关指标的数量关系。

最近几年，中国学界与公众都比较关注"人口红利"问题的讨论。人口红利是指人口生育率下降后，在相当一段时间内少年抚养比率下降而老年赡养比率还没有明显上升，劳动年龄人口在总人口中的比例较高，从而对经济增长有利的这样一种情况。值得我们庆幸的是中国改革开放与人口红利期恰好相吻合。中国改革开放始于1978年，正是中国1950和1960年代生育高峰时期出生的人群进入劳动力市场的时期。如果没有改革开放，这些人中的绝大多数将会被继续束缚于农业部门，无法得到有效使用；而改革开放使这些劳动力得以从农业转向非农业部门，以及从农村转向城市，从而使他们所蕴藏的巨大潜力得以发挥出来。中国劳动力资源的潜力与改革开放时期恰好相吻合，是中国经济高速增长的成功的重要"秘诀"。我们应该看到，人口众多确实不一定是坏事，在改革开放的特定的历史条件下，中国丰富的劳动力资源和巨大的市场规模对吸引外来投资和推动经济高速增长都产生了极为重要的积极作用。

将世界各国按人口生育率从高向低排列，可以发现高生育率国家都是贫穷国家，但是中低水平生育率的国家却有不同的收入水平。由此我们有理由认为，过高的生育率和人口增长率对经济发展显然是不利的，但是中低水平生育率对经济发展的影响却是复杂的、不确定的，不存在简单的相关关系。例如，印度2007年的总的生育率是2.8，大概相当于中国1970年代中后期的水平，但是近年来印度的经济增长速度却在全球名列前茅。日本从2006年开始出现人口负增长，但是日本经济却度过了"失去的20年"。

二、物质资本对经济增长的影响

所谓的物质资本，是指经劳动制造的资本品，包括存在于机器、设备和厂房等形式上的资本及其价值形态货币。在自然资源给定和劳动要素充裕的条件下,资本存量的多寡和资本流量的增长速度(资本形成的快慢),是促进或限制经济增长的基本因素。物质资本是实现经济增长和发展的物质基础和条件。上古时代,人类的祖先用手抓鱼,直接攀枝摘果,所需物质资本极少;农耕社会,手工业生产工具简单,土地以外的物质资本亦少;人类进入工业社会后,很多资源首先用来生产出生产手段,然后再用新的生产手段生产出生活消费品,从而使生产效率和生活消费品产出持续的大幅度增长。人类社会发展到今天,仍然在沿着这条迂回生产的线路前进,且用于生产新的生产手段方面的资源呈现出持续上升的趋势,物质资本的不断积累对经济增长起着较大作用。

物质资本是其他资本的物质基础。

第一,其他资本要借助于物质资本来实现积累。无论是人力资本还是环境资本或社会资本,都要依靠一定量的物质资本来实现积累。首先,无论是发展医疗、保健、卫生等事业,还是办各类学校,都必须投入大量的资源建设医疗门诊大楼和手术大楼,购置昂贵的仪器设备,建设校舍、图书馆、实验室等,这些硬件设施即为物质资本。有了这些物质资本,方可再行人力资本的积累。其次,环境资本应指由于人类劳动介入使环境质量提高的价值部分。人类必须首先投资生产出环保设备和工具等物质资本,然后再运用这些物质资本去治理保护环境,使环境得以优化,环境资本得以保值增值。最后,在社会资本中,无论是社会诚信体系的建立还是法制体系的完善、民主政治的进步等,都需要投资建立机构、设施和大众教育体系,这一切都要消耗资源和积累相应的物质资本条件。

第二,其他资本虽然不是全部但相当大部分要以物质资本为附着物,人力资本附着于人体,对物质资本的附着性不明显。环境资本则是完全物化到具体的物体中,如环境资本存量通过优质的水、清新的空气、森林覆盖率、物种的多样性等表现出来。社会资本的一部分则是物化在社会机构、场所、社会管理设备、文件等非经营性物质资本中。

第三,其他资本必须与物质资本相配合才能发挥作用。高素质的劳动者必须与高素质的物质资本相结合才会有生产的高效率,自然界中再好的资源没有人力借助于一定的物质资本加以开发利用,也是处于闲置状态,资源优势不可能自动转化为产品优势和经济优势;社会资本存量再大的社会,没有人力在一定的环境下,借助于物质资本从事生产性活动,只能保持一个社会的安宁和祥和,而不可能有经济的增长和发展。

三、人力资本对经济增长的促进作用

人力资本是指人们花费在其本身的教育、培训、保健等方面的开支所形成的资本,其功能作用在于开发和积累人的智能、技能与体能等,主要在于提高人作为世间第一要素和经济活动的主体的智能和创造力。它既可以与物质生产过程相结合,也可以与物质生产过程相脱离。

在传统经济中,物质资本占据主导地位,但随着经济的发展,知识经济的到来,人力资本不论是在数量上还是收益上都远远超过了物质资本,从而取代了在经济发展中物质资本所一度占据的主导地位。随着市场规模不断扩大、专业化分工程度的深化、金融市场的效率不断提高,物质资本越来越容易被复制,而人力资本和创新的重要性越来越高。

人力资本与物质资本的本质区别在于边际报酬形态的差异。在资本应用过程中,物质资本表现出较强的边际报酬递减趋势,而人力资本则表现出了较强的边际报酬递增趋势;也就是说,人力资本的根本价值,在于其边际报酬递增的生产力属性。

人力资本对经济增长的作用主要体现在以下几方面:

首先,人力资本能够引起物质资本、资金和技术的使用效率的提高。这一点不仅在发达国家特别突出,在发展中国家也日益成为人们注意的事情。比如,为什么我们国家有些产品的平均能耗要远远高出发达国家呢?是我们的设备不先进?还是我们的技术不领先?我们许多行业不断地引进先进的设备和技术,但能耗就是下不来。其实更重要的还是劳动者素质的问题。因为从人力资本的角度讲,劳动者素质的培养和全面提高是一个投入很大、花费漫长时间的过程。这种培养和全面提高应该以整个社会为背景,这种培养和提高不但包括知识的灌输和技能的培养,还有人生观和价值观的培养。

其次,人力资本将会促进资本、资金和技术的投入增加。比如扩大要素投入范围,增加要素投入种类,利用国外资源,从而导致产出量的增加和质的提高等。在某些行业,某些资源在劳动者综合素质较低时,是不能得到充分的开发和利用的。在这种情况下,劳动者只能成为理论上的或一般意义上的生产要素,但高素质的劳动者却可以使资源得到充分利用,提高劳动生产率,导致产品量的增加和质的提高,这时候的劳动者就成为现代经济意义中的起决定性作用的生产要素了。

最后,人力资源素质的普遍提高会使得人力资源的使用更加合理,同时提高其使用效率。在现代产业里,劳动力量的增加不再是发展生产和提高劳动效益的关键因素。因为劳动者素质的全面提高,意味着其技能的提高,意味着其对先进技术、设备和管理方式的适应及和谐,意味着有限资源的充分利用,意味着其创造能力的充分发挥,当然意味着更高的劳动生产率和更高的工作质量及产品品质。在这种情况下,劳动者作为资本的价值效益就会充分地体现出来,劳动力作为一种资本才能够真正实现。

四、自然资源对经济增长的影响

人类通过对自然资源进行加工和再加工,由此获取所需要的物质资料,从而推动社会经济发展。因此,自然资源的拥有状况及其供给能力,成为决定经济能否持续增长的关键。改革开放30多年来,我国经济高速增长,居世界前列。但在经济高速增长的同时,我们遇到了越来越严重的自然资源约束。资料显示,1996年底到2003年的7年间,我国耕地减少了1亿亩,超过全国耕地总量的5%。仅去年一年,全国新增建设用地641.7万亩,比前5年年均高出120万亩。与土地资源的消耗相伴随的是,我国的矿产资源形势日趋严峻。在这种形势下,很多人不无担忧地说,自然资源的消耗已越过我国所能承受的临界点,未来若干年内,自然资源将超过资金和技术,成为对我国经济增长的第一制约因素。

影响经济增长的因素有很多,其中人口增长和物质资本占主导位置。除以上分析的各因素以外,文化因素、技术进步和制度等因素都会对经济增长产生影响。

第四节 促进经济增长的政策

一、增加人力资本投资

丹尼森对美、英、西北欧等9国1950—1962年的统计资料做了研究,发现每个国家的国民收增长率都大于其劳动和资本的增长率。如果其他因素不变,产出应与投入同比例增长,经济学家认为,导致经济增长快于投入增长的原因有两个方面:一是规模经济的作用,二是劳动者素质的提高,并且后一因素被认为是最主要的因素。据丹尼森计算,从1950年到1960年,美国总产量的年增长率为3.32%,劳动力的质量(受教育程度)平均每年提高0.62%,平均每年的经济增长中有15%归功于劳动力质量的提高。同一时期英、法等8国总产量年平均增长率,劳动力质量年均提高率和经济增长率中劳动力质量提高的贡献率如表8-3。

表 8-3　劳动力质量提高的贡献率表

国　家	英	法	西德	比利时	丹麦	荷兰	挪威	意大利
总产量年增长率	2.2%	4.92%	7.26%	3.20%	3.50%	4.73%	3.45%	5.96%
劳动力质量提高率	0.37%	0.37%	0.15%	0.58%	0.18%	0.32%	0.33%	0.55%
经济增长中劳动力质量提高贡献率	12%	6%	2%	14%	4%	5%	7%	7%

上述8国中，除个别国家外，这三者之间均呈现较为显著的相关关系。特别是在后两个指标间，这种关系更为显著。舒尔茨在长期的农业问题研究中发现，从20世纪初到50年代，促使美国农业生产产量迅速增加和农业生产率提高的重要原因已不是土地、人口数量或资本存量的增加，而是人的能力和技术水平的提高。

自从改革开放以来，我国国家领导人逐步认识到了中国在人力资本投资这方面的缺陷。在这新的知识经济时代，人才、知识是一国的核心竞争力。国家领导人邓小平曾提出"科学技术是生产力，而且是第一生产力"。我国制定和实施了一系列发展科学技术的政策和计划，科技工作在三个层次上向纵深展开。科技第一生产力的巨大作用，科技进步的重要意义，逐步被各级领导所理解、所认识，全社会促进科技进步的新机制正在形成。伴随政府的重视和政策的扶持，1990～1998年间，我国高等学校的规模稳步扩大，全国普通在校生总规模从206.27万人增加到340.88万人，年均增长率为8.2%。受知识经济的挑战、需求的呼声、拉动经济的压力等，教育部1998年12月24日制定、国务院1999年1月13日批转的《面向21世纪教育振兴行动计划》，开始提出"积极稳步发展高等教育"的政策。在1999年6月召开的全国教育工作会议上，《中共中央国务院关于深化教育改革全面推进素质教育的决定》则进一步提出要"通过多种形式积极发展高等教育"。

我国人力资本发展既有积极乐观的一面，也有相对水平较低的不足情况。我国需要通过政策引导、建立良好环境、积极转变观念等多方面改进措施，加大我国人力资本投资，促进我国人力资本状况的提高与发展。主要可以采取以下的措施：

（一）进一步完善和发展高等教育，实现高等教育大众化

要想实现我国经济的可持续发展，必须平衡发展地区高等教育，将高等教

育由培育尖子型向大众化转移,为社会输送适用的人才。增进人类知识和技能,提高人口科学文化素质的主要社会方式是教育,其机构是正规和非正规的学校。教育的发展对国民总体和个人有如下好处:一是提高全体劳动者的学历水平;二是提高就业者的操作技能;三是提高人们对各种机会的识别和利用水平。

(二)改革教育制度上的弊端

当前,是中国改革开放的新时代,中国必须全面进行改革,教育制度同样不能落后,只有借鉴西方先进的教育方式并建立起符合我国国情的教育制度,才能使我国培养出更多的人才,并进一步发挥人力资本在未来发展中的作用。在投资分配结构上我国应改变现在初等教育发展不足、高等教育相对发展较快的教育体制,重点发展基础教育。

(三)改善企业人力资本投资现状

在职培训的重要性仍然需要为中国的许多企业进一步认识。我国应尽可能多的增加中国企业在职培训投资总量。同时企业应具备战略眼光,追求长期利益,把培训看成企业的长期投资。

二、改变储蓄率

从纯粹核算的角度说,较高的国民储蓄意味着较高的公共储蓄、较高的私人储蓄或者这两种的结合。许多关于促进增长的政策理论的核心是这些储蓄中哪一种可能是最有效率的。

政府影响国民储蓄最直接的方法是通过公共储蓄——政府从税收收入所得到的和它所支出的之间的差额。当政府支出大于其收入时,就说政府有预算赤字,预算赤字代表着有负的公共储蓄。预算赤字提高了利率,并挤出了私人投资,所引起的资本存量的减少时加在子孙后代身上的国债负担的一部分。相反,如果政府支出小于它筹集到的收入,就可以说政府有盈余,可以用于收回部分国债,加大货币的供应量,刺激有效投资,从而促进经济增长。

政府还可以通过影响私人储蓄——家庭和企业所进行的储蓄来影响国民储蓄。特别是,人们决定储蓄多少取决于他们所面临的激励,而这些激励可以由各种公共政策来改变。很多经济学家认为,资本收入的高税率(包括公司所得税、房地产税)通过减少储蓄者所赚取的收益率而抑制了私人储蓄,导致经济增长的减缓。

三、鼓励技术进步

经济的长期持续增长必定来自于技术进步。许多国家的政策目的在于,鼓励技术进步。这些政策中的大多数政策鼓励私人部门把资源用于技术创新。

例如,专利制度给新产品发明者以暂时的垄断。当一个人或一个企业发明了一种新产品,发明者可以申请专利。如果认定该产品的确是原创性的,政府就授予专利,专利给予发明者在规定年限内排他性地生产该产品的权利。通过允许发明者从其发明中获得利润,虽然是暂时的,但专利制度提高了个人和企业从事研究创造的积极性。另外的例子有,税收法规为进行研究和开发的企业提供减税;还有像国家科学基金这样的政府机构直接资助大学生的基础研究。产业政策的支持者认为,政府应该在对促进迅速的技术进步非常重要的特殊行业中起到更加重要及更加积极的作用。

最近几年来,对技术进步的鼓励在国际范围内如火如荼的进行。美国和其他发达国家有许多从事先进技术研究的公司。一些发展中国家包括中国在内,因对知识产权未严格实现保护,存在对先进技术研究"搭便车"的激励。如果全世界更好地执行知识产权保护,企业将有更多的激励从事研究,这将促进世界范围内的技术进步,从而可以更好地促进全世界的经济增长。

第五节 经济波动与经济周期

一、经济波动

生产力水平或高或低,经济增长率忽上忽下,是不可避免的,并构成经济增长的常态,我们把这种现象称之为经济波动。

经济波动的扩张阶段,是宏观经济环境和市场环境日益活跃的季节。这时,市场需求旺盛,订货饱满,商品畅销,生产趋升资金周转灵便。企业的供、产、销和人、财、物都比较好安排。企业处于较为宽松有利的外部环境中。

经济波动的收缩阶段,是宏观经济环境和市场环境日趋紧缩的季节。这时,市场需求疲软,订货不足,商品滞销,生产下降,资金周转不畅。企业在供、产、销和人、财、物方面都会遇到很多困难。企业处于较恶劣的外部环境中。经济的衰退既有破坏作用,又有"自动调节"作用。在经济衰退中,一些企业破产,退出商海;一些企业亏损,陷入困境,寻求新的出路;一些企业顶住恶劣的气候,在逆境中站稳了脚跟,并求得新的生存和发展。

二、经济周期理论

经济周期又称商业(景气)循环,指总的经济活动中的扩张和收缩的交替,这种周期变动通过国民生产总值、工业生产指数以及就业和收入等综合经济活动指标的波动而显示出来。经济周期可以分为两个大的阶段:扩张阶段与收缩阶段。如果更细一些,则把经济周期分为四个阶段:繁荣、衰退、萧条、复苏。

规则性,即经济周期。在繁荣、衰退、萧条、复苏四阶段中,"繁荣"和"衰退"是经济周期中两个最重要的阶段。在繁荣后期,由于资本家对未来收益作乐观的预期,因而使生产成本逐渐加大或利率上涨,投资增加。但实际上这时已出现了两种情况,一是劳动力和资源渐趋稀缺,价格上涨,使资本品的生产成本不断增大;另一种情况是,随着生产成本增大,资本边际效率下降,利润逐渐降低。但由于资本家过于乐观,仍大量投资,而投机分子也不能对资本的未来收益作出合理的估计,乐观过度,购买过多,使资本边际效率突然崩溃。随即资本家对未来失去信心,造成人们的灵活偏好大增,利率上涨,结果使投资大幅度下降,于是,经济危机就来临了。经济危机后,紧随着经济萧条阶段,此阶段资本家对未来信心不足,资本边际效率难以恢复,银行家和工商界也无力控制市场,因而投资不振,生产萎缩,就业不足,商品存货积压,经济处于不景气状态。随着资本边际效率逐渐恢复,存货逐渐被吸收,利率降低,投资逐渐增加,经济发展就进入复苏阶段。此阶段资本边际效率完全恢复,投资大量增加,经济又进入繁荣阶段。

(一)经济周期的类型

1. 朱格拉周期:中周期或中波

1860年法国经济学家 C.朱格拉对较长时期的工业经济周期进行了研究,并根据生产、就业人数、物价等指标确定了经济中平均每一个周期为9~10年。这个中周期,又称为朱格拉周期。

2. 基钦周期:短周期或短波

1923年,英国经济学家 J.基钦在《经济因素中的周期与倾向》中研究了1890—1922年间英国与美国的物价、银行结算、利率等指标,认为经济周期实际上有主要周期与次要周期两种。主要周期即中周期,次要周期为3~4年一次的短周期,又称为基钦周期。

3. 康德拉季耶夫周期:长周期或长波

1925年,俄国经济学家 N.康德拉季耶夫在《经济生活中的长期波动》中研究了美国、英国、法国和其他一些国家长期的时间序列资料,认为资本主义社会有一种为期50~60年,平均长度为54年的长期波动。这就是长周期,也称为康德拉季耶夫周期。

4. 库兹涅茨周期：建筑业周期

1930年，美国经济学家S.库兹涅茨在《生产和价格的长期运动》中提出了存在一种与房屋建筑有关的经济周期，这种周期长度在15～25年之间，平均长度为20年。这也是一种长周期，被称为库兹涅茨周期，或建筑业周期。

(二) 经济周期理论

长期以来西方经济学家对于这个问题进行了大量研究，提出了种种不同的说明和解释，形成了众多的经济周期理论。

1. 凯恩斯的经济周期理论

凯恩斯的经济周期理论于1936年现代英国著名经济学家约翰·梅纳德·凯恩斯在《就业、利息和货币通论》一书中提出。他认为，经济发展必然会出现一种始向上，继向下，再重新向上的周期性运动。

凯恩斯认为，由于有效需求不足导致资本主义经济的常态是就业不足，是一种"小于充分就业的均衡"。那么，为什么会产生有效需求不足？凯恩斯提出了三大心理法则：边际消费倾向递减；资本边际效率递减；流动性偏好规律。

凯恩斯认为资本主义社会产生经济危机的根源为市场上有效需求不足，即消费需求不足和投资需求不足。凯恩斯从有效需求不足出发，提出必须由国家出面来干预和调节经济，主要依靠政府的金融政策来刺激消费和增加投资，以提高有效需求，达到防止大量失业和经济危机的目的。

2. 真实经济周期理论

2004年10月11日，瑞典皇家科学院宣布将本年度的诺贝尔经济学奖授予新古典宏观经济学真实经济周期学派的代表人物基德兰德和普雷斯科特，以表彰他们在动态宏观经济学领域作出的杰出贡献。

他们在对经济周期的研究中，通过对引起经济周期波动的各种因素和各因素间相互关系的分析，深化了人们对这一现象的理解和认识。真实经济周期理论认为，市场机制本身是完善的，在长期或短期中都可以自发地使经济实现充分就业的均衡。经济周期源于经济体系之外的一些真实因素的冲击，这种冲击称为"外部冲击"。引起这种冲击的是一些实实在在的真实因素，因此这种理论称为真实经济周期理论。市场经济无法预测这些因素的变动与出现，也无法自发地迅速作出反应，故而经济中发生周期性波动。这些冲击经济的因素不产生于经济体系之内，与市场机制无关。

假定一个经济处于正常的运行之中，这时出现了重大的技术突破，这种技术突破引起对新技术的投资迅速增加，这就带动了整个经济迅速发展，引起经济繁荣。技术是决定经济的重要因素之一,所以,这种繁荣并不是对经济长期趋势的背离,而是经济能力本身的提高。但新技术突破不会一个接一个,当这次新技术突破引起的投资热过去之后,经济又趋于平静。这种平静也不是短期趋势,而是一种新的长期趋势。1990年代美国经济繁荣与以后的衰退证明了这种理论。经济中这种大大小小作用不同的外部冲击无时不有,所以,经济的波动也是正常的,并非由市场机制的不完善性所引起。

普雷斯科特说:这一研究的政策含义是,谋求稳定的昂贵努力可能是逆生产性的。经济波动是对技术增长率的不确定性的最恰当的反应。

这就把关于经济波动的传统思考完全颠倒过来了。如果波动是因主要由技术变化产生的对生产函数的冲击而作出的帕累托效率反应,货币因素就不再与这种不稳定相关,货币政策也不会产生任何实际效应。货币是高度中立的。

3. 熊彼特经济周期理论

熊彼特经济周期理论以技术创新为基础研究经济周期运动的理论,1939年由美籍奥国经济学家约瑟夫·阿洛伊斯·熊彼特在《经济周期循环论》一书中提出。

熊彼特认为分析经济周期可分为"纯模式"或"二阶段模式"分析和"四阶段模式"分析两个步骤,前者是排除了外来因素干扰的纯理论分析,后者的分析以现实资本主义经济生活为基础。

在"纯模式"中,熊彼特假定:在"创新"之前经济处于静态均衡,企业的支出等于收入,没有利息和利润。但是,由于经济发展中生产要素的重组,企业家为获得超额利润(新产品价格与生产要素价格之间的价值差额)而努力创新,当创新浪潮出现时,社会上对银行信用和对生产资料的需求扩大,从而引起经济高涨。当创新扩展时,竞争使商品价格趋于下跌,盈利机会减少,银行信用收缩,于是经济从繁荣转入衰退。如此循环往复。

在"四阶段模式"分析中,熊彼特认为,现实资本主义经济运行中存在着"繁荣""衰退""萧条"和"复苏"四个阶段。创新浪潮不止一次,"第一次浪潮"中"创新"引起对生产资料需求和银行信贷的扩张,同时引起新工厂的建立和新设备的增产。这时一般又会伴随着对消费品需求的增长,在物价普遍上涨的情况下,社会出现许多投资机会,出现了投机。此即,"第二次浪潮"。"第二次浪潮"中许多投资机会与本部门的"创新"无关,信用扩张只是为一般企业和投机活动提供资金。因此,"第二次浪潮"中就已包含了失误和过度投资行为,并且它不可能有自动调整走向新均衡的能力,当经济中出现收缩而引起"衰退"时,不能直接导致新的均衡阶段——"萧条",这个阶段不仅投资活动趋于消失,而且还会引起破坏。"萧条"发生后,第二次浪潮的反应逐渐消除,进入恢复调整阶段——"复苏"。从"复苏"进入"繁荣"又需有一次"创新"浪潮。熊彼特认为,由于创新并不是平稳进行的,同时各种创新对经济发展的影响也不一样,因而经济周期的长短也是不一样的。

本 章 小 结

通过本章的学习,我们从长期的视角对经济增长的相关理论进行了学习,认识了经济增长的基本含义和特征,也浏览了较为经典的经济增长的理论模型,理解了影响经济增长的相关因素,从而明白为什么有些国家和地区经济增长较快,而有的国家和地区经济增长缓慢,此外,我们还学习了促进经济增长的相关政策,了解了经济周期和经济波动等经济现象,有助于深化我们对相关宏观经济政策的认识。

思考与练习

一、名词解释

经济增长模型,技术进步,经济周期

二、分析讨论题(简答题)

1. 请简述哈罗德—多马增长模型的相关内容。
2. 试推导新古典增长模型的基本方程。
3. 请简述本章所学习的不同经济周期的相关内容。

三、案例分析题

经济增长的重要性

经济增长是指一国一定时期内总产出的增加。经济增长通常用一国实际GDP的年增长率来衡量。与此密切相关的一个概念是人均实际GDP的增长率,它决定一国生活水平提高的速度。

在任何一个时点上经济增长速度有多快都是非常重要的。今天在增长率上的细小差别会在未来转变为经济活动水平的巨大差异,因为经济增长是年复一年累积而成的。这个概念很容易通过下面的例子来说明。

假定现在有两个国家,分别为A国和B国,而且每个国家的实际GDP均为1 000亿美元。但是,A国每年经济增长率为3%,而B国每年经济增长率为2%。一年之后,A国实际GDP为1 030亿美元(1 000亿美元×1.03),B国实际GDP为1 020亿美元(1 000亿美元×1.02)。又过一年之后，A国实际GDP为1 060.9亿美元(1 030亿美元×1.03)，而B国实际GDP仅为1 040.4亿美元(1 020亿美元×1.02)。注意在第二年度两国实际GDP的差距比第一年的差距大，因为每一个后来的年份都为A国提供了一个更高的GDP增长水平。表8-4说明了在25年里A国和B国分别以3%和2%的速度增长所导致的两国不同的实际GDP。每年B国和A国的差距都越拉越大。正如表8-4所示，24年后A国经济总量已经增加了一倍多。

美国的实际人均国内生产总值(GDP)以1985年美元来衡量，从1870年的2 244美元上升到1990年的18 258美元，增长了7.1倍。这一实际人均GDP的增长对应于每年1.75%的增长率。这一成绩使得美国1990年拥有世界最高水平的实际人均GDP。

为了评价增长率上很微小的差异与长时期结合起来所造成的后果，可以计算一下如果美国自从1870年以来是以每年0.75%即以低于它实际速度1个百分点的速度增长的话，那么到1990年它会在怎样的位置？每年0.75%的增长率接近于印度(每年0.64%)、巴基斯坦(每年0.88%)和菲律宾(每年0.86%)在长期中——从1987年到1990年所实现的增长率。如果美国在1870年是以实际人均GDP2 244美元开始，而在接下去的120年间以每年0.75%的速度增长，则到1990年它的真实人均GDP将为5 519美元，仅为1870年值的2.5倍及1990年18 258美元实际值的30%。如果是这样，它将不再排名世界第一，而在127个国家中仅名列第37位。换言之，如果增长率每年只低1个百分点，那么1990年的美国实际人均GDP将接近于墨西哥和匈牙利，而比葡萄牙和希腊还要低近1 000美元。

再假定美国实际人均GDP自1870年以来每年高出其实际值1个百分点即2.75%的速度增长，这一更高的增长率接近于在长期中日本(从1890年到1990年每年2.95%)和中国台湾(从1987年至1990年每年2.75%)所经历的增长速度。如果美国仍然在1870年以2 244美元的真实人均GDP开始，且在接下来的120年间以每年2.75%的速度增长，那么它1990年的真实人均GDP将达到60 841美元——27倍于1870年值，也3.3倍于1990年18 258美元的实际值。60 841美元的真实人均GDP大大超越了任何国家的历史经验数据，而且事实上也是不可行的。但是，我们可以说每年1.75%的美国长期增长的持续，意味着美国到2059年可以达到60 841美元的实际人均GDP水平。

100多年前，日本并不是一个富国，1890年日本人均GDP为842美元，远远低于当时的阿根廷的水平。但是，从1890年到1990年，靠着GDP按照3%的速度增长，日本已成为当今的经济超级大国。到1990年，日本人均GDP已达16 144美元,远高于阿根廷1987年人均GDP3 302美元的水平。

表8-4 不同的增长率对长期经济业绩的影响比较

年 度	A国实际GDP(10亿美元),3%	B国实际GDP(10亿美元),2%
0	100.00	100.00
1	103.00	102.00
2	106.09	104.04
3	109.27	106.12
4	112.55	108.24
5	115.93	110.41
6	119.41	112.62
7	122.99	114.87
8	126.68	117.17
9	130.48	119.51
10	134.39	121.90
11	138.42	124.34
12	142.58	126.82
13	146.85	129.36
14	151.26	131.95
15	155.80	134.59
16	160.47	137.28
17	165.28	140.02
18	170.24	142.82
19	175.35	145.68
20	180.61	148.59
21	186.03	151.57
22	191.61	154.60
23	197.36	157.69
24	203.28	160.84

思考题：
1. 应该如何看待微小的增长速率不同带来的两国发展的巨大差异？
2. 你是否认同当今社会上这种唯经济增长为第一优先的行为方式？

参 考 文 献

1. 曼昆. 宏观经济学(第六版). 北京：中国人民大学出版社, 2011
2. 高鸿业. 西方经济学(第五版). 北京：中国人民大学出版社, 2011
3. 顾建平. 宏观经济学. 北京：中国财政经济出版社, 2004

第九章　宏观经济政策

本章教学目的和要求

学习和掌握宏观经济政策的基本内容，了解货币政策、财政政策及税收政策，发挥政策工具、不同政策组合的效果以及其对总需求和国民收入的影响，这为决策者根据不同的经济形势制定宏观政策提供了理论依据。

本章教学要点

1. 货币政策工具及政策效果
2. 财政政策工具及政策效果
3. 税收政策内容

关键词

货币政策　财政政策　税收政策　自动稳定器　挤出效应　流动性陷阱

第一节　货币政策及其政策效果

货币政策是国家中央银行为实现特定的经济目标而采取的各种控制、调节货币供应量或信用量措施的总称。

中央银行货币政策目标确定后，就要运用各种货币政策工具，调整货币供给量，通过货币供给量的改变调节货币市场供求关系，实现货币政策目标。因此，本节首先介绍货币和银行，然后介绍货币政策的主要内容，包括货币政策目标、货币政策工具、货币政策类型和货币政策效果等。

一、货币和银行

（一）货币及其职能

货币是交换媒介和表示价格与债务的标准单位。货币有三种基本职能：第一，货币作为交换的媒介，用来购买日用品、支付房租、车费、工资，或者用作借贷的媒介物;第二,货币是价值尺度,用来表示一切物品和劳务的价格;第三,货币可以用作价值的储存,留待以后支出,好处是随时可用并为大家所普遍接受,坏处是不能带来利息,而且价格上涨时货币存量的购买力会缩小,因此人们愿意以银行存款、股票和债券的形式进行价值储存。

除了上述货币的三个职能之外,有的经济学家认为货币还有第四个职能,这就是,持有货币可以对付意外支出或不能按期得到的款项,还便于抓住时机买进可能马上涨价的商品和证券。

(二)银行及其经济活动

市场经济是高度发达的货币经济,货币资金的运动形成金融市场。市场交易成本的存在导致了银行等金融机构的产生和发展。金融机构包括银行和非银行金融机构两大类,银行与其他金融机构的区别主要是:首先银行是最大的金融媒介,银行占有经济社会总贷款额的大部分;其次更重要的是,银行一部分债务可用作支付手段,这些债务构成流通中货币量的一部分。

1. 现代银行体系

现代银行体系以中央银行为核心,以商业银行为主体。

(1)中央银行

中央银行是一个国家货币事务的管理者,是货币政策的制定者和实施者。世界上大多数国家和地区都成立了中央银行,如英格兰银行、美国联邦储备系统(其核心机构是美国联邦储备委员会,简称美联储)、1984年之后的中国人民银行、1998年成立的欧洲中央银行,等等。

中央银行最重要的职能是调节和控制商业银行,管理全国的货币制度,控制货币供给和信用状况,密切注意货币制度是否按照既定的宏观经济目标运行。中央银行是国家的货币权力当局,是制定和执行货币政策的最高主管机构。

中央银行拥有货币发行的职权,它是通货即硬币和纸币的唯一的和最终的来源。英美等国今天的纸币发行实际上和黄金的拥有数量已经没有关系,而是以国库券、公债券等政府债券为根据。

中央银行是政府的银行,它代理政府发行政府债券。买卖政府债券是中央银行的主要职权之一,中央银行通过发行国库券和公债券来管理政府的借款。政府将税收和其他收入存入中央银行,中央银行为政府记账,帮助政府办理政府收支事项。当政府账户出现赤字时,财政部可以向中央银行借款。可见,政府是中央银行最重要的客户。

中央银行还是银行的银行,商业银行是中央银行第二类最重要的客户。一方面,中央银行接受商业银行的存款,作为商业银行的准备金;另一方面,中央银行在必要时对商业银行发放贷款,以支持商业银行。就像普通的私人客户一样,商业银行可以从它们在中央银行的货币存款余额中提款,可以从这个存款余额中抵消日常结算中必须支付给其他银行的差额。商业银行要听取中央银行关于金融问题和货币政策的意见。作为一种公共机构,中央银行的主要目的不是赚取利润,而是为了所谓公共利益。当赚取利润的企图和公共利益发生矛盾时,中央银行要舍弃前者而服从后者。实际上,中央银行拥有法定的特权,因而利润十分可观。西方国家一般规定,超过一定水平的利润必须完全交给政府,作为政府的财政收入。

(2) 商业银行

商业银行是办理活期存款和主要为大部分工商企业提供短期贷款的金融组织。由于以前向银行借款的人都经营商业,所以叫做商业银行。随着其经营业务范围的扩大,商业银行已经具有综合性和多功能性的特点。

商业的基本职能是信用中介。一方面,商业银行通过吸收各类存款将社会上的闲散资金集中于银行;另一方面,又通过放款将货币资金投向社会各部门。商业银行正是作为货币资金的贷出者和借入者的中介人来实现社会资本的融通的,并从中赚取利差。商业银行通过存款在不同账户间的转移,为客户办理货款的支付和债务债权的清偿,并在存款的基础上为客户兑换现金,成为企业和家庭货币的保管者、出纳者和支付代理人,发挥支付中介的职能。在信用中介和支付中介的基础上,商业银行具有了创造货币的职能。因为商业银行是唯一可以开设活期存款的金融机构,国际货币基金组织针对商业银行吸收活期存款、创造货币的特性,更准确地将其称为存款货币银行。

2. 准备金与货币创造

银行可供资金的基本来源是银行储蓄(企业储蓄和居民储蓄)。在正常情况下,储蓄者每天取走的金额只占全部储蓄额的一个很小比例。由于银行有大量的储户,而且每天总是有取也有存,每天取走和存入的金额一般小于全部储蓄额的10%,存或取的净额每天最多不超过3%。这样,银行只要将现金保持在其储蓄额的10%就足以应付所有的提款要求。

(1) 必要的准备金

准备金是指能够立即满足存款者需要而提取的现金量,准备金率是准备金与存款之比。为了统一准备金率和调整银行贷款的速度。西方各国中央银行对所有商业银行和金融机构都有法定准备金率的规定。在美国,联邦储备规定的法定准备率在12%左右。

必要的准备金就是银行按法定准备率留存的现金准备,规定必要准备率的目的不仅是确保银行的灵活性达到一个有效的水平,确保银行活动的统一性和标准化。更重要的是使中央银行能够控制成员银行所能够创造的活期存款的存量,能够限制银行存款的增长,使其处于理想的水平。由于准备金制度包括所有的银行、储蓄机构和贷款机构,它们都要在中央银行开户,这就使法定准备率成为政府控制所有银行活动的工具。

(2) 货币创造

前面已经提到,商业银行具有创造货币的功能,是指商业银行在吸收活期存款的基础上,通过转账支付,可以派生出多倍于原始存款的存款货币。下面观察一个简单的存款创造过程。

为简化起见,假定:① 法定存款准备金率为20%,商业银行不保留超额准备金;② 没有现金漏出银行系统,即客户不提取现金;③ 客户只保留活期存款,即不将活期存款转为定期存款。

现在,如果有一客户甲将100万元现金存入自己的开户行A银行,这时,A银行必须保留最低的法定存款准备金20万元,然后可以将其余80万元贷放出去以获得利息。假定借款人获得这笔贷款并开出80万元支票购买了乙的一套设备。货款80万元转账存入乙的开户行B银行。B银行对80万元的存款同样要保留20%的法定存款准备金16万元,然后将64万元贷给了客户丙。这样,在丙的开户行C银行账户上又有了64万元存款。同样道理,C银行保留法定存款准备,并贷放剩余款项。如果这一过程能够一直持续下去,那么整个银行体系中的存款、借款和准备金变化见表9-1。

表9-1 商业银行的存款创造过程

银行	存款	准备金	贷款
A	100	20	80
B	80	16	64
C	64	12.8	51.2
D	51.2	10.24	40.96
⋮	⋮	⋮	⋮
合计	500	100	400

整个银行体系的存款总额由最初的100万元增加为500万元,计算过程如下:

$$100 + 80 + 64 + 51.2 + \cdots = 100 \times [1 + (1-0.2) + (1-0.2)^2 + (1-0.2)^3 + \cdots]$$
$$= 100 \times \frac{1}{1-(1-0.2)} = 500$$

可见,给定一个原始存款,最终能够创造多少存款总额与法定存款准备金率相关。以 r 表示法定存款准备金率,称 $1/r$ 为派生存款创造乘数,它是法定存款准备金率的倒数,前例中这一乘数为 5。显然,银行体系存款创造能力的大小与法定存款准备金率成反向变化,因为准备金是存款创造过程中的一种漏出,法定存款准备金率越高,存款货币漏出越多,可用放贷的余额就越少,相应的派生存款总额就越少。

以上介绍的仅是简单的存款货币创造过程,忽略了商业银行可能保留超额准备金、客户可能提取现金等情形。如果商业银行除了提取法定存款准备金,还留存一部分超额准备金,则会增加存款货币的漏出,降低存款创造的规模;如果客户获得贷款后要提走一部分现金,那么也会增加存款货币的漏出,同样使存款创造的规模缩小。

3. 货币供求

(1) 货币需求

货币需求量(常用 L 表示),是一定时期内,为保证生产和流通正常运行所需要的货币。现代货币需求理论认为,人们对货币的需求出于三个方面的动机:一是交易的动机,人们为了应付日常交易的需要而持有的一部分货币;二是谨慎的动机,人们为了预防意外而需要持有一部分货币;三是投机的动机,人们为了把握有利时机,购买证券所需要的货币。出于交易动机和谨慎动机所需要的货币数量与国民收入有关,国民收入越高,用于交易和谨慎动机的货币越多。投机所需要的货币与利率有关:利率越高,投机所需要的货币越少,当利率极高时,投机所需要的货币趋于零;当利率较低时,用于投机的货币越多,在利率低到一定水平后,投机所需要的货币几乎是无限的,这个利率水平被称为"流动偏好陷阱"。

(2) 货币供给

货币供给量(常用 M 表示),就是货币供给量或货币存量,即银行系统在货币乘数作用下所供应的货币量。货币供给量分 M_0、M_1、M_2 和 M_3 四个层次:M_0 = 流通中的现金;$M_1 = M_0$ + 活期存款;$M_2 = M_1$ + 小额定期存款;$M_3 = M_2$ + 大额定期存款。

存款货币的创造与货币乘数。存款货币的创造是指商业银行在存贷款过程中,整个银行体系能够使银行的原始存款多倍扩大,即产生一个存款货币创造的过程。在存款货币创造过程中,存款扩大倍数被称为存款派生倍数,又称为货币乘数。

货币乘数的大小与存款准备金率有关。商业银行为了应付客户提取现金的需要和清算支票结算中应收应付的差额,一般不将全部存款贷出去,而是按一个法定的百分比提存,这个百分比即法定存款准备金率,简称准备率 R。最简单的估算货币乘数的公式是:$D=1/R$,它表明当银行存款增加后,在流通中货币供给增加量是存款增加量的 D 倍。举个数字例子说明货币乘数与准备率的关系。如准备率为 20%,甲厂商将 100 万元存入一家商业银行,这家商业银行留下 20 万元的法定存款准备金后,将其余 80 万元贷放给乙厂商;乙厂商将这笔贷款存入其开户银行(或作为支付款交给丙厂商、丙厂商将这笔钱存入其开户银行),这 80 万元就成为乙厂商开户银行(或丙厂商开户银行)的存款,乙厂商开户银行(或丙厂商开户银行)可以将 80 万元中的 16 万元留做法定存款准备金,将 64 万元再贷给丁厂商。如此循环下去,最初的 100 万元存款被多个银行不同程度地运用多次,银行系统的存款也多倍地增加。在本例中,货币乘数为 $1/0.2=5$ 倍。换言之,存款增加 100 万元,整个银行体系货币供给增加 500 万元。

法定准备金率越低、活期存款在存款中的比例越高,货币乘数越大;法定准备金率越高、定期存款在存款中的比例越高,货币乘数越小。实际上,由于借款的企业不会将所获得的全部贷款都存入银行,总要保留一部分现金,以及银行的定期和活期存款的准备率不同等原因,实际的货币乘数小于用公式算得的倍数,如当法定存款准备金率为 20% 时,实际的货币乘数小于 5。货币乘数从两方面起作用:在存款增加时,社会货币供给量多倍地增加;当存款减少时,社会货币供给量也多倍地收缩。

二、货币政策

中央银行通过改变经济中的货币供应量和利率水平来调节总需求,实现经济稳定发展的政策称为货币政策。我们把中央银行增加货币供应量、降低利率水平以提高总需求水平的政策称为扩张性的货币政策,把中央银行减少货币供应量、提高利率水平以抑制总需求水平的政策称为紧缩性的货币政策。

(一)货币政策的目标

货币政策目标主要有二:最终目标和中介目标。

1. 最终目标

也称战略目标、货币政策的总目标。货币政策的最终目标是指货币政策预期最终达到的结果,它与宏观经济政策的目标基本上是一致的。就绝大多数国家来说,货币政策的最终目标有四项:经济增长、稳定物价、充分就业和国际收支平衡。

(1) 经济增长

在西方经济学中,有两种方法表示经济增长。一种观点认为,经济增长是指国民生产总值的增加,即一国在一定时期内所生产的商品和劳务总量的增加,或者是指人均国民生产总值的增加。另一种观点认为,经济增长是指一国生产商品和劳务的能力的增长。在现实经济中,大多数国家一般采用人均实际国民生产总值的增长率来衡量经济增长。经济增长是货币政策的重要目标,保持经济增长的目的是使人均收入得以不断提高。

(2) 物价稳定

稳定物价的基本含义是控制货币贬值和物价水平的上涨,在一般情况下,它与"反通货膨胀"在实质上是一致的。稳定物价,就是要控制通货膨胀,使一般物价水平在短期内不发生明显的或急剧的变动。

如何来判断货币政策是否已达到稳定物价这一目标,可用一定的指标来反映。通常用物价指数来反映。目前,常用的测量一般物价水平变动的物价指数有:消费物价格数、批发物价指数等。

稳定物价就是要控制货币投放,但是,控制货币投放在一定程度上与经济增长的要求相矛盾。为了保持较高的经济发展速度,就需要增加投资,由此要求银行扩大贷款投放,通过贷款把货币注入流通过程。增加货币供应量,从而影响了币值和物价的基本稳定,而要保持币值和物价的基本稳定,就必须控制贷款规模,相应减少贷款投放,因此则难以满足生产发展的扩大对商业流通的资金需要,影响经济增长速度。因此,中央银行要处理好稳定物价与经济增长的关系。

(3) 充分就业

充分就业,是指凡有工作能力并愿意工作者,在某一工资水平下,都能找到适当的工作。充分就业是我国货币政策的目标之一,国家通过货币政策提供更多的就业机会。但是,充分就业与物价稳定也存在一定矛盾,要增加就业,就要增加投资和工资支出,就要投放大量货币;而为了稳定物价,就要控制投资和工资支出,使充分就业很难做到。这也是宏观经济调节过程中必须正确处理的一个问题。

(4) 国际收支平衡

国际收支平衡,是指一国在一定时期内对外货币收入总额和货币支出总额大体相等的状况。各国一般以国际收支是否出现逆差作为衡量标准。

国际收支逆差会引起货币对外贬值,进而影响国内货币的稳定。国家通过货币政策,支持出口企业的生产,扩大商品出口,以平衡国际收支,因而,平衡国际收支也是货币政策的一项重要目标。

就经济总体而言,货币政策的四项目标是统一的、相辅相成的。经济增长是充分就业、物价稳定、国际收支平衡的物质基础。只有经济增长了,才会有更多的就业机会,也才能提供丰富的产品,保持物价的稳定,增强出口实力。但从短期看,这四项目标之间存在着矛盾,要同时实现仍相当困难,实现了某一项或几项货币政策目标会干扰另一项或另一些货币政策目标。

我国是一个发展中的社会主义国家,从具体国情出发应该把稳定通货、经济增长、国际收支平衡作为中央银行的货币政策目标。在我国保持比值稳定是货币政策的首要目标,并以此促进经济增长。

2. 中间目标

又称中介目标,是货币政策在执行过程中短期所能达到的目标。它是实现最终目标的战术目标。中间目标选择的标准有三点:一是相关性,即最终目标和中介目标有密切的联系,中介目标的实现有助于最终目标的实现;二是可测性,可以连续、准确、及时获得数据并且可以进行分析预测;三是可控性,中央银行可以通过货币政策工具对中介目标进行调节。

(二) 货币政策的工具

中央银行为了达到货币政策目标而采用的货币政策工具主要有:法定存款准备金率、再贴现率、公开市场业务等。

1. 法定存款准备金率

法定存款准备金率是影响商业银行存款创造的重要因素,由中央银行直接控制,可以成为非常有效的货币政策工具。

中央银行改变法定存款准备金率,能够调节和控制信贷规模,影响货币供应量。提高法定存款准备金率,银行可用于贷款的资金减少、贷款规模收缩,货币供应量减少。同时,提高存款准备金率还导致货币乘数变小,货币供应进一步减少。在货币需求不变时,货币供应量减少导致利率上升,利率上升抑制了投资,增加了储蓄,投资需求和消费需求下降,社会总需求下降抑制了经济过热和通货膨胀。反之,降低法定准备金率,货币供应增加,刺激经济增长。

2. 再贴现贷款和再贴现率

作为银行的银行,中央银行还为商业银行提供各种服务,其中重要的一项就是向商业银行提供再贴现贷款。所谓再贴现贷款,是指当商业银行出现临时性的资金短缺时,就可以把持有的债券作为抵押,向中央银行申请短期贷款,对此,中央银行会相应地收取利息,其利率就是再贴现率。它已经成为发达市场经济国家最主要的货币政策工具。

中央银行可以通过改变再贴现率间接地影响贷款数量和货币供给量。降低再贴现率,货币供给扩张,商业银行从中央银行取得贷款的成本下降,商业银行将增加对中央银行资金需求,商业银行给企业贷款的利率也下降。在企业利润率不变的条件下,商业银行利率越低,企业投资越有利可图,企业对商业银行贷款需求增加,社会投资需求增加。再贴现率越低,商业银行吸收存款的利率也降低,愿意存款者减少,消费增加。投资需求和消费需求的增加扩大了社会总需求,刺激了经济增长。反之,提高再贴现率,商业银行从中央银行取得贷款的成本提高,商业银行将减少对中央银行资金需求,从而减少贷款规模,货币供应紧缩,抑制了物价水平上涨。

再贴现率作用的大小与商业银行对中央银行的依赖程度有关,商业银行对中央银行再贷款的依赖性越强,再贴现率的作用越大。再贴现率是中央银行政策工具中透明度最高的,它有敏感的预告效应。中央银行公布调高或降低再贴现率,给予公众国家将要收缩或扩张信用的信号,并以此引导社会的投资和消费行为。

3. 公开市场业务

公开市场业务是指中央银行通过在金融市场上公开买卖政府债券来调控货币供应量和利率水平的政策行为。在经济处于萧条时期,总需求水平不足,中央银行就在金融市场上买进政府债券,放出基础货币,通过货币乘数的作用,这会增加经济中的货币供应量,并使得利率下降,从而提高总需求水平。在经济过热时,总需求水平过度增长,中央银行就在金融市场上卖出政府债券,回收基础货币,这将减少货币供应量,提高利率水平,从而起到抑制总需求水平的作用。

中央银行可以根据经济形势的变化,适时买进或者卖出政府债券。因此,公开市场业务具有很好的灵活性,是中央银行运用得最多的货币政策工具。

4. 其他货币政策工具

上述三大货币政策工具常常需要配合使用。例如,当中央银行在公开市场操作中出售政府债券使市场利率上升(即债券价格下降)后,正如上面已经说过的那样,再贴现率必须相应提高,以防止商业银行增加贴现。于是,商业银行向它的顾客的贷款利率也将提高,以免产生亏损。相反,当中央银行认为需要扩大信用时,在公开市场操作中买进债券的同时,也可同时降低再贴现率。再贴现率政策和公开市场业务虽然都能使商业银行准备金变动,但变动方式和作用还是有区别的。当中央银行在市场出售证券时,一般地讲,能减少银行准备金,但究竟哪个银行会减少以及减少多少却无法事先知道,因而究竟会给哪些银行造成严重影响也无法事先知道。原来超额准备金多的银行可能对其没有什么影响,即使其客户提取不少存款去买证券时,也只会使超额准备金减少一些而已。然而,那些本来就没有什么超额准备金的银行马上会感到准备金不足。因此,其客户提取存款后,准备金就会降到法定准备金率以下。在这种情况下,中央银行之所以还大胆地进行公开市场业务,就是因为有再贴现政策作补充。当中央银行售卖证券使一些银行缺乏准备金时,这些银行就可向中央银行办理贴现以克服困难。

货币政策除了以上三种主要工具,还有一些其他工具,道义劝告就是其中之一。所谓道义劝告,是指中央银行运用自己在金融体系中的特殊地位和威望,通过对银行及其他金融机构的劝告,影响其贷款和投资方向,以达到控制信用的目的。如在衰退时期,鼓励银行扩大贷款;在通货膨胀时期,劝阻银行不要任意扩大信用,也往往会收到一定的效果。但由于道义劝告没有可靠的法律地位,因而并不是强有力的控制措施。

中央银行有权规定购买有价证券的垫头,即购买证券时必须支付的现金比率。如规定垫头为40%,客户购买证券时只需付40%的现金,其余60%可以向经纪人借款来支付。当证券价格上涨时,可以提高垫头比率;在证券价格下跌时,可以降低垫头比率。中央银行改变证券信贷规定,可以控制金融市场活动,调节货币供给量和利率。

控制分期付款条件。中央银行通过规定购买耐用消费品的分期付款条件(如规定支付现金的最低限额和付清贷款的期限等)调节信贷消费、信贷与其他信贷之间的比例,鼓励或限制消费。

抵押贷款控制。抵押贷款主要指用于房地产业的贷款。抵押贷款的利率提高会限制对房地产等不动产的购买,减少对建筑业投资,压缩社会需求。反之,降低贷款利率可以刺激社会需求。

(三)货币政策的类型

货币政策是通过变动货币供给量,调整货币供求关系,进而调节社会总供求。根据货币供求之间的对比关系,可以将货币政策分为扩张性货币政策、紧缩性货币政策以及均衡性货币政策。

1. 扩张性货币政策

扩张性货币政策,又称宽松性货币政策,是指货币供给量较大程度地超过货币需求量的政策。其主要功能是刺激社会总需求的增长,进而使总需求大于总供给,启动和促进经济发展。通常在经济萧条和通货紧缩时期采用扩张性货币政策。

下面以公开市场活动为例,分析扩张性货币政策对经济的影响。

先看中央银行在公开市场上买进政府债券对 LM 曲线的影响。在图 9-1 中,设最初的货币供给为 M,与之相适应的 LM 曲线为 LM。在这条 LM 曲线上任取一点 A,与之相适应的收入为 Y_1,利率为 i。假设价格水平不变,而中央银行通过在公开市场上购买政府债券,增加名义货币的供给,使名义货币供给增加到 M_1。由于价格水平不变,故名义货币供给增加导致实际货币供给增加,使利率下降,例如,由 i 下降到 i_1。因为利率的这一下降是

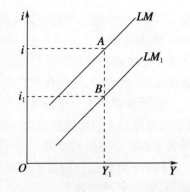

图 9-1 货币扩张使 LM 曲线下移

在收入不变(仍为 Y)的情况下发生的,所以,这种变化意味着经济由 A 点移动到 B 点。所以,货币供给的增加导致 LM 曲线向下移动到 LM_1。

再看中央银行在公开市场上买进政府债券对 IS 曲线的影响。在图 9-2 中,设最初的 IS 曲线为 IS。在 IS 曲线上任取一点 E,与之相适应的收入为 Y_1,利率为 i。因为货币供给不出现在 IS 关系中,所以,在一定的利率(例如 i)下,实际货币供给的增加既不影响商品的供给,也不影响商品的需求,故收入保持不变。因为在利率不变(仍为 i)的情况下,实际货币供给的增加对收入没有影响,收入仍为 Y_1,所以,实际货币供给的增加不影响 IS 曲线。

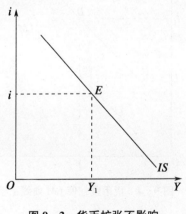

图 9-2 货币扩张不影响
IS 曲线的位置

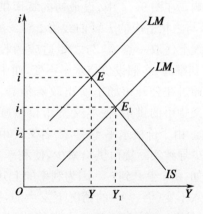

图 9-3 货币增长对均衡收入和
均衡利率的影响

现在分析货币扩张对经济的影响。在图 9-3 中,设开始时的 IS 曲线为 IS,LM 曲线为 LM,两者相交于 E 点,决定收入为 Y,决定利率为 i。现在,中央银行通过在公开市场购买债券,增加了名义货币的供给。由于价格水平不

变,故名义货币供给增加导致实际货币供给增加,使 LM 曲线向下移动,例如,向下移动到 LM_1。另一方面,货币供给的增加对 IS 曲线没有影响,故 IS 曲线不变。中央银行增加货币供给后,LM 曲线向下移动到 LM_1,而 IS 曲线不变,新的 LM_1 曲线与 IS 曲线相交于 E_1 点,决定收入为 Y_1,利率为 i_1。

货币扩张产生上述结果的实际过程如下:中央银行在公开市场购买政府债券,导致名义货币供给增加。由于价格水平不变,所以,名义货币供给的增加导致实际货币供给的增加。实际货币供给的增加导致利率下降,即从 i 下降到 i_2。利率下降使投资和需求增加,投资和需求的增加通过乘数效应,导致收入增加,即从 Y 增加到 Y_1。但收入的增加又会使实际货币需求增加,从而使利率上升,即从 i_2 上升到 i_1。所以,总的结果是,货币扩张使收入从 Y 增加到 Y_1,利率从 i 下降到 i_1。

2. 紧缩性货币政策

紧缩性货币政策,是严格控制货币供给量,使得货币供给量小于货币需求量的政策。其主要功能是抑制社会总需求的增长,进而使总需求小于总供给,控制经济过热和抑制物价上涨。通常在经济过度繁荣和通货膨胀时期应用紧缩性货币政策。

下面仍然以公开市场操作为例,说明紧缩性货币政策对经济的影响。

首先分析公开市场活动对 LM 曲线的影响。在图 9-4 中,设最初的货币供给为 M,与之相适应的 LM 曲线为 LM。在 LM 曲线上任取一点 A,与之相适应的收入为 Y,利率为 i。假设价格水平不变,而中央银行通过在公开市场上卖出政府债券,减少名义货币的供给,使名义货币供给减少到 M_1。由于价格水平不变,故名义货币供给减少导致实际货币供给减少,使利率上升,例如,由 i 上升到 i_1。因为利率的上升是在收入不变(仍为 Y)的情况下发生的,所以,这种变化意味着经济由 A 点移动到 B 点。所以,货币供给的减少导致 LM 曲线向上移动到 LM_1。

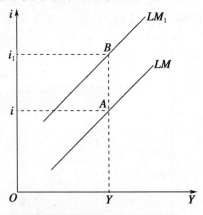

图 9-4 货币紧缩使 LM 曲线上移

再分析公开市场操作对 IS 曲线的影响。在图 9-5 中,设最初的 IS 曲线为 IS。在 IS 曲线上任取一点 E,与之相适应的收入为 Y,利率为 i。因为货币供给不直接出现在 IS 关系中,所以,在一定的利率(例如 i)下,实际货币供给的增加既不影响商品的供给,也不影响商品的需求,故收入保持不变。因为在利率不变(仍为 i)的情况下,实际货币供给的增加对收入没有影响,收入仍为 Y,所以,实际货币供给的增加不影响 IS 曲线。

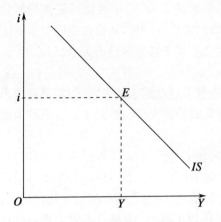

图 9-5　货币紧缩不影响 IS 曲线的位置

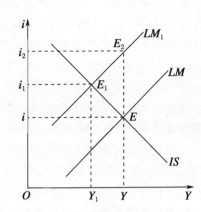

图 9-6　货币紧缩对均衡收入和均衡利率的影响

现在分析货币紧缩对经济的影响。在图 9-6 中,设开始时的 IS 曲线为 IS,LM 曲线为 LM,两者相交于 E 点,决定收入为 Y,利率为 i。现在,中央银行通过在公开市场出售债券,减少了名义货币的供给。由于价格水平不变,故名义货币供给减少导致实际货币供给减少,使 LM 曲线向上移动,例如,向上移动到 LM_1。另一方面,货币供给的减少对 IS 曲线没有影响,故 IS 曲线不变。中央银行减少货币供给后,LM 曲线向上移动到 LM_1,而 IS 曲线不变化,新的 LM_1 曲线与 IS 曲线相交于 E_1 点,决定收入为 Y_1,利率为 i_1。

货币紧缩产生上述结果的过程如下:中央银行在公开市场卖出政府债券,导致名义货币供给减少,由于价格水平不变,所以,名义货币供给减少导致实际货币供给的减少。实际货币供给的减少导致利率上升,即从 i 上升到 i_2。利率的上升使投资和需求减少,投资和需求的减少通过乘数效应,导致收入减少,即从 Y 减少到 Y_1。但收入的减少又会导致货币需求减少,从而使利率下降,即从 i_2 下降到 i_1。所以,总的结果是,货币紧缩使收入从 Y 减少到 Y_1,利率从 i 上升到 i_1。

3. 均衡性货币政策

均衡性货币政策,是指通过调整社会总产值或国民收入增长率来控制货币供应量,从而使货币供应量与货币需要大体相等。在社会的总需求与社会的总供给大体平衡的条件下,选择这种货币政策最合适。

均衡性货币政策的调节功能是促进或保持社会总需求与总供给的平衡。

在社会总需求膨胀,总供给严重地落后于社会总需求的条件下,中央银行依据均衡性货币政策,可以控制货币供应量,从而对过度的市场需求起到抑制作用;在社会有效需求不足,总供给严重超过总需求的条件下,中央银行依据均衡货币政策,可以扩张自己的资产业务规模,增加货币供应量,从而改变因货币供应不足而使需求萎缩的状况,有效地协调社会总需求与总供给的关系。

(四)货币政策的效果

货币政策效果是指变动货币供给量的政策对总需求的影响,假定增加货币供给能使国民收入有较大增加,则货币政策效果就大;反之,则小。货币政策效果同样取决于 IS 和 LM 曲线的斜率。

货币政策通过调整货币供应量来影响利率水平,进而改变投资支出和总需求,其政策的效力主要取决于投资对利率的敏感程度。货币供应量变动会引起利率一定程度的变化,如果投资对利率比较敏感,则对总需求的影响就比较大,货币政策的效果就较好;如果投资对利率比较不敏感,则对总需求的影响就比较小,货币政策的效果就较差。

货币政策的效力可以借助于图形来分析。投资对利率越敏感,IS 曲线就越平坦;投资对利率越不敏感,IS 曲线就越陡峭。因此,我们可以总结说,IS 曲线越平坦,货币政策的效力就越大;IS 曲线越陡峭,货币政策的效力就越小。这一点可以从图 9-7 中直观地看出。

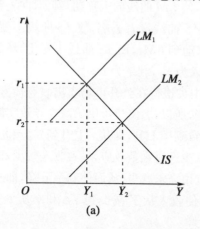 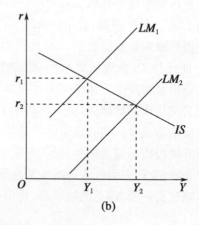

图 9-7 货币政策的效力分析

图 9-7(a)中是一条比较平坦的 IS 曲线,表示经济中投资对利率比较敏感;图 9-7(b)中是一条比较陡峭的 IS 曲线,表示经济中投资对利率比较不敏感。对于完全相同的扩张性货币政策,平坦的 IS 曲线就能够实现总产出水平的较大提高,而陡峭的 IS 曲线只能使总产出以较小的幅度增加。

总之,一项扩张的货币政策如果能使利率下降较多,并且利率的下降能对投资有较大刺激作用,则这项货币政策的效果就较强。反之,货币政策的效果就较弱。

第二节 财政政策及其政策效果

财政政策是国家干预经济的主要手段。财政政策的一般含义是:为促进就业水平提高,减轻经济波动,防止通货膨胀,实现经济稳定增长而对政府支出、税收和借债水平所进行的选择,或对政府收入和支出水平所作的调整决策。

一、财政的基本制度

在国民经济循环模型中,政府部门是经济体系中的一个重要组成部分。从狭义上讲,财政就是政府部门的收支活动;从广义上讲,财政是公共部门的收支活动。任何一个国家的财政收支规模与结构从来就是政府政治、经济政策的集中体现,从来都对微观和宏观经济产生重要影响。

(一)财政职能

1. 财政的资源配置职能,它集中于市场失灵领域,以向经济社会提供必要的公共产品和服务为重点,并通过引导资源的合理流向促进全社会资源的优化配置。

2. 财政的收入分配职能,它是基于公平和正义的社会福利原则对市场自发形成的分配状态进行调整,以缩小收入差距,维持社会安定。

3. 促进宏观经济稳定与发展的职能,就是通过财政手段干预经济,以达到促进经济稳定发展的目标。

(二)财政支出

1. 政府购买,是指政府对商品和劳务的购买。如购买军需用品、机关公用品、政府雇员报酬、公共项目工程所需的支出能都属于政府购买。政府购买属于一种实质性支出,有着与商品和劳务的实际交易,因而直接影响总需求和购买力,是国民收入的一个组成部分。

2. 政府转移支付,是指政府无偿对特定部门和居民进行的社会福利性或救济性支出,如:失业救济、自然灾害救济、低收入家庭补助、特定企业亏损补贴等。这类支出特点是无偿的,支出过程并没有直接的回报,它对总需求的影响是间接的,但政府转移支付的总量及方式对社会可支配收入和劳动供给有着重要影响。

（三）财政收入

1. 税收

税收是政府收入中最主要部分，它是国家为了实现其职能按照法律预先规定的标准，强制地、无偿地、固定地取得财政收入的一种手段，因此税收具有强制性、无偿性、固定性三个基本特征。税收具有乘数效应，即税收的变动对国民收入的变动具有倍增作用。因此税收也是国家实施财政政策的一个重要手段。税收在作为政策工具时，主要是通过调整税率和变动税收总量来实现的，一般说来，降低税率，减少税收都会引致社会总需求增加和国民产出的增长，反之则引起社会总需求和国民产出的降低。因此，在需求不足时，可采取减税措施来抑制经济衰退；在需求过剩时，可采取增税措施抑制通货膨胀。

2. 公债

公债是政府对公众的债务，或公众对政府的债权，它是政府运用信用形式筹集财政资金的特殊形式，包括中央政府债务和地方政府债务。政府公债的发行，一方面能增加财政收入，影响财政收支，属于财政政策；另一方面又能对包括货币市场和资本市场在内的金融市场的扩张和紧缩起重要作用，影响货币的供求，从而调节社会的总需求水平。因此，公债是实施宏观调控的经济政策工具。

二、财政政策的分类

（一）自动稳定器和相机抉择的财政政策

从财政政策工具的作用机制角度进行分类，可以区分为自动稳定器和相机抉择的财政政策。

1. 自动稳定器（Automatic stabilizers）

所谓自动稳定器，是指一定的财政政制度或工具本身具有能够减缓经济波动的作用，也就是说，自动稳定器本身存在一种会减少各种干扰对国民经济冲击的机制，能够在经济繁荣时期自动抑制膨胀，在经济衰退时期自动减轻萧条，无须政府采取任何行动。财政政策的这种内在稳定经济的功能主要通过下述三项制度得到发挥。

首先是政府税收的自动变化。当经济衰退时，国民产出水平下降，个人收入减少；税率不变的情况下，政府税收会自动减少，留给人们的可支配收入也会自动减少一些，从而使消费和需求也自动地少下降一些。在实行累进税制的情况下，经济衰退使纳税人的收入自动进入低档纳税档次，政府税收下降的幅度会超过收入下降的幅度，从而可起到抑制衰退的作用。反之，当经济繁荣时，失业率下降，人们收入自动增加，税收会随着个人收入增加而自动增加，可支配收入也就会自动地少增加一些,从而使消费和总需求自动地少增加一些。在实行累进税的情况下,繁荣使纳税人的收入自动进入较高的纳税档次,政府税收上升幅度会超过收入上升的幅度,从而起到抑制通货膨胀的作用。由此,西方学者认为税收因经济变动而自动发生变化的内在机制和伸缩性是一种有助于减轻经济波动的自动稳定因素。

其次是政府支出的自动变化。这里主要是指政府转移支付,包括失业救济和其他福利性支出。当经济出现衰退与萧条时,失业增加,符合救济条件的人数增加,失业救济和其他社会福利开支就会相应增加,这样就可以抑制人们收入特别是可支配收入的下降,进而抑制消费需求的下降。当经济繁荣时,失业人数减少,失业救济和其他福利费支出也会自然减少,从而抑制可支配收入和消费的增长。

最后是农产品价格维持制度。经济萧条时,国民收入下降,农产品价格下降,政府依照农产品价格维持制度,按支持价格收购农产品,可使农民收入和消费维持在一定的水平上。经济繁荣时,国民收入水平上升,农产品价格上升,这时政府减少对农产品的收购并抛售农产品,限制农产品价格上升,也就抑制了农民收入的增长,从而也就减少了总需求的增加量。

总之,政府税收和转移支付的自动变化、农产品价格维持制度对宏观经济活动都起到稳定作用。它们都是财政制度的内在稳定器,是对经济波动的第一道防线。

财政政策,是指通过对政府支出和政府税收的调整,对国民经济的整体运行进行干预以达到一定目的的经济政策。根据对总需求的影响不同,可将财政政策划分为紧缩性财政政策和扩张性财政政策两种类型。

2. 相机抉择政策(Discretionary policy)

西方经济学者认为,为确保经济稳定,政府要审时度势,主动采取一些财政政策,变动支出水平或税收以稳定总需求水平,使之接近物价稳定的充分就业水平。这就是斟酌使用的或权衡性的财政政策。当认为总需求非常低,即出现经济衰退时,政府应通过削减税收、降低税率、增加支出或者双管齐下以刺激总需求。反之,当认为总需求非常高,即出现通货膨胀时,政府应增加税收或削减开支以抑制总需求。前者称为扩张性财政政策,后者称为紧缩性财政政策。这种交替使用的扩张性和紧缩性财政政策,被称为补偿性财政政策。究竟何时采取紧缩或者扩张的财政政策,需要政府应对经济发展形势加以分析权衡,斟酌使用。这一套经济政策就是凯恩斯主义的相机抉择的"需求管理"。由于凯恩斯分析的是需求不足型的萧条经济,因此,他认为调节经济的重点要放在总需求的管理方面。凯恩斯主义者认为,在总需求水平过低,产生衰退和失业时,政府应采取刺激总需求的扩张性财政措施。在总需求水平过高,产生通货膨胀时,政府应采取抑制总需求的紧缩性财政措施。总之,要"逆经济风向行事"。

在实际经济活动中存在的各种各样的限制因素,会影响这种财政政策作用的发挥。首先是经济活动的时滞。认识总需求的变化,变动财政政策以及乘数作用的发挥都需要时间。其次是不确定性。实行财政政策时,政府主要面临三个方面的不确定性:第一,乘数的大小难以准确地确定;第二,政策必须预测出总需求水平通过财政政策作用达到预定目标究竟需要多少时间。而在这一时间内,总需求水平,特别是投资可能会发生戏剧性的变化,这就可能导致决策失误;第三,外在的不可预测的随机因素的干扰,也可能导致财政政策达不到预期结果。

(二)紧缩性的财政政策和扩张性的财政政策

根据财政政策在调节宏观经济总量的不同功能划分可以分为紧缩性的财政政策和扩张性的财政政策。

紧缩性财政政策是指通过财政政策收支活动减少或抑制社会总需求的政策。在社会总需求规模大于社会总供给、出现需求膨胀的情况下,政府通常采取紧缩的财政政策,通过增加税收、减少财政支出等手段来减少或者抑制社会总需求,以达到促进总供给与总需求相平衡的目标。增加税收可以减少民间可支配收入,降低人们的消费需求和投资能力,减少财政支出可以降低政府的消费需求和投资需求。无论是增加税收还是减少政府开支,都是抑制消费膨胀和投资膨胀的有效措施。如果在一定的经济状态下,增税与减支同时并举,就有可能出现年度财政盈余或赤字的减少。所以,在一定程度上看,紧缩性财政政策等同于盈余财政政策。

扩张性财政政策是指通过财政收支活动拉动刺激经济总供求的政策。在社会总需求不足的情况下,政府通常采取扩张性财政政策,通过减税、增加财政支出等手段刺激总需求增加,缩小总需求与总供给之间的差距。一般来说,减税可以增加私人部门的可支配收入,是扩大总需求的重要途径。财政支出规模的扩大,是社会总需求增加的直接构成因素。在减税和增加政府支出并举的情况下,扩张性财政政策一般容易导致财政赤字。从而一定意义上讲,扩张性财政政策等同于赤字财政政策。

三、财政政策的传导机制

我们考虑货币市场和产品市场这两个市场同时均衡情况下财政政策的传导机制时,要考虑到财政政策对它们的影响。财政政策影响产品市场的总需求,总需求影响国民收入,国民收入影响货币市场上的货币需求,货币需求又影响利率,利率最后又会影响产品市场上的投资与总需求。这个财政政策发生作用的过程可以用符号表示如下(以政府购买支出增加为例):

$$G\uparrow \to AD\uparrow \to Y\uparrow \to L\uparrow \to r\uparrow \to I\downarrow \to AD\downarrow \qquad (9.1)$$

如(9.1)所示,政府支出增加,使总需求(AD)与国民收入(Y)上升,在货币供给量不变的情况下,货币需求增加,利率上升,从而投资(I)与总需求(AD)减少。当然在一般情况下,总需求最终增加。

四、财政政策的政策效果分析及其局限性

(一)财政政策的手段及其效果分析

通过对西方财政的基本制度的学习,我们知道西方国家调节财政的政策手段主要有改变政府购买水平、改变政府转移支付水平和改变税率。西方学者认为,上述各项财政手段的效果并不相等。例如,改变政府购买水平的效果总是大于改变政府转移支付水平和改变税率的效果。为了表示各项政策手段对宏观经济活动水平的影响,经济学家提出了政府购买乘数、政府转移支付乘数和税收乘数等概念。

1. 政府购买乘数 政府购买乘数是指政府购买的变动对收入变动的倍增作用。政府购买乘数为正值,这表示收入随政府购买的增加而增加,随政府购买的减少而减少。用 K_G 表示政府购买乘数,它等于1减边际消费倾向(b)的倒数,或等于边际储蓄倾向($1-b$)的倒数。即

$$K_G = \frac{1}{1-b} \qquad (9.2)$$

由(9.2)可知,政府购买乘数公式与投资乘数公式相同。购买的变动(ΔG)对收入变动(ΔY)的倍增作用可用式(9.3)表示

$$\Delta Y = \frac{1}{1-b}\Delta G = K_G \Delta G \qquad (9.3)$$

西方学者由此得出结论,政府购买变动对收入变动的倍增作用等于投资变动对收入变动的倍增作用。也就是说,增加政府购买就相当于增加投资,减少政府购买就相当于减少投资。

2. 政府转移支付乘数 政府转移支付乘数是指政府转移支付的变动对收入变动的倍增作用。政府转移支付乘数为正值,这表示收入随政府转移支付的增加而增加,随政府转移支付的减少而减少。用 K_{Tr} 表示政府转移支付乘数,它等于边际消费倾向对1减边际消费倾向之比,或等于边际消费倾向对边际储

蓄倾向之比,即

$$K_{Tr} = \frac{b}{1-b} = \frac{1}{1-b}(b) \tag{9.4}$$

由公式(9.4)可知,政府转移支付乘数等于投资乘数[1/(1—b)]与边际消费倾向(b)相乘的积。政府转移支付的变动(ΔT_r)对收入变动(ΔY)的倍增作用可用式(9.5)表示：

$$\Delta Y = \frac{1}{1-b}(b\Delta T_r) \tag{9.5}$$

3. 税收乘数　税收乘数是指税收的变动对收入变动的倍增作用。税收乘数有两种,一种是指税率的变动对总收入的影响,另一种指税收绝对量的变动对总收入的影响。这里仅介绍第二种情况。税收乘数是负值,这表示收入随税收绝对量的增加而减少,随税收绝对量的减少而增加。用 K_T 表示税收乘数,它等于边际消费倾向对 1 减边际消费倾向之比的负值,或等于边际消费倾向对边际储蓄倾向之比的负值。即

$$K_T = \frac{-b}{1-b} = -\frac{1}{1-b}(b) \tag{9.6}$$

由公式(9.6)可知,税收乘数和政府转移支付乘数相同,但符号相反。税收的变动(ΔT)对收入变动(ΔY)的倍增作用可用式(9.7)表示

$$-\Delta Y = -\frac{1}{1-b}(b\Delta T) \tag{9.7}$$

比较以上政府购买乘数、政府转移支付乘数和税收乘数,可以看到 $K_G > K_{Tr} > K_T$,即政府购买乘数大于政府转移支付乘数大于税收乘数。西方学者据此认为,改变政府购买水平对宏观经济活动的效果大于改变政府转移支付水平和改变税率的效果。因此,改变政府购买水平是财政政策方面最有效的手段。

同时,也正是由于政府购买乘数大于税收乘数,因此,如果政府购买和税收同样地各增加一定数量,也会使国民收入增加。这就是所谓平衡预算乘数的作用。

4. 平衡预算乘数　平衡预算乘数是指政府收入和支出同时以相等数量增加或减少时国民收入变动与政府收支变动的比率。现在假定政府支出全部都是政府购买,没有转移支付,而且增加的政府支出等于增加的税收。在此情况下,增加的政府支出和增加的税收都会影响收入水平,收入的变动(Y)等于政

府支出的变动 K_G 与税收的变动 K_T 之和。用公式(9.8)表示就是：

$$\Delta Y = K_G \Delta G + K_T \Delta T = \frac{1}{1-b}\Delta G + \frac{-b}{1-b}\Delta T \tag{9.8}$$

根据假设，$\Delta G = \Delta T$，而且在边际消费倾向相等时政府购买乘数与税收乘数之和等于1，即：

$$K_G + K_T = 1 \tag{9.9}$$

因而 $\Delta Y = \Delta G$，即收入的变动等于政府支出及政府购买的变动。(9.9)式中系数1就是平衡预算乘数(K_B)。在平衡预算的条件下，政府支出增加多少，收入就增加多少。

(二) 财政政策的效果的 IS-LM 模型分析

1. IS 曲线分析

从财政政策工具作用机制来看，政府购买支出和税收首先作用于产品市场，影响产出水平；然后通过影响产出或收入作用于货币市场，影响利率。如果结合劳动市场，则会影响到价格水平。通过既定其他变量或参数，可以分析某一因素对财政政策的效果的影响。下面以投资对利率变化的敏感度系数 b 为例进行分析。

如图 9-8 所示，有两组斜率不同的 IS 曲线和同一条 LM 曲线。假定经济的初始点是 E_1，它是 LM 与 IS_1 和 IS_1' 交点。现在给定一政策力量，如增加 ΔG，使产出由 Y_1 增加到 Y_2。为进行比较，考虑 IS_1 和 IS_1' 斜率不同的原因是由于投资对利率变化的反映系数 b 不同，而政府购买支出的乘数是一样的，因此引起产出的变化大小是相同的。但由于 IS_1 和 IS_1' 斜率不同，导致利率上下不一致。问题关键在于产出最终的变化是多少。当 IS_1 向右移动到 IS_2 时，利率由 r_1 上升到 r_2。利率的上升导致私人投资下降，而投资的减少又进一步使产出减少，最终经济在 E_3 处均衡，产出的最终变化是 Y_1Y_3，有挤出效应 Y_2Y_3。再观察 IS_1' 曲线的变化，当收入增加时，IS_1' 向右移到 IS_2'，由于 IS 曲线受 b 值的影响更陡峭，此时投资对利率变化相对不敏感，虽然 IS_1' 到 IS_2' 引起更高的利率上升，但投资下降并不多，从而产生挤出效应 Y_2Y_4，财政政策的最终效果是 Y_1Y_4。因此有如下结论：若投资对利率变化越敏感，则 IS 曲线越平缓，挤出效应越大，财政政策效果越小；若投资对利率变化越不敏感，则 IS 曲线越陡峭，挤出效应越小，财政政策效果越大。

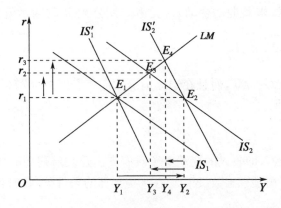

图 9-8　财政政策的效果：IS 曲线分析

有一种极端的情况，即出现投资陷阱时，IS 曲线垂直，在这种情况下无挤出效应，财政政策效果最大，如图 9-9 所示。虽然财政政策使 IS 曲线向右平移，引起产出和收入增加，从而在货币市场上导致利率上升，但由于私人投资不受利率变化的影响，因此无挤出效应。

2. LM 曲线分析

财政政策因影响产出会影响到货币市场的利率均衡水平，而不同的利率又会导致投资的变化，因此，财政政策的效果还受 LM 曲线斜率的影响。LM 曲线的斜率由交易性货币需求对收入变化的反映系数 k 和投机性货币需求对利率的反应系数 h 共同决定，两者的作用相反。下面观察不同斜率的 LM 曲线对财政政策效果的影响。

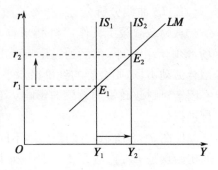

图 9-9　投资陷阱时的财政政策效果

图 9-10 有两条斜率不同的 LM 曲线。相比较，可以考虑在 k 值既定时，LM_1 的 h 值较小，或者既定 h 值，LM_1 的 k 值较大，因此 LM_1 比 LM_2 更陡峭。假定政府增加购买性支出使 IS 曲线向右平移，产出在乘数的作用下，由 Y_1 增加到 Y_2。收入的增加在两种货币市场条件下产生不同效果：LM_1 情况下，利率由 r_1 上升到

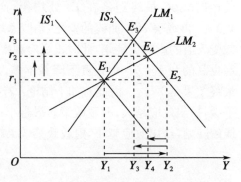

图 9-10　财政政策的效果：LM 曲线分析

r_3,原因可能是由于交易性货币需求对收入变化较敏感(k值较大,一定收入的变化导致L_1增加较多),或两者同时作用所致;同理,LM_2情况下,利率只上升到r_2。在投资对利率变化反应系数(b值)一定的情况下,利率上升越多,投资下降越多,挤出效应越大,产出减少越多,即$Y_2Y_3 > Y_2Y_4$,财政政策的效果越小,即$Y_1Y_3 < Y_1Y_4$。所以说,LM曲线越陡峭,挤出效应越大,财政政策效果越小;反之,LM曲线越平滑,挤出效应越小,财政政策效果越大。

有两种极端的情况需要说明。一种情况是当LM曲线为水平线,即处于凯恩斯陷阱区域时,财政政策不会引起利率的上升,无挤出效应,政策效果最大,如图9-11所示。

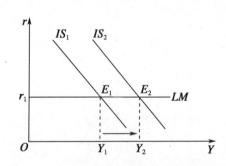

图9-11 凯恩斯区域时的财政政策有效　　图9-12 古典区域时的财政政策失效

另一种情况是当LM为垂直线,即处于古典区域时,财政政策引起利率的上升导致投资减少,而投资下降使产出的减少量刚好抵消政策使产出增加的初始数量,最终产出没有变化。这种情况称为完全挤出,财政政策失效,如图9-12所示。

综上所述,从IS-LM模型来看,财政政策的效果分别受IS和LM曲线斜率的影响,实际上由投资需求的利率系数和货币需求的利率系数决定的。当政策实施一项扩张性财政政策时,只有利率上升较小,或者利率上升对投资的影响较小时,它才会对总需求有较强的效果。

(三)财政政策的挤出效应

财政政策的"挤出效应"是指政府支出的增加所引起的私人消费或投资降低的效果。在一个充分就业的经济中,政府支出增加会引起以下列方式使私人投资出现抵消性的减少:由于政府支出增加,商品市场上购买产品和劳务的竞争加剧,物价就会上涨,在货币名义供给量不变的情况下,实际货币供给量会因价格上涨而减少,进而使可用于投机目的的货币量减少。结果,债券价格就下跌,利率上升,进而导致私人投资减少。投资减少,人们的消费随之减少,即政府支出增加"挤占"了私人投资和消费。"挤出效应"如图9-13所示。

如果政府支出增加,使 IS_0 移至 IS_1,国民产出水平从 Y_0 增加至 Y_1,利率也同时从 r_0 上升至 r_1。由于利率的提高,私人投资下降,导致国民产出水平只能从 Y_0 增加至 Y_1。而如果利率保持不变,仍在 r_0 时,国民产出的增加会从 Y_0 增至 Y_2,$|Y_1-Y_2|$便是被"挤出"的那一部分因投资而引起的国民产出的增加量。

由于挤出效应的存在,政府扩张性财政政策增加收入的目的就不能如期实现,此时就应该采用扩张性货币政策加以配合,以便降低利率,消除挤出效应,有力地刺激经济。如图9-14财政政策与货币政策的配合所示,来说明消除挤出效应。

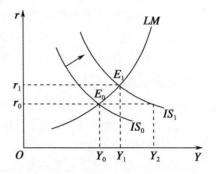

图9-13 财政政策的挤出效应

在图9-14中,IS_0 与 LM_0 相交于 E_0。决定了国民收入为 Y_0,利息率为 r_0。实行扩张性财政政策,IS 曲线从 IS_0 移动到 IS_1,IS_1 与 LM_0 相交于 E_1,决定了国民收入为 Y_1,利息率为 r_1。这说明实行扩张

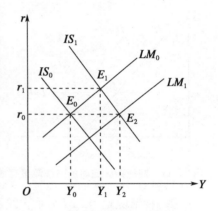

图9-14 财政政策与货币政策的配合

性财政政策使国民收入增加,利息率上升,而利息率的上升产生挤出效应,不利于国民收入进一步的增加。这时,如果再配合以扩张性货币政策,即增加货币量使 LM 曲线从 LM_0 移动到 LM_1,LM_1 与 IS_1 相交于 E_2,决定了国民收入为 Y_2,利息率仍为 r_0。这说明,在用扩张性货币政策与扩张性财政政策配合时,可以使利息率不上升,而又使国民收入有较大的增加,从而可以有效地刺激经济。同理,在繁荣时期,也可以同时使用紧缩性财政政策与紧缩性货币政策以便更有效地制止通货膨胀。有时还可以把扩张性财政政策与紧缩性货币政策配合,以便在刺激总需求的同时,又不至于引起严重的通货膨胀;或者把扩张性货币政策与紧缩性财政政策配合,以便在刺激总需求的同时,不增加财政赤字等。

(四)财政政策的局限性

1.挤出效应是财政政策的绊脚石。政府扩张性的财政政策引起货币需求的增加,提高利率,这将使私人投资减少,从而大大地降低了财政政策的效果。

特别是当 LM 曲线处于古典区域时,政府扩张性财政政策将完全被其引起的私人投资的减少所抵消。

2. 公众行为影响财政政策的效果。当政府采用增支减税的扩张性财政政策扩大总需求时,公众可能把由此增加的收入转为储蓄,这会使扩大总需求的财政目标大打折扣。

3. 财政政策在实施时不可能方方面面利益兼顾。不同的财政政策对不同阶层和不同利益集团影响是不同的。如减少所得税有利于一般公众,增加转移支付有利于穷人等。

鉴于财政政策的这些局限性,在实践政策制定中,必须要加强财政政策和货币政策的协调配合,实现经济的协调发展。

五、中国改革开放以来财政政策和货币政策的协调配合

(一) 财政政策和货币政策的基本组合方式及效果

1. "双松政策",即实行扩张性的财政政策,通过减少税收和扩大政府支出规模来增加社会的总需求;扩张性的货币政策,通过降低法定准备金率及利息率,扩大支出规模,增加货币的供给。使用"双松政策"会扩大社会总需求,刺激经济增长,扩大就业,但会带来通货膨胀的风险。

2. "双紧政策",即实行紧缩性财政政策和紧缩性货币政策。前者指通过增加税收,削减支出规模,限制消费与投资,抑制社会的总需求;后者则是通过提高法定准备金率,提高利率,压缩支出规模,减少货币的供给。这种政策可以有效地制止通货膨胀,但可能会抑制经济的增长。

3. 紧的财政政策和松的货币政策。前者可以抑制社会总需求;后者则可以保持经济的适度增长。这一政策组合的效应是在控制通货膨胀的同时,使经济保持适度增长。

4. 松的财政政策和紧的货币政策。前者能够刺激需求,有效克服经济萧条;后者则可以避免较高的通货膨胀。所以,这种政策组合的效应是在保持经济适度增长的同时,尽可能避免通货膨胀。

(二) 改革开放以来我国实行的政策配合格局

财政政策和货币政策的协调配合问题一直是我国宏观调控的工作重点之一,改革开放以来中国财政政策与货币政策配合格局概况如表 9-2 所示。

表 9-2 改革开放以来我国财政政策与货币政策配合格局表

时间	财政政策	货币政策	搭配方式	实施年限
1979~1980年	松	松	双松	2
1981年	紧	松	紧松	1
1982~1984年	松	松	双松	3
1985年	紧	紧	双紧	1
1986~1988年	松	松	双松	3
1989~1991年	紧	紧	双紧	3
1992~1993年中	松	松	双松	1
1993年中~1997年	紧	紧	双紧	5
1998~2002年	松(积极)	松(稳健)	双松	5
2003~2004年	积极淡出	稳健趋紧	偏松和趋紧	3
2005~2007年	稳健	稳健趋紧—稳中适度从紧	双稳中趋紧	3
2008年上	稳健	从紧	稳健和从紧	0.5
2008年中~2010年	积极	适度宽松	双松	1.5
2010年至今	积极	稳健	偏松和趋紧	—

(三) 近期我国财政政策和货币政策的协调配合

2007年底召开的中央经济工作会议确定了"一稳一紧"的政策组合,直至2008年上半年,中国宏观调控的主要目标还是"两防":防止经济由偏快转向过热、防止结构性的物价上涨转变为全面的通货膨胀。调控依靠的主要手段是从紧的货币政策。随着物价的不断攀升,货币政策紧缩力度不断加大,存款准备金率达到了历史性的高度,利率多次上调,到2008年5月份,CPI过快上涨的趋势得到抑制。但是,随后的汶川地震以及美国次贷危机演变为全球性的金融危机,中国宏观经济形势也发生了较大的变化。中国人民银行多次降低存贷款利率、存款准备金率,出台一系列引导银行信贷投放的措施。进入2009年,随着国际金融危机继续蔓延,我国货币政策也继续放松。而财政政策也在促进结构调整中发挥作用。4万亿投资计划、出口退税、税收优惠、财政补贴、转移支付等政策措施,几乎与适度宽松的货币政策同时推出,政府债务急剧增加。从2009年下半年开始,中国货币政策有一些微妙的变化。随着我国经济回升向好的基础逐步巩固,为了防止进一步加剧经济结构失衡、通胀预期强化和金融风险上升,我国将危机管理的货币政策的适时推出提上议事日程。到2009年第三季度后期,中国人民银行的公开市场操作基本上淡出了危机管理,回到了传统的日常流动性管理的轨道。同时,中央银行和监管当局加强了对商业银行信贷总量和风险监管的窗口指导,引导信贷投放从非常态转向常态。从2010年1月至5月,中国人民银行先后三次上调存款准备金率,这都表明作为应对国际金融危机的特殊货币政策已经回归正常。但是欧洲主权债务危机使中国经济增长的外部环境进一步复杂,在这种情况下,维持政策的稳定、谨慎出台新政策,且密切关注经济形势变化,成为重要的选择。

而近期的财政政策也是以稳为主,体现了与货币政策在目标一致基础上既有分工又有合作的关系。一是将财政政策的着力点放在促进经济结构调整和发展方式的转变上。这是因为,我国二元经济结构和地区差异显著的特点,决定了经济增长过程中结构变化因素特别强烈,问题十分突出,涉及总需求结构、产业结构、城乡结构、地区结构、国民收入分配结构与诸多领域的矛盾,在这种情况下,财政政策的结构调整和优化效应有助于促进经济总量实现平衡。从经济的长远发展来看,只有经济结构实现优化和升级、经济增长方式得到转变,许多表现在总量失衡上的问题才能得到根本上的解决。我国经济平稳回升后,继续在基础设施建设等领域投入大量财政资金刺激经济增长已无太大必要,甚至可能会挤占民间投资,出现适得其反的效果。将财政投入及时重点转向内需、社会保障、民生等领域,积极促进经济结构调整和发展方式转变,财政政策会起到更好的效果,这才是中国经济长期可持续发展的根本。在这方面,财政政策与货币信贷政策、产业政策等协调配合,通过加大对战略新兴产业、节能减排、中小企业、"三农"等的支持力度,发挥了政策合力。二是继续保持财政政策的稳定性,有进有退、松紧搭配,在货币政策由"超宽松"逐渐转向"正常"后,为了防止经济再次出现下探,财政政策保持了基本稳定。在这个过程中,也有些力度上的调整,总而言之是"松中有紧"。三是防止财政金融风险相互传导。2010年初,欧洲主权债务危机爆发后,引起了我国的高度关注。由于在应对国际金融危机过程中,我国地方政府融资平台负债大规模膨胀,为防止出现地方债务危机引发财政和金融风险,国务院出台了《关于加强地方政府融资平台公司管理有关问题的通知》,要求加快清理整顿地方政府融资平台。

总之,在全球经济充满不确定性好国际竞争日趋激烈的环境下,财政政策好货币政策不仅要在各自的调控领域中发挥应有的作用,还要加强协调配合,发挥政策合力,保持经济总量动态平衡和经济结构不断优化,实现经济全面、协调和可持续发展。

第三节 税收政策

一、税收及税收政策概述

（一）税收的基本原理

税收是一个历史悠久的经济范畴。早在奴隶社会就已经出现，在封建社会、资本主义社会以及社会主义社会，税收不仅始终存在，而且随着社会的发展，发挥着日益至要的作用。目前，在大多数国家，税收是取得财政收入最重要的手段，也是国家用以控制宏观经济的重要工具。税收不是从来就有的，也不是永恒不变的，它有一个漫长的产生而发展的过程。

1. 税收的定义

税收是国家为了实现其职能，凭借政治权力，依据法律规定的标准，强制、无偿地取得财政收入的一种手段。税收的本质是社会收入的再分配。这个定义指出了税收的主体、税收的目的、税收的征收依据等重要内容。第一，税收的征税主体是国家。国家是政治权力的象征，其他任何组织和个人都不具备这种政治强权。因此，国家是征税的唯一主体。在征税主体和纳税人的关系中，征税主体处于主动地位，纳税人处于被动地位，必须无条件地服从征税主体。第二，税收的目的是为实现国家职能服务的。税收是国家运用的一种重要经济手段。它一方面通过无偿强制地征收，取得资财，形成国家的财政收入，使国家机器持续顺利地运转；另一方面，它通过参与社会产品的分配，调节各方面的经济利益，维持社会经济秩序，使经济资源得以更合理地配置。第三，税收的征收依靠国家的政治权力。国家取得每一种财政收入都要凭借某种权力。国家的权力可归纳为财产权力和政治权力。譬如，国家取得国有企业利润收入，凭借的是国家对生产资料的所有权，即财产权力。政治权力是高于财产权力的，国家征税凭借的是政治权力，而不是财产权力。

2. 税收的形式特征

税收的形式特征，通常被概括为三性，即税收作为一种分配形式，同其他财政收入形式相比，具有强制性、无偿性和固定性的特征。这三个形式特征是税收本身所固有的。是一切社会形态下税收的共性。

（1）税收的强制性

所谓强制性是指征税凭借国家政治权力。通过颁布法令实施任何单位和个人都不得违抗。马克思曾指出："在我们面前有两种权力，一种是财产权力，也就是所有制的权力;另一种是政治权力,即国家的权力。"国家要取得财政收入,总要凭借某种权力。而税收主要是凭借国家的政治权力,因为任何税收都必须有国家的法律作依据,都具有一定的强制作用。

税收的强制性是国家法律的意志体现。国家为了征税,要制定一系列税收法律和法令作为国家法律的组成部分,只要税法明确规定应该纳税的,任何单位和个人都必须无条件地履行他们的纳税义务,不得违抗,否则要受到法律的制裁。

近代各国的有关法律都明确规定,法律面前人人平等。以当代多数发达国家而言,不仅一般公民要依法纳税,政府首脑也一样。在社会主义社会,虽然绝大多数公民都有自觉纳税的习惯,但作为税法,由于法律本身的强制性,决定了纳税人除依法纳税外,并无他途可选。

(2) 税收的无偿性

税收的无偿性,是指国家对纳税人征税以后,税款便由纳税人向国家单方面转移而成为国家所有,形成财政收入,既不需要国家偿还,也不需要向纳税人支付任何代价,也不以提供某种特许权利为条件,所有权发生了永久性转移。正如列宁所指出的,所谓赋税,就是国家不付任何报酬而向居民取得东西。从税收的直接形式来看,国家是有所得而无所失,而纳税人是有所失而无所得。所以税收与国债收入、规费收入等是不同的。国家发行公债、国库券,国家作为债务人,对债券持有者需要按期还本付息,负有偿还的义务规费收入是以国家机关为居民提供某种服务为前提的。

(3) 税收的固定性

税收的固定性是指国家征税必须通过法律的形式,预先规定征税对象、纳税人和征税标准等征税规范,按照预定的标准征税。这些事先规定的事项对征纳双方都有约束力,纳税人只要取得了应纳税收入或发生了应纳税行为,就必须按照规定纳税。征收机关也必须按照预先规定的标准征收,不得随意变更标准。这样,税收的固定性不仅体现在课税对象的连续有效性上,还意味着课税对象和征收额度之间的关系是有固定限度的。所以,税收的固定性就包含时间上的连续性和征收比例上的限度性,固定性既是国家稳定地取得财政收入的基本保证,也是税收区别于罚没、摊派等财政范畴的重要标志。

税收的三种形式特征是统一的整体。无偿性是税收这种特殊分配手段本质的体现;强制性是实现税收无偿征收的强有力的保证;固定性是无偿性和强制性的必然要求。税收的三种形式特征是缺一不可的统一整体,是税收区别于其他财政收入范畴的基本标志,也是鉴别财政收入是否是税收的基本标准。税收的形式特征,不因社会制度不同而改变。

(二)税收政策概述

税收政策不仅是一个极为重要的理论问题,而且还是一个十分重要的实践问题。税收政策是好还是坏,是完善还是不完善虽然取决于客观经济基础,但在很大程度上也取决于人们对税收政策理论的认识。

国家的税收政策波及所有企业和个人,了解国家的税收政策,积极地作出反应和经济决策,这才是纳税人的明智之举。

税收政策的基本理论问题,主要包括税收政策概念、税收政策类型、税收政策目标、税收政策工具、税收政策措施等内容。与此同时,税收政策是由政策目标、政策工具、政策措施和政策效果构成的一个整体。

1. 税收政策概念

在税收学或税法学领域,有学者认为,税收政策是政府根据社会经济发展的客观要求而确定的指导制定税收法令、制度和开展税收工作的基本依据和准则。税收政策应当定位在公共政策、国家政策、执政党政策、经济政策的范围之内。税收政策是国家根据一定时期国民经济运行状况确定的作为制定税收制度的行为准则。它是国家经济政策的重要组成部分,是国家有意识活动的产物。国家制定税收政策的目的,是为了充分利用税收去筹集财政收入、促进经济发展。

税收政策是现代政府干预、调控经济的重要手段之一。如今,税收虽然已成为政府干预、调控经济政策的重要工具,但对政府应在多大程度上运用税收手段干预经济,税收能在多大程度上发挥宏观调控作用,人们在认识上还有一个逐步接受的过程,还存在不同的看法。那么,税收究竟有哪些调控功能,我们究竟应如何运用税收政策来有效地调控经济运行呢?这首先需要研究清楚税收政策的运行机理。

税收政策,通常被定义为指导税收法规制定和税收工作开展的基本方针或准则。这从税收工作的角度看是不错的,但作为一种宏观调控的政策工具,则其所概括的含义并不全面。宏观意义上的税收政策是指政府为实现一定的宏观经济目标而确定的税收工作的指导方针及相应的税收措施。其政策实施过程是内政策决策主体、政策目标、政策手段、目标与手段之间的内在联系(即通常所说的传导机制)、政策效果评价和信息反馈等内容组成的一个完整的调控系统。因此,税收政策不仅仅是指导税收工作的行动准则,更重要的,它是政府为实现一定的经济目标而使税收能动地作用于经济的积极过程。

2. 税收政策的目标

税收政策是国家宏观经济政策的重要组成部分,它与国家其他宏观经济政策一样,要服务于一定时期宏观经济与社会发展的总体要求。税收政策目标,是指税收政策主体根据其价值判断,通过一定的税收政策手段所要达到的目的,即使社会经济运行达到一种预期的状态。税收政策目标的确定,现有其主观的成分,也有其客观的依据。从主观方面来看,它总是和一定社会的价值判断紧密联系在一起的。政府应寻求一种机制,以集中社会大多数成员的意志,对社会公众的价值判断进行整合,从而确立税收政策目标,恰当地界定政府税收活动的范围和取向。从税收政策目标确立的客观方面来看,它也是由一国所面临的经济与社会问题所决定的,在不同的社会及同一社会的不同时期,社会经济运行呈现不同的特点,包含着不同的矛盾,因而税收政策目标也会有不同的侧重。

一般来说,市场经济国家宏观经济和社会发展的理想目标是:社会总供给和总需求均衡,主要经济结构协调,经济稳定增长,收入分配公平。税收政策目标理应与国家宏观经济目标相一致。

3. 税收政策的类型

根据税收政策在调节国民经济总量方面的不同作用,可以把税收政策分为扩张性税收政策、紧缩性税收政策和中性税收政策。

(1) 扩张性税收政策

扩张性税收政策是指在国民经济存在总需求不足时,通过减税或降低税率,增加居民的可支配收入,扩大社会总需求。减税的种类和方式不同,其扩张效应也不同。具体说来,间接税的减税在增加需求的同时也刺激供给,其扩张效应主要体现在供给方面,直接税的减税,其扩张效应较为复杂。公司所得税的减税,一般会刺激投资的增加。个人所得税的减税,如果是通过降低低档次边际税率进行的,会使低收入者的可支配收入提高,从而有助于提高整个社会的边际消费倾向,使经济扩张。如果是通过降低高档次边际税率进行的,将使高收入者的可支配收入提高,从而使整个社会的边际消费倾向降低,因而其扩张效应较差。相反,紧缩性税收政策指在经济已经出现总需求过旺的情况下,通过增税或提高税率的手段来减少居民可支配收入,达到抑制需求、消除通货膨胀缺口的目的。

(2) 紧缩性税收政策

紧缩性税收政策是指政府通过增税来减少或抑制社会总需求。增税的方式有增设税种、扩大征税范围、紧缩税收优惠、提高税率等。具体选用哪一种增税方式则应根据总需求膨胀的动态对增税对象做相应抉择。若总需求膨胀起因于投资需求过高,则可提高企业所得税税率或开征投资税;若起因于消费需求过旺,则可提高个人所得税税率或降低个人所得税起征点。

(3) 中性税收政策

中性税收政策是指税收保持中性,其中包括两种涵义:一是征税使社会付出的代价以税款为限,尽可能不给纳税人或社会带来额外损失和负担;二是国家征税应避免对市场经济运行的干扰,使市场在资源配置中发挥基础性作用,最大限度地维护市场效率。一般而言,中性税收政策指的是税收政策的制定和实施应对各类纳税人一视同仁,不给任何对象以歧视。从本质上说,就是尽量发挥市场机制这只"看不见的手"在配置资源方面的作用,不至于因税收而发生效率损失。税收中性原则的提出,作为一种学术观点,其意义就在于:应当通过市场竞争机制形成价格,引导资源配置,税收不应进行不必要的干预。在这一方面,公平税负、鼓励竞争原则是更能完善、明确地体现这种要求的。因为公平税负两个方面的内容,都有利于开展平等竞争,这是对市场机制的一种保护、促进和完善,而中性则是不进行税收调整,放任生产经营条件和纳税能力不同的纳税人进行不平等竞争,这会导致市场机制不能正常发挥作用。再配合体现产业政策、促进优化经济结构的原则,则更能弥补、纠正市场机制固有的缺陷。另一重要意义还在于,要使纳税人在交纳税款之外,尽量减少其他损失和负担。

(4) 税收政策的自动稳定器调节手段

政府除了根据经济形势调整税收政策之外,税收制度本身也具有"内在稳定器"作用。从经济稳定的角度看,一般说来,当经济处于通货膨胀时,增加税收,缩小社会总需求是需要的;而当经济倾向于衰退时,减少税收,扩大社会总需求则是比较有利的。在西方财政学界看来,税收制度可以具有这种自动调节社会总需求的内在稳定机制,这主要表现在累进的所得税制上。例如,在个人所得税方面,个人所得税的课征有一定的起征点并采用固定的累进税率,所以具有内在稳定作用。具体说来,在经济萧条时期,个人收入减少了,符合纳税规定的人数减少了,适用较高税率的税基缩小了,这样税收就会自动减少。由于税收的减少幅度会超过个人收入的减少幅度,税收便产生了一种作用,防止消费与投资需求过度紧缩,减缓经济的萎缩程度,从而发挥税收刺激经济复苏之效;相反,在经济膨胀时期,个人收入增加了,符合纳税规定的人数多了,适用较高税率的税基扩大了,这样税收就会自动增加,从而抑制投资和消费,进而抑制通货膨胀。在公司所得税方面,公司所得税的课征同样有一定的起征点并采用固定的累进税率,所以也可以有内在稳定作用。

二、税收政策与宏观调控

(一)税收政策的作用机理

政策之所以能起作用,是因为政策手段与政策目标之间存在内在的必然的联系。这种联系的实现过程就是通常所谓的传导机制。税收政策手段——增税或减税,与各种税收政策目标之间也存在内在的必然的联系。简言之,增税在总量上具有紧缩效应,在结构上表现为抑制性调节;减税在总量上具有扩张效应,在结构上则表现为鼓励性调节。税收之所以具有这种内在作用,是因为:第一,政府的储蓄、消费倾向与企业、个人的不同,因此,税款从企业、个人手中转向政府,势必影响社会的总储蓄、总消费水平,从而影响社会总供求水平。第二,税收影响纳税人的切身利益,增税使纳税人税后可支配收入减少,减税则意味着税后可支配收入的相对增加。因此,增税和减税所引起的税收成本的增减对投资而言,无论是间接税还是直接税,税收实质上都是投资成本的一部分。就消费而言,无论是价内税还是价外税,税收都是消费者承担的价格的一部分,势必直接影响纳税人的投资或消费行为。第三,税收政策本身具有示范和引导效应,政府采取增税措施来实施调控,表明政府在总量上欲实行紧缩政策,或在结构上实施限制性政策,从而引导企业和居民的投资和消费行为。特别是在对外开放、吸引外资的起步阶段,涉外税收政策的示范作用更为明显,涉外税收优惠往往成了实行对外开放,鼓励外资引进的象征。第四,在宏观税负不变的情况下,对某一方面开征新税或增税,意味着可以相应降低其他方面的税负;反之,对某一方面停征税收或减税,则其他方面需负担更多的税收。因此,利用税收可以有效地校正经济的外部性问题,即通过征税(或增税)可以使外部成本内在化,如对污染征收污染税可以增加排污成本;通过税收优惠可以使外部性效应内在化,譬如对植树造林方面的税收鼓励,与正常税负相比,就相当于得到一笔补贴而增加收益。从中也可以说明,税收政策对环境保护,进而对实现可持续发展目标都具有重要意义。

(二)税收政策的调控作用

一般说来,现代税收主要有三大经济调节功能,即促进资源合理配置,调节收入合理分配以及实现经济稳定增长。

1. 税收与资源配置

政府征税对社会经济活动有着巨大的影响作用,其中之一就是由于征税可以影响市场供求和商品、劳务价格,改变纳税人或负税人在生产相经营、储蓄和投资、工作和闲暇等方面的选择进而影响资源配置,这种影响是通过税收的收入效应和替代效应实现的。

税收的收入效应,即开征一种税或提高税率,必然会拿走纳税人的一部分收入,使其境况变差,并因此使该纳税人表现出与先前不同的行为。换言之,当税收改变人们的收入时,人们就会改变他的决策。譬如,对消费品征税推动价格水平提高,部分消费者必然减少对这种消费品的购买量;又如,提高个人所得的税收负担,会促使部分人为弥补税后收入的下降,而减少闲暇或推迟退休。收入效应的大小,取决于纳税人应交纳的税金与总收入的比例,即由平均税率水平决定。

税收的替代效应与收入效应不同,其产生的基础不是所有经济活动均被课税或按同一比例征税。相反,它是在政府实行差别税收待遇,即对有些项目征税,有些项目不征税,有的征高税,有的征低税的情况下,纳税人用非应税活动或低税负活动替代应税活动或高税活动,以避免负税的一种行为选择。例如,在过高的所得税边际税率的情况下,人们宁愿多闲暇而不愿意多工作;如果一种应税商品和另一种非应税商品之间在效用满足上具有某种可替代性,人们就愿更多的消费后一种商品,较少地消费前一种商品。

2. 税收的收入分配

税收调节收入分配主要是通过累进的个人所得税和财产税实现的。累进税制既不同于固定比例税制更不同于累退税制,它依据不同的收入水平和财产数额设计的不同的税率,实行量能负担,它使收入水平较高者或拥有财富较多者承担较重的税负。累进税、比例税和累退税对收入分配的影响如图9-15所示。

在图9-15中,累退税制使低收入者比高收入者承担更重的税负;固定比例税制如果用于对个人所得和财产的征税,低收入者和高收入者适用同一比例税率,仍然不符合现代公平准则;只有累进税制可

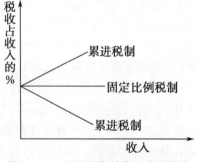

图9-15 不同税收对收入分配影响

以随收入增加而增大对高收入者的征税比例,调节收入分配,缓解社会不同阶层收入不平等的状况。

3. 税收与经济稳定

政府的财政政策对于经济稳定增长的作用举足轻重。根据凯恩斯主义理论,政府的税收和支出规模能够影响包括消费和投资在内的总需求,进而决定国民经济的产出、就业和价格水平。就税收政策分析,额外的税收意味着减少人们可支配收入和削减消费支出。在投资和政府支出不变的情况下,削减消费支出将减少国民总产值或国民收入。

如果我们抽象掉其他因素,只对税收与国民收入之间的关系进行分析,那么

$$国民收入(Y) = 消费(C) + 投资(I) + 政府支出(G) \quad (9.10)$$

假定 I 和 G 为固定量,另假设 C 由两个部分(因素)组成:一个是不受收入水平变化影响的消费常量 a,另一个是随收入增长而增加的消费量 bY_d。其中,b 表示边际消费倾向,Y_d 代表可支配收入,这样

$$C = a + bY_d \quad (9.11)$$

可支配收入 Y_d 等于总收入 Y 减去总税收 T,即

$$Y_d = Y - T \quad (9.12)$$

把(9.12)代入(9.11),再把结果代入(9.10),就得到

$$Y = a + b(Y - T) + I + G \quad (9.13)$$

其中,税收乘数为 $-b$,它表明税收变化和国民收入产出之间高度相关。政府调节税负水平,不论是增加税收,还是减少税收,都会影响宏观经济的运行状况和经济发展。

总之,从以上分析可知,财政政策与货币政策对维持宏观经济稳定运行有重要作用,不同货币政策和财政政策对总需求和国民收入影响不同,而流动性陷阱和古典情形是极端的情况,实际上很少存在,因此决策者在选择财政政策或货币政策,或两个政策配合时,就要根据实际经济形势,做到因时制宜、因地制宜。

思考与练习

一、名词解释

货币政策,财政政策,税收政策,自动稳定器

二、分析讨论题(简答题)

1. 货币政策的中介目标和最终目标分别是什么?
2. 试列举并说明货币政策中中央银行常使用的政策工具。
3. 政府部门的财政系统一般具备何种职能?

三、案例分析题

怎样的货币政策算是宽松的?

央行公布,截至 2009 年 3 月底中国的广义货币供应量较上年同期增长了

25.4%,创1997年以来的最高记录。同时,一季度新增人民币贷款4.5万亿,直逼去年全年4.9万亿元的水准。

央行公布了4月份的金融运行数据。人民币贷款当月增加5 918亿元,1~4月份人民币各项贷款增加5.17万亿元,已经超额完成了政府工作报告提出的最低5万亿元的放贷指标。

央行数据显示,4月末,金融机构人民币各项贷款余额35.55万亿元,同比增长29.72%,增幅比上年末高10.99个百分点,比上月末低0.06个百分点。当月人民币各项贷款增加5 918亿元,同比多增1 229亿元。从分部门情况看:居民户贷款增加1 472亿元,同比多增739亿元,其中,短期贷款增加489亿元;中长期贷款增加983亿元。非金融性公司及其他部门贷款增加4 446亿元,同比多增490亿元,其中,短期贷款减少786亿元;中长期贷款增加3 744亿元;票据融资增加1 257亿元。1~4月份人民币各项贷款增加5.17万亿元,同比多增3.37万亿元。4月末金融机构外汇贷款余额为2 422亿美元,同比下降9.81%,当月外汇各项贷款增加70亿美元,同比多增49亿美元。

4月份人民币各项存款增加1.03万亿元,同比多增3 743亿元。从分部门情况看:居民户存款增加1 117亿元,同比多增180亿元;非金融性公司存款增加7 375亿元,同比多增4 629亿元;财政存款增加1 525亿元,同比少增1 164亿元。非金融性公司存款中,企业存款增加6 306亿元,同比多增3 984亿元。1~4月份人民币各项存款增加6.65万亿元,同比多增3.35万亿元。

历史数据显示,自1992年有了季度统计数据以来,我国广义货币(M2)的增长总比GDP的增长要快,最少快出了3.5个百分点(2005年第1季度和2007年第2季度),最多则要快出24.7个百分点(1994年第3季度)。纯粹以现象分类,今年第一季度M2快于GDP增长达19.3个百分点,在总共68个季度里位居第六名。交代一下,前五名是1993年第3季开始到1994年第3季连续的5个季度,那恰是改革开放以来中国第三波高通胀的岁月。当时还有一个背景,就是体制转型摧枯拉朽,大量在计划体制里不入市的资源——譬如土地进入了交易过程,"货币深化"本身需要更多的货币。目前的货币投放,即使把2007年中国的GDP增长(13%)视为"潜在的或应该有的中国增长之速",第一季度广义货币供应也超过了经济增长的12个百分点。

思考题:

(1) 目前的货币政策还算得上是适度宽松吗?它是否可以持续?

(2) 中国的货币政策主要问题是什么?其体制根源何在?